D1236384

Qui a peur
d'Alexander Lowen?

Données de catalogage avant publication (Canada)

Fournier, Édith

Qui a peur d'Alexander Lowen?: une thérapeute raconte

1. Bioénergie (Psychothérapie).   2. Esprit et corps.   3. Lowen, Alexander.
4. Fournier, Édith.   I. Titre.

RC489.B5F68   1995   616.89'14   C95-940171-7

Dépôt légal: 1er trimestre 1995
Bibliothèque nationale du Québec

ISBN 2-7619-1263-2

Édith Fournier

Qui a peur
d'Alexander Lowen?

Voyage intérieur
d'une thérapeute

LES ÉDITIONS DE
L'HOMME

DISTRIBUTEURS EXCLUSIFS:

- Pour le Canada et les États-Unis:
  LES MESSAGERIES ADP*
  955, rue Amherst, Montréal H2L 3K4
  Tél.: (514) 523-1182
  Télécopieur: (514) 939-0406
  * Filiale de Sogides ltée

- Pour la Belgique et le Luxembourg:
  PRESSES DE BELGIQUE S.A.
  Boulevard de l'Europe 117
  B-1301 Wavre
  Tél.: (10) 41-59-66
       (10) 41-78-50
  Télécopieur: (10) 41-20-24

- Pour la Suisse:
  TRANSAT S.A.
  Route des Jeunes, 4 Ter
  C.P. 125
  1211 Genève 26
  Tél.: (41-22) 342-77-40
  Télécopieur: (41-22) 343-46-46

- Pour la France et les autres pays:
  INTER FORUM
  Immeuble Paryseine, 3 Allée de la Seine, 94854 Ivry Cedex
  Tél.: (1) 49-59-11-89/91
  Télécopieur: (1) 49-59-11-96
  Commandes: Tél.: (16) 38-32-71-00
                Télécopieur: (16) 38-32-71-28

Remerciements

Jamais je ne pourrai remercier comme je le voudrais tous ceux et celles qui m'ont encouragée à mener à terme ce projet. Je crois avoir suffisamment témoigné dans le texte de l'immense complicité de mon mari. Quant il voyait s'ouvrir une porte dans ma mémoire ou dans mon manuscrit, sa main dans mon dos m'invitait chaque fois à la franchir. Ce soutien fut inestimable. On me comprendra de ne pas trouver les mots pour dire le reste.

Que tous ceux qui composent les fibres de ce récit sachent combien je leur suis reconnaissante. En particulier ma bonne amie Anna, qui m'a permis de parler d'elle au grand jour.

Merci à ma sœur Monique qui dans l'enthousiasme de sa première lecture m'a mise en contact avec des femmes capables de vibrer à ce témoignage. Elles furent mes premières lectrices. Leur ouverture généreuse m'a permis de remettre sur le métier un ouvrage qui a suscité de multiples hésitations chez moi en cours de route. Ma gratitude également envers mon ami Paul Destrooper. Danseur de tango, musicien à ses heures, scribe et entrepreneur de géniales grandiosités, Paul fut ma voix quand vint le temps de traduire ce texte dans la langue maternelle de Lowen. Que mes collègues du Labo TIPE de l'Université de Montréal sachent combien j'ai apprécié leur tolérance à l'égard de mes absences et de ma maigre contribution aux travaux collectifs du laboratoire. L'intérêt qu'ils ont toujours porté à cet ouvrage peu didactique m'a donné l'audace de le mettre au jour. Merci à toutes mes «vitamines» qui, à l'une ou à l'autre étape durant l'élaboration du manuscrit, ont réagi à l'histoire, soulevé quelque obscurité, mis le doigt sur certaines incohérences. Merci à Louise, Françoise, Alexandre, Jean-Marc, René, Guy, Josée, Nicole, Maryse et les autres.

Puis vint le travail de l'édition. Le texte fut soumis à l'œil sensible, intelligent et redoutable de Denis Ouellet, mon réviseur. Ses remarques m'apprirent beaucoup sur l'écriture, parfois sur moi-même. Je le remercie d'avoir si habilement respecté ma parole. Finalement, je dois à Rachel Fontaine, responsable de l'édition, une profonde gratitude: ce qui aurait pu m'échapper en fin de parcours devint, grâce à elle, un passionnant travail d'équipe. Pour le respect, la souplesse et la persévérance, merci!

Avant-propos

Il arrive qu'une histoire repose en soi, silencieuse, bien longtemps avant qu'on ait trouvé les mots pour l'écrire. Un regard pénétrant, la courbe d'un doigt, le réveil d'une espérance et voilà qu'elle resurgit.

L'histoire que je raconte ici était demeurée en suspens: elle attendait une autre fin. L'espoir l'avait gardée en vie.

Le jour où j'ai cru en avoir fini pour de bon avec elle, je m'y suis laissée reprendre avec une innocence déconcertante. À corps perdu, j'ai rejoué les scènes, à cœur ouvert, j'ai récité les dialogues et ressuscité les personnages sans savoir le moins du monde que je marchais dans ma mémoire.

À Michel,

qui a toujours été là
pour marcher avec moi
dans les remue-ménage
de ma mémoire.

Prologue

Cela vous paraîtra peut-être paradoxal, mais j'ai été, pendant une bonne vingtaine d'années, farouchement opposée à la psychothérapie. J'étais une irréductible. La psychanalyse me rebutait; il me semblait que ce qu'elle offrait, sous le couvert d'une meilleure connaissance de soi, n'était autre que le nec plus ultra en matière de mécanismes de défense: l'intellectualisation des conflits naturels de l'existence humaine. Le rogérisme, à mon avis, était l'ultime astuce. Au nom du Respect et de la Neutralité, des psy Nouvel Âge apprenaient à répéter la dernière phrase du «client» pour mieux «refléter» son état d'âme. N'importe qui pouvait faire ça. Les préjugés ne m'étouffaient pas, je n'y connaissais rien: j'étais contre.

Lorsque j'ai choisi, à l'âge de seize ou dix-sept ans, la profession de psychologue, j'étais bien sûr motivée par le désir sincère de toucher du doigt l'âme humaine, de la comprendre, d'en apaiser les souffrances. Surtout celles de ma mère, qui se débattait en pleine ménopause, celles de mon père, aussi, qui avait la douleur plus discrète, mais non moins réelle. Son regard ne pouvait pas mentir. Jamais je n'aurais dit que mon âme à moi pût aussi avoir besoin qu'on s'en occupe.

Enthousiaste et passionnée au moment d'entrer à l'université, j'ai vite commencé à déchanter. Les deux premières années, j'ai fait courir des rats dans des labyrinthes, j'ai observé le comportement et les mœurs des macaques, j'ai fait beaucoup de statistiques et de tests psychométriques. Pour guérir la souffrance de l'âme humaine? Une seule avenue: une approche néo-thomiste de la psychanalyse. Quand j'ai découvert Piaget et sa théorie du développement de l'intelligence, j'en ai mangé, je m'y suis cramponnée, je n'en démordais pas! La rigueur de sa méthode, la logique de ses fondements et l'observabilité des conduites me comblaient.

Je me suis donc plongée dans l'étude de l'apprentissage des structures logiques. C'était un champ nouveau; j'avais le vent dans les voiles et un doctorat dans mon curriculum vitæ. J'ai résolument tourné le dos à la clinique et me suis orientée vers l'enseignement. Aussitôt nommée professeur à l'université, j'ai continué à sonder l'intelligence des enfants de cinq à sept ans sous l'angle du conflit cognitif: en plaçant l'enfant en face de ses propres contradictions, un conflit s'opérait, l'enfant était provisoirement déstabilisé, ce qui devait provoquer la mise en place d'une nouvelle structure de raisonnement. Et cela fonctionnait. Il y avait dans le chaos, un germe de nouvel ordre. J'avais raison[1].

Personne, à l'époque, ne m'a jamais demandé pourquoi j'avais choisi de consacrer ma vie à l'étude du conflit chez les enfants de cinq à sept ans. Et pourtant, il devait bien y avoir une raison. Une raison qui m'échappait totalement.

Je ne savais pas encore qu'en partie du moins, cette passion exclusive pour la chose cognitive cachait de la peur. Une grande peur. Sans doute avais-je entrevu, au cours des enseignements cliniques que j'avais tout de même suivis, la part des choses qui me concernait. Mais de cet immense jardin de signes à défricher, j'ai soigneusement refermé la grille. Pire encore: j'ai ricané, fait des gorges chaudes. Il faut dire que j'ai eu, la plupart du temps, la décence de me taire, de garder pour moi mes assassinats. Loin du monde secret des émotions, les forums de l'intelligence étaient beaucoup plus sécurisants.

Gains professionnels, reconnaissance publique, sécurité d'emploi et bonne réputation, à moins de trente ans, mon avenir était assuré. Ma vie publique, la radio, la télévision et les journaux se faisaient l'écho de mon existence. En vertu de mon «expertise», on m'invitait souvent. À défaut de me sentir vibrer, je m'écoutais parler à la radio, je me voyais à la télévision et je pouvais dire: «Tu vois, tu vis, c'est toi qu'on entend.»

J'avais des idées, des théories, des points de vue. Je cherchais passionnément LA vérité sur l'être humain. Mes méninges ne dérougissaient pas; mais mon corps, enfant pauvre du système, commençait à se traîner.

J'arrivais au milieu de tout cela à tricoter, à faire de la musique, à jardiner, à bâtir maison, à mettre au monde le plus sympathique petit bonhomme et, comme bien d'autres à l'époque qui n'avaient

---

1. Edgar Morin a écrit des pages magnifiques à ce sujet. Voir, en particulier, «Ordre et désordre dans l'univers», *Introduction à la pensée complexe*, ESF, 1991.

peur de rien, à divorcer. Nous étions au début des années 70. Je tenais bon, jamais dépassée, jamais courbée. L'adulte que j'étais n'en était pas à un deuil près. Avec le départ du mari, mon père aussi avait disparu, subitement... le cœur! Sur lui non plus, je n'ai pas pleuré, maturité, modernité obligent!

Puis j'ai rencontré Michel. Un artiste de l'image, plus fantaisiste que moi, plus ouvert, créateur en plein épanouissement. À deux, nous avons mis l'épaule à la roue. La ferveur amoureuse décuple l'efficacité. Le mariage du cinéma et de la psychologie (d'une certaine psychologie) nous réussissait: nous avions besoin de produire ensemble. Nous réalisions des films éducatifs; nous en avons fait plusieurs jusqu'au jour où il devint évident, pour l'un comme pour l'autre, que nous avions besoin de créer mieux que ça: alors nous avons mis au monde une fille magnifique.

J'avais maintenant trente-six ans; sur le plan professionnel, ma réputation n'était plus à faire; et je tenais dans mes bras une petite fille «juteuse» et gourmande que je n'arrivais pas à nourrir moi-même. Pas plus que je n'avais pu allaiter mon premier-né. Le désir ne suffit pas. Je savais que c'était cette raideur chronique — la même raideur, dans la nuque en particulier, qui était responsable de mes migraines, chroniques, elles aussi, depuis l'âge de sept ans — qui faisait obstacle à mon abondance. Cette tension inimaginable me tenait debout, à la hauteur de ma situation, de ma réputation. Debout, mais toujours malade! Une infernale histoire d'antibiotiques auxquels je livrais mon corps depuis bientôt une dizaine d'années commençait à tourner mal.

Et puis, et puis... il y avait ce qu'on ne dit jamais. Une sexualité fondée sur l'excitation et la séduction bien plus que sur la plénitude et la déclaration de l'amour. Pourtant, il y était, l'amour; l'excitation aussi et sans doute un peu de talent de part et d'autre. C'était la «connexion» qui faisait défaut, la communion profonde. L'ouverture d'un canal entre le cœur et le sexe par où pourraient circuler librement et le sentiment et la sensation. Quand on a fini de faire la preuve qu'on sait faire l'amour, on ne voit plus ce qui va venir après. Les performances ne me suffisaient plus. J'avais toujours espéré autre chose qui ne venait pas. Aimer avec mon cœur et laisser fondre mon corps dans le même aveu. De plus en plus, en guise d'extase, je me contentais d'un petit frisson bien mince en me disant que «le reste, ma vieille, c'est du romantisme».

J'en avais assez de faire du charme. Entre deux cabrioles, entre la pointe d'un doute et une souterraine désespérance, j'accumulais les infections, les grippes, les fatigues et les éternelles migraines. Je venais de découvrir les vertus d'un médicament en «al» qui me procurait un soulagement éphémère: dorénavant mon salut dépendrait d'une petite bouteille avec une étiquette dessus: pour usage thérapeutique seulement.

Entre deux cours sur l'intelligence, je suis tombée malade. Très malade. Après dix jours d'hospitalisation et d'investigation, on n'avait encore rien trouvé. Seule dans ma chambre d'hôpital, je me suis prise à espérer qu'on me découvre une vraie maladie. Une maladie grave. De ces bestioles qui grouillent sur une lamelle. Alors, on dit: «C'était donc ça!» Je pourrais enfin me reposer, me réfugier là, dans un lit blanc, et m'en remettre à d'autres; je n'aurais plus à assumer la responsabilité de mon mal, je serais déculpabilisée. Je dormirais, j'attendrais. Sinistre devenir! Accoudée à la fenêtre de ma chambre d'hôpital, j'ai tout à coup compris dans quel fantasme horrible je m'enfonçais.

Le lendemain, je suis sortie de l'hôpital. J'ai appelé un collègue qui m'inspirait confiance, un de ceux qui, dans le temps, avaient opté pour la clinique. Il «faisait» maintenant dans l'analyse bioénergétique, une approche corporelle de la psychothérapie. Je me disais qu'à ce point de désertion de soi, on n'a plus rien à craindre, ni le ridicule ni l'incohérence. J'avais trente-sept ans, j'étais prête à commettre une hérésie. Il fallait vraiment que le mal m'ait poussée dans mes derniers retranchements. C'est en secret que j'ai appelé Denis Royer: il était, au Québec, le chef de file et formateur de tous les analystes en bioénergie.

La découverte de l'analyse bioénergétique

S'il existe, le hasard fait bien les choses. Deux week-ends de groupe allaient débuter la semaine suivante. Pour moi qui avais toujours levé le nez sur ce genre d'étalage collectif de viscères, c'était la disgrâce. Participer à un groupe où l'on vous invite à «descendre dans vos jambes», à respirer bruyamment en faisant des «hahhhhh», à prendre des postures impossibles, le derrière en l'air, les mains au sol, tous à quatre pattes comme des macaques en mal de se reconnaître, c'était beaucoup trop pour la professeur spécialiste de Piaget que j'étais. J'ai failli retourner chez moi séance tenante. Je suis restée... par curiosité!

À la fin du week-end, toujours curieuse de voir jusqu'où l'hérésie peut mener l'infidèle, je me suis retrouvée, moi, au centre de la pièce, prête à «travailler». Je ne me souviens plus des détails. Je sais seulement qu'il a été question de la mort de mon père et que cela a réactivé un vieux conflit qui dormait au cœur de moi depuis très longtemps, depuis le temps où j'avais cinq, six, peut-être sept ans... Tiens, tiens, l'étude du conflit chez les enfants de cinq à sept ans!

Je suis revenue chez moi bouleversée. Quatre semaines séparaient les deux week-ends. Dans l'intervalle, mes malaises physiques ont redoublé, les nausées ne m'ont plus quittée pas plus qu'un sentiment indélébile de misère morale. Le deuxième week-end n'a fait que mettre en évidence l'étendue de cette misère de même que la petitesse des moyens auxquels je recourais pour garder la tête hors de l'eau.

La semaine suivante, j'entreprenais une psychothérapie en analyse bioénergétique avec Jean-Marc Guillerme, un thérapeute breton en sabbatique à Montréal. Jusqu'à ce qu'il retourne en France, un an et demi plus tard, j'allais disparaître de mon bureau tous les mercredis matin dans la plus grande clandestinité. Je n'étais pas encore prête à faire l'aveu public de ma révolution intérieure.

Avec son allure décontractée, nu-pieds dans ses sandales et la queue de chemise sortie des pantalons, Jean-Marc me jeta, au départ, dans la plus grande perplexité. Moi, j'avais pris soin, pour ce premier contact, de porter un petit tailleur très strict en fin velours bourgogne et une blouse blanche empesée. C'était la tenue d'une femme du monde. Ma poignée de main un peu trop ferme aurait dû, normalement, en imposer à mon interlocuteur. Cela n'a rien changé à sa queue de chemise. Alors, j'ai déballé ma vie en trois idées principales, chacune suivie de quelques subordonnées pertinentes. Le récit était parfait, un peu long, mais presque exhaustif. En conclusion, je lui ai demandé son diagnostic. Il a bafouillé je ne sais plus quoi dans une sorte de charabia psychanalytique, complexe d'Œdipe et blablabla... exactement ce qu'il ne fallait pas me dire. Je suis sortie de là en lui donnant «encore une chance, pas plus!»

Je sais maintenant qu'il n'était pas gros dans ses godasses, mon thérapeute. Il me l'a dit dix ans plus tard et nous avons bien ri. Moi aussi, j'étais morte de peur. Parce que tout en dénigrant son langage qui m'apparaissait d'une «confusion pas banale», je redoutais ce type qui, je le pressentais, pouvait m'offrir chaussure à mon pied. Donc, je suis quand même revenue.

Conscient de ma méfiance, il me proposa un petit exercice au premier abord bien insignifiant. Il me fit avancer vers lui, naturellement, comme je l'aurais fait en toute autre circonstance, mais plus lentement, en prenant le temps de sentir ce qui se passait en moi. Comme à l'accoutumée, j'avais la tête légèrement penchée vers la droite, je me présentais pour ainsi dire de biais. De cette façon, j'ai l'avantage: je peux voir venir, montrer que je suis capable de me défendre, que j'en ai vu d'autres et que ne pénètre pas chez moi qui veut. Jusque-là, rien que du connu. Puis il me proposa de recommencer, mais la tête penchée de l'autre côté.

Malaise dans un premier temps: «Ce n'est pas **mon** côté», lui dis-je. «Peu importe, c'est juste pour voir», me répond-il. Et voilà que je m'approche vers lui, que je me laisse approcher, que je me sens ouverte et tendre, peu s'en faut que j'ouvre mon cœur et me laisse toucher. Je suis stupéfaite. Soudain, j'entends et je sens monter en moi un grand éclat de rire. Il y a belle lurette que je n'ai pas ri comme ça. Il me suffirait de pencher la tête du côté du cœur pour l'entendre battre, pour devenir autre, pour me sentir plus vulnérable, plus sensuelle. Y aurait-il encore un peu d'espoir? Se pourrait-il que mon corps, en changeant seulement de réflexe, puisse inspirer à mon âme une nouvelle façon de sentir? Je suis rentrée chez moi déroutée, j'étais transportée.

Ç'a été le coup d'envoi. Par la suite, je me suis engagée à fond. Je ne savais pas vraiment ce qu'était l'analyse bioénergétique. Mais il s'est trouvé que, dans les mois qui ont suivi, mes symptômes psychosomatiques ont presque disparu. Mes migraines et ma fatigue chronique se sont atténuées significativement. Mes problèmes digestifs ont disparu également.

C'est aussi en cours de thérapie que j'ai compris que je n'avais pas choisi la psychologie, à dix-huit ans, pour enseigner Piaget toute ma vie. J'ai compris pourquoi je m'étais tellement intéressée à l'analyse du conflit chez l'enfant de cinq à sept ans. C'est à cet âge, je le sais maintenant, que mon caractère s'est cristallisé. Pour résoudre cette énigme qui s'était logée dans mon corps, Piaget, qui m'avait tant fascinée jusqu'alors, ne me serait plus d'un grand secours. Ç'a été un long détour que je ne renie pas. Il m'a fallu tout ce temps et tous ces malaises. Il avait aussi fallu que je vive ce grand désespoir qui m'avait réduite à prendre la maladie comme planche de salut. J'ai compris que la douleur que j'avais voulu soulager en étudiant l'âme humaine, c'était, à travers celle de ma mère, à travers celle de mon père, la mienne. Après un an de thérapie, je pris la décision d'entreprendre une formation de thérapeute en analyse bioénergétique chez Denis Royer[2]. Vingt ans après mon entrée à l'université, avec une excitation encore plus grande, je renouais avec les aspirations qui m'avaient poussée à choisir la psychologie.

Quant à ma vie sexuelle, je ne dirai jamais qu'elle a atteint sa plénitude, car je préfère garder vivante la passion de changer. Mais la détente que ma thérapie me procurait me permettait tous les espoirs. Et je dis aujourd'hui que mes espoirs n'ont pas été déçus et que l'ouverture du corps est une source inépuisable d'étonnement.

Cette première démarche en thérapie m'avait ouvert la voie de l'intensité, de la ferveur et de la passion. J'avais trouvé une foi nouvelle en mon propre corps qui, lui, ne s'était jamais résigné, qui disposait de ses propres ressources pour guérir. Il piaffait, mon pauvre corps! Ce fut, mais le terme est faible, le réveil d'une femme qui avait commencé à se contenter de peu.

Cette démarche avec Jean-Marc fut trop brève. Je savais, dès le départ, qu'il devrait repartir en terre natale. Il avait bien travaillé avec moi. Avec lui, j'ai fait la différence entre la résignation et l'espérance, entre l'atrophie et le regain. Je l'ai vu partir, j'ai eu très mal. Assez mal pour décider de poursuivre l'exploration de ce conflit que j'avais dû vivre quand j'avais cinq ou sept ans. Grâce à cette première expérience, j'ai eu le courage de faire le reste.

Le reste, c'est avec Alexander Lowen que je l'ai vécu et c'est précisément l'histoire de ce livre. Si j'ai pris le temps de raconter cette histoire qui peut sembler banale, c'est justement parce que je sais aujourd'hui qu'elle n'a rien d'extraordinaire.

Elle est, au contraire, très ordinaire et très répandue. C'est l'histoire, en apparence anodine, mais combien dangereuse, de nombre de femmes et d'hommes pour qui la «maturité» consiste à se résigner, à abandonner. Abandonner l'espoir de l'intensité, abandonner le rêve de la plénitude sexuelle, abandonner le désir de se sentir, un jour, enfin libres.

---

2. Fondateur de l'Institut Québécois d'Analyse Bioénergétique, organisme affilié à l'International Institute for Bioenergetic Analysis de New York.

L'analyse bioénergétique: la voie de l'intensité

Je me suis toujours refusée à écrire sur l'analyse bioénergétique. Alexander Lowen qui en est le fondateur l'a fait mieux que quiconque. Ses nombreux livres (voir la liste de ses ouvrages en annexe) expliquent dans un langage clair et accessible ce que je ne saurais mieux dire. Mais Lowen n'a jamais vraiment décrit son travail. Et j'ai eu, dans un premier temps, l'ambition de le faire ici. C'est un projet naïf auquel je n'ai pas totalement renoncé. Ce livre comporte en effet quelques «vignettes» de son art.

Mais tout de même... Avant de lire ce livre, il serait bon que le lecteur puisse se faire une idée de l'approche de Lowen. C'est donc en toute simplicité que je consens finalement à faire ce que je n'avais jamais voulu faire autrement qu'en citant Lowen mot à mot. Bref, j'ai besoin de m'excuser auprès du lecteur et de Lowen d'oser traiter en un coup d'œil une œuvre qui est infiniment plus complexe et nuancée.

Plusieurs fois par année, je suis appelée à expliquer brièvement ce qu'est l'analyse bioénergétique. Rares sont les patients qui connaissent déjà la nature de cette démarche. Ils sentent confusément que leurs symptômes physiques ont quelque chose à voir avec leur dynamique psychologique. Plusieurs savent par expérience que parler ne suffit pas. Si quelques personnes frappent à ma porte en situation d'extrême urgence, la plupart sont mues par le besoin de dissiper un mal d'être beaucoup plus flou.

— Je viens vous voir parce que je sens que je ne vis pas avec l'intensité dont je serais capable, me dit une patiente. Comme si je roulais toujours en première vitesse, alors que je pourrais filer allègrement en vitesse de croisière. J'ai toujours un frein qui m'empêche d'atteindre ma pleine capacité. Je voudrais tellement lâcher les freins.

En analyse bioénergétique, le frein, c'est la tension corporelle. La plupart d'entre nous portons un corset que nous ne sentons plus, qui s'est pour ainsi dire tricoté tout seul, maille par maille. De l'enfance à l'âge adulte, de contraction en contraction, ce corset de tensions devient une véritable cuirasse, une armure bien ajustée. C'est cette armure qui nous empêche de respirer et de nous développer librement dans toutes nos possibilités. Mais elle est si bien ajustée, elle colle si parfaitement à la peau, que nous ne savons plus qu'elle existe et qu'elle continue de se resserrer, toujours, toujours.

Il y a une histoire à l'origine de cette cuirasse. Un bébé n'a pas d'armure. Un petit enfant non plus. Je ne connais personne qui n'a pas un jour feuilleté l'album de photos de son enfance sans dire: «Comme j'avais l'air vivante quand j'étais petite. Puis d'une année à l'autre, j'ai pris un air grave. Où est passé l'éclat de mon enfance?» Ce regard qui s'assombrit, ces épaules qui se contractent, cette mâchoire qui ne desserre plus... c'est la cuirasse.

L'histoire de toute personne est écrite dans son corps. C'est le fondement principal de l'analyse bioénergétique.

Que s'est-il passé en effet pour qu'on s'arme de la sorte? Il a fallu que le danger existe. Danger réel ou pressenti. C'est l'«éprouvé» qui crée la défense. Le danger, c'est le risque d'être abandonné, la poigne sans indulgence d'un père trop autoritaire, la sévérité d'une mère aux yeux meurtriers, la poitrine sèche d'une nourrice.

Devant le danger, l'organisme se contracte. Il tente de se protéger. C'est un réflexe, un phénomène inconscient qui s'accomplit automatiquement. On n'a qu'à voir ce qui se passe dans notre corps quand surgit la peur. En voiture, lorsqu'on échappe à un accident ou à un dérapage dangereux, le corps se crispe, tant et si bien qu'il nous arrive parfois d'en pâtir durant plusieurs jours. Pourtant, le danger est écarté et nous sommes sains et saufs. Le sentiment de peur n'y est plus; la tension corporelle, elle, demeure. La nuque reste raide, le haut du dos est plus sensible, les articulations des bras sont douloureuses. C'est l'héritage corporel de la peur.

Prenons l'exemple d'un enfant exposé aux foudres d'un parent violent. Bien sûr, très tôt, le petit va chercher à se protéger. Il va se prémunir contre le coup éventuel en crispant les muscles des épaules, de la nuque, du visage, du dos. Certains se présentent comme battus d'avance, d'autres attaquent avant d'être attaqués: ils gonflent le torse pour montrer qu'ils n'ont peur de rien. Ils tentent de désarmer l'autre. Ils sont en état de contraction quasi permanent. Bien sûr qu'ils font peur, ils font le vide autour d'eux. Le grand vide, car on ne s'approche pas de Gibraltar pour s'y blottir. L'histoire de Bernard, racontée plus loin, témoigne de cette dynamique. Cette armure lui permet de ne pas sentir qu'il a peur. Autrement, il en mourrait. Mais Bernard est seul, seul, seul!

J'en dirais autant de celui qui a choisi — s'il se trouve qu'en cette matière on ait le choix — de se présenter comme victime. On n'attaque pas un animal déjà blessé. À moins que l'on aime dominer ceux qui ne peuvent se défendre. Et c'est précisément là le drame de ceux qui se présentent avec le regard apeuré , la tête perpétuellement enfoncée dans les épaules, en attente vigilante du coup qui peut venir. Ils attirent ceux qu'ils redoutent le plus au monde. Ils ne comprennent absolument pas comment ils ont pu, encore une fois, se «foutre dans un tel pétrin».

Et je pourrais parler aussi de tous ceux qui n'ont pas eu leur lot d'affection et qui ont creusé leur poitrine comme un petit berceau vide. Pour protéger ce nid béant, ils courbent les épaules, penchent la tête en avant... ils ne peuvent plus respirer. Comme si les muscles de leur cage thoracique avaient pris l'habitude de rétrécir. S'il fallait qu'ils se détendent, s'il fallait qu'ils se redressent, ils sentiraient le vide.

— Mais je ne comprends pas pourquoi je suis devenue aussi tendue, je n'ai le souvenir d'aucun drame important, disent la plupart des personnes à qui j'explique ces choses. J'ai vécu dans un bon milieu, je n'ai manqué de rien. Peut-être mon père était-il un peu trop... et ma mère plutôt... mais qui n'a pas eu son petit lot? On n'en meurt pas.

Bien sûr qu'on n'en meurt pas. Si on a perdu le souvenir de certains chapitres de son enfance, c'est souvent parce qu'on a préféré oublier, parce que l'ambiance était suffocante ou parce que les messages qui nous étaient adressés étaient trop ambigus. On a oublié le ton de la voix, l'absence de l'un, les regards, les silences, et depuis lors, on n'est pas occupés à vivre, on est occupés à se défendre, à survivre tout au mieux. À la longue, on ne sait plus contre quoi on se défend. Dans la plupart des cas, à l'âge adulte, le danger d'antan n'existe plus. Mais le corps qui s'est structuré en fonction du danger se maintient en état de contraction. Il survit. Tout se passe comme si le tourment originel continuait d'opérer. **C'est désormais la tension qui engendre l'angoisse.** C'est à cause d'elle que l'organisme ne peut plus se relâcher. C'est pourquoi la plupart des patients diront qu'ils n'ont pas de raison valable de nous consulter. Mais ils diront aussi qu'ils n'en peuvent plus de la pauvreté de leur vie. Une personne étriquée dans une musculature hypertendue ne peut pas se laisser aller au plaisir ou à l'intensité. Son registre de sensations et de sentiments est réduit, son niveau d'énergie est à la baisse et pour cause; elle utilise toute son énergie pour se défendre plutôt que pour vivre. Sans l'avoir choisi et sans pouvoir se l'expliquer, elle se croit prédestinée à une petite vie, à des petits enthousiasmes qui n'auront jamais l'envergure d'une véritable passion. Elle envie l'éclat dans le regard des autres, le teint frais des jeunes filles, le ton ferme des audacieux, et elle invoque, encore une fois, la fatigue du jour pour être en droit d'espérer que demain sera plus stimulant.

— J'ai toujours l'espoir de vivre une passion et le temps venu, tout se dégonfle. Je ne réponds plus. Comme si la pile était à plat, me disait un jour une belle femme de trente-cinq ans débarquée chez moi sans motif valable, disait-elle. Sans motif valable, mais lasse de plusieurs échecs conjugaux.

Et pourquoi faudrait-il justifier le désir de jouir au maximum de son énergie vitale? C'est la circulation de l'énergie dans le corps qui procure cette sensation grisante d'être pleinement en vie. L'énergie est une onde qui se propage dans un corps en y insufflant, par le jeu de la contraction et de l'expansion, une pulsation. «Sentez-vous parfois cette sensation en vous?» lui demandai-je. «Jamais, me dit-elle, je suis trop tendue lorsque je m'approche de quelqu'un. Je retiens mon souffle, je n'ai pas le temps de me sentir.»

On ne peut rien sentir quand on retient son souffle. C'est la meilleure façon de couper l'excitation. La force de la pulsation dépend de la tolérance des tissus à l'excitation. Le corps fonctionne comme une dynamo. Si les tissus ne peuvent absorber la charge de l'excitation, l'organisme ne peut se recharger (contraction) ni se décharger (expansion). En bioénergie, ce jeu de la contraction et de l'expansion est capital. Dans le récit qui suit, je parlerai souvent de charge et de décharge. Le corps puise son énergie à même son environnement, sa charge est faite de tout ce qui lui a été possible de capter: le regard aimant ou hostile de l'autre, la parole d'une mère, le toucher d'un père, le silence d'un amant ou la chaleur de sa main, etc. Il capte une émotion, une énergie. Cette énergie accumulée va tendre à se décharger; elle appelle le baiser ou le poing sur la table, l'étreinte ou les points sur les *i*. Vivre intensément, c'est réaliser le parfait équilibre entre la charge et la décharge, entre la contraction et l'expansion, entre ce qui pénètre en soi et ce qui en sort. Cet équilibre est rare. Le désordre qui en résulte nous conduit un jour ou l'autre à frapper à la porte d'un cabinet de consultation. Paradoxalement, c'est souvent une chance inespérée que la maladie nous offre.

Ce que je viens d'expliquer a l'air d'une évidence. Rares sont les personnes qui mettent en doute cette complicité entre le corps et l'émotion. En revanche, nombreuses sont celles qui ont perdu l'espoir d'y changer quelque chose.

— Je suis comme ça, ce n'est pas à mon âge que je vais changer. Je connais par cœur mon histoire et mon tableau clinique, disent-elles.

Savoir ne suffit pas, discourir non plus. En analyse bioénergétique, il y a plus que la parole. À moins de ressentir dans les fibres musculaires le lien qui existe entre l'organisation psychique et le corps, on ne change pas.

C'est là la grande différence entre l'analyse bioénergétique et la plupart des autres approches psychothérapeutiques: le conflit émotif est nécessairement traité par la voie du corps. En retour, l'assouplissement de la défense corporelle peut permettre l'émergence de l'émotion réprimée. Mais pas plus ici qu'ailleurs, il n'y aura de miracle. Nous faisons seulement le pari qu'en modifiant la structure corporelle, nous atteindrons la structure psychologique et vice versa.

Les moyens d'assouplir les structures corporelle et psychique résident:

1. dans l'augmentation de l'amplitude respiratoire;
2. dans un meilleur enracinement;
3. dans l'expression jusque-là interdite de certaines émotions.

Quand on augmente l'amplitude respiratoire par des exercices (en particulier par le travail sur le tabouret dont on verra plusieurs exemples dans ce récit), la personne peut avoir accès à une expérience qu'elle s'évertuait à ne pas ressentir depuis nombre d'années. C'est peut-être le plus redoutable: ouvrir la voie aux pleurs, sentir la colère monter... C'est bien pour s'y soustraire qu'on ne respire plus.

On ne meurt pas de sentir, mais on peut mourir de ne pas sentir. On croit, à tort, qu'éprouver de la tristesse ou de la colère, c'est risquer de ne pas y survivre, de ne pas s'en remettre. Alors, comme on a appris tout petit à garder le pire pour soi, on a réussi à vivre sans respirer ou si peu. On ne sait pas que dans la même asphyxie s'endort aussi le meilleur.

Pleurer, ou plutôt sangloter, est l'un des meilleurs moyens de ranimer la respiration. C'est le sanglot profond qui guérit, dira Lowen en d'autres mots. **Le pleur est une respiration de l'âme**, une relâche du corps. On ne s'étonnera pas de constater la fréquence des pleurs dans les séquences de travail qui sont décrites dans ce livre. On dit aux petits enfants qu'une grande personne ne pleure pas. Les petits enfants ravalent donc leur chagrin. À l'âge adulte, la gorge est devenue un étau; on peut endurer le martyre sans dire un mot. Bien des adultes n'ont plus accès aux pleurs. Des exercices, des postures peuvent aider celui qui croyait ne plus avoir de larmes pour desserrer cet anneau de tension. *Fondre* en larmes — car c'est bien de fondre qu'il s'agit — c'est dégeler la vie. Ouvrir la porte au profond sanglot, c'est se rendre à soi-même.

— Bon d'accord, dira-t-on. Mais supposons que j'aie mis toutes ces contractions en place pour ne pas sentir des émotions qui me font peur; pourquoi serais-je mieux équipé aujourd'hui pour y faire face? C'est bien beau de sentir, mais si on n'a rien pour se défendre, on n'est pas plus avancé, non?

Vrai! On ne s'aventurera dans les chemins creux de la peur, de la peine ou de la colère qu'à la condition de se sentir en sécurité. Bien sûr, le thérapeute représente une certaine sécurité. C'est beaucoup, mais ce n'est pas l'apanage de l'analyse bioénergétique. De toute façon, à long terme, on ne résout rien en se branchant sur un autre. En analyse bioénergétique, le meilleur moyen d'éprouver cette sensation de sécurité et d'ancrage dans la réalité, c'est l'enracinement. S'enraciner en soi, c'est se suffire à soi-même; c'est compter, pour faire naître et durer ce sentiment de sécurité, sur le soutien de son propre corps et non plus sur le soutien des autres. S'enraciner (littéralement, planter ses pieds dans le sol), c'est avoir les pieds sur terre dans une réalité qui n'a rien à envier au fantasme, c'est vivre dans l'«ici et maintenant». S'enraciner, c'est savoir *qui* l'on est, *où* l'on est et, par extension, où l'on *en* est. «Je ne sais plus où j'en suis» est sans doute la formulation la plus courante de ce sentiment de déracinement.

Savoir où l'on en est, c'est sentir que l'on peut se reposer en soi, c'est avoir en tout temps la certitude que l'on a une assise dans la réalité. Se déposer en soi, c'est se loger dans son bassin comme dans un berceau, c'est se nourrir de la fécondité de la terre en faisant corps avec elle, c'est confier au corps le soin de rétablir, toujours et partout, son équilibre. Des jambes raides qui servent de socle plutôt que de racines conductrices ne permettent pas à l'énergie d'aller vers le bas: le courant reste claquemuré dans la tête sans trouver les voies du plaisir. Des genoux bloqués, des masses d'acier en guise de mollets, ne permettent pas le contact avec la terre. Le travail d'enracinement et le travail sur la respiration sont parallèles.

Par ce jeu d'ouverture de la respiration et d'ancrage dans le sol, le corps se laisse traverser par la vibration du courant énergétique.

C'est en position de tension (on verra plusieurs exemples plus loin) que des cascades de petites décharges se produisent d'abord dans les jambes, puis un peu partout dans le corps. C'est le muscle qui cède, l'armure qui se fendille. Les tissus, peu à peu, tolèrent une charge d'excitation de plus en plus grande. Aux premières manifestations de cette onde qui circule à travers le corps, il arrive que la personne prenne peur: «Je tremble», dira Prudence. Cette sensation lui étant devenue plus familière, elle dira plus tard: «Je vibre.» Elle s'enracine. Quand une telle expérience survient, on assiste parfois à un jaillissement de joie qui ressemble à une petite résurrection.

Pour que la vie reflue, la respiration et l'enracinement ne suffisent pas. Pour des raisons qui sont personnelles à chacun, les émotions demeurent captives dans des capsules blindées. Rangées dans leur coin, elles sont là qui dorment, comme des grenades dont quelques-unes sont déjà dégoupillées. Le travail analytique est capital ici pour comprendre et re-sentir ce qui a été retenu. **Aussi libérateur soit-il, le travail corporel ne prend un sens que si la réflexion analytique qui l'accompagne permet d'identifier à quelle période sensible certaines poussées de croissance ont été contrariées, voire déviées.**

S'il est capital de sentir que l'on se défend, et comment on s'y prend pour se défendre, il n'est pas moins important de savoir contre quel danger on se défend. La compréhension des conflits archaïques permet de reprendre contact avec l'émotion réprimée. Cette émotion aurait dû s'exprimer par des gestes précis qui ont été fossilisés dans le corps. La reconquête des moyens d'expression libère les gestes demeurés en suspens et rend à la personne la vraie couleur de sa voix. Déterrer le coup de poing, retrouver le son du OUI et du NON, tendre de nouveau les bras vers l'autre, c'est laisser sourdre la vie. Lorsque j'invite à libérer le geste, je ne parle pas au figuré. Dans l'intimité du cabinet de consultation, le patient réapprend à utiliser ses moyens d'expression. La tension musculaire qui étouffe le cri qu'on n'a pas pu laisser échapper quand on était petit draine à son profit une énergie qui pourrait donner accès à une plus grande intensité. Les séquences de travail de Mathilde, Bernard et Goliath montrent l'habileté saisissante de Lowen à libérer une énergie jusque-là employée à refouler l'émotion originale. Le but du travail est de libérer l'organisme d'une entrave qui se situe maintenant à l'intérieur de la personne, dans ses tissus. Bien souvent père et mère n'existent plus, mais ils n'en continuent pas moins à influencer leur enfant, à le montrer du doigt, à faire les gros yeux quand il prend le risque de devenir qui il est. En continuant de se taire comme il l'a toujours fait devant eux, l'enfant croit faire l'économie de la colère. Mais il étouffe aussi l'amour qui l'attache à eux.

— Mais pourquoi ressasser toutes ces douleurs du passé? Qu'est-ce que cela va me donner en bout de ligne?

L'accès à la conscience des sentiments refoulés n'est pas une fin en soi. Cette partie de soi-même qui faisait si mal et qu'on a si bien bâillonnée durant toutes ces années est aussi ce qui empêchait la personne de s'ouvrir à l'amour, à la chaleur de l'humanité, à la joie d'être en vie. Je ne parle pas ici seulement d'un sentiment, encore moins d'une idée. Tout ce travail sur le corps et la psyché trouve son couronnement dans la capacité vibratoire de l'organisme entier: corps et cœur en connexion l'un et l'autre, amour et sexe, affectivité et spiritualité.

«L'expression la plus complète d'une énergie qui circule pleinement et librement à travers la personne est la sexualité», dit Lowen. Une vie sexuelle riche et nourrissante est l'indice le plus clair de l'équilibre entre le corps et le cœur, entre l'agressivité et l'intimité. Et c'est directement, physiquement et sans passer par quatre chemins que Lowen «travaille» la sexualité. Marianne en donnera plus loin un magnifique exemple.

La pulsation sexuelle est la plus belle manifestation de l'onde énergétique. L'orgasme est l'expression parfaite d'une charge amoureuse qui consent à se libérer. Mais on n'atteint pas l'orgasme complet si le corps est tendu, si la respiration est retenue, si l'émotion qui doit pousser les amants l'un vers l'autre est déviée. Le contact amoureux nécessite un abandon, abandon à soi, abandon de soi à l'autre. C'est un grand risque. On ne peut y arriver sans une certaine sécurité, sans un bon enracinement de part et d'autre. L'expérience sexuelle s'appuie sur le lien existant entre le haut et le bas, entre l'âme émue et le sexe enflammé. Consentir à l'amour, c'est confier son corps à son cœur, c'est fusionner l'univers de soi avec l'univers de l'autre, c'est se sentir si bien enraciné au plus profond de son corps qu'on ose aller au-delà de soi-même.

Le corps sexuel est une rampe de lancement qui permet l'expérience spirituelle. Dans la mesure où le corps consent à l'ultime abandon, il s'ouvre; et sa pulsation s'harmonise avec la pulsation de l'univers entier. C'est une expérience sublime que j'ai du mal à décrire. Sans l'expérience de la pulsation totale, on n'a pas vraiment accès aux invitations de la nature, de la musique, de l'art, du beau et du bon. À défaut d'en jouir, on appelle cela du romantisme, et c'est bien dommage!

Quant à moi, eh bien oui, comme bien d'autres j'y avais trop tôt renoncé, à cette pulsation du corps, du coeur et de l'âme, à cette parfaite ouverture sur le reste du monde. Le travail bioénergétique, parce qu'il touche à la fois l'âme et son incarnation, m'a permis de goûter à de telles expériences. Et qu'importe si cela ne se produit pas tous les jours de ma vie, c'est par le chemin creusé en moi que j'y reviens.

C'est sans aucun doute pour mieux comprendre les changements que l'analyse bioénergétique a provoqués en moi que j'ai suivi Lowen, que j'ai pris tant de notes et que j'ai écrit ce livre. Quand un matin on se réveille avec la sensation physique de n'être plus exactement celle que l'on a toujours été, on cherche à savoir ce qui s'est passé. Puis on tente de trouver les mots justes sans se douter au départ que c'est si difficile.

Ce livre n'est pas un essai sur l'analyse bioénergétique, c'est une histoire, un témoignage. Je l'ai écrit pour partager ce que j'ai découvert auprès du docteur Lowen sur la vie, sur le changement, sur la thérapie. C'est l'homme tel que je le vois et son approche telle que je la comprends, c'est la relation thérapeutique telle que je l'ai vécue que je raconte ici.

Ceux qui ont été témoins des événements rapportés dans ce livre diront sans doute que mon récit diffère de leur souvenir. Et ils auront raison... tout comme moi. J'ai travaillé avec des documents personnels, enregistrements, films et notes manuscrites que j'ai scrupuleusement compulsés. Mais une fois que les gens, les propos et les faits s'étaient remis à vivre dans ma mémoire, je refermais mes cahiers et mes machines pour raconter. Raconter le souvenir d'une ambiance, la trace d'une voix, la marque d'un geste. Ce livre est une empreinte. C'est d'elle dont je parle.

Ce qui suit n'a rien d'objectif ni rien de strictement factuel, encore que je sois certaine de n'avoir rien raconté qui n'ait vraiment eu lieu. Mais je ne saurai jamais si mon souvenir n'a pas cherché à me séduire ni si la publication de ce souvenir ne sert pas le dessein de séduire les autres. Comment savoir quand on recrée, quand on écrit, le sens réel que prendra son œuvre?

Et pour aller jusqu'au bout de mes doutes, comment savoir si la passion qui a guidé ma mémoire et ma main n'avait pas comme ultime et secret objet Lowen lui-même? Mon inconscient en serait bien capable, je le sais maintenant! Être celle qui aurait le courage, la fascination peut-être, de LE «dire» mieux que lui-même ne pourrait le faire... quelle tentante entreprise! Être celle qui, par sa parole exquise, réussirait à obtenir le statut de disciple bien-aimée...! Ah! que l'aveu fait mal, mais peut-on seulement y échapper?

Je n'en étais donc pas à une naïveté près en m'attaquant à ce projet. Mes intentions ont bifurqué. Réalité oblige. Lowen oblige.

J'ai écrit cette histoire pour moi, pour comprendre ce qui m'était arrivé. Je l'ai écrite aussi pour mes patients qui croient parfois que le thérapeute est au-dessus de certaines choses ou que celles-ci font désormais partie de son passé. S'ils savaient parfois...

J'ai aussi pensé à mes étudiants. Bientôt ils auront charge d'âmes, d'enfants, petits et grands. Eux aussi laisseront une empreinte. Celle de leur science ou celle de leur conscience.

Et j'ai beaucoup pensé à toutes ces personnes qui hésitent à franchir la porte du thérapeute. Elles ont besoin d'aide, elles le savent et elles n'en peuvent plus de porter leur vie à bout de bras, toutes seules. Combien de fois j'ai eu envie de leur raconter une certaine histoire. Cette histoire, la voici.

Elle se passe en Grèce, en Bretagne et ailleurs. C'est une exploration des gouffres intérieurs qui paraissent parfois infranchissables. Mais c'est avant tout la rencontre d'un homme qui sculpte sa vie à mains nues, encore plus passionnément, plus intensément maintenant qu'il a plus de quatre-vingts ans et qu'il entraîne dans son sillage ceux qui ont l'audace d'en faire autant.

I

Mes bagages bourrés d'angoisse

Je n'ai jamais su faire mes bagages. J'ai, chaque fois, le nez dans mon insécurité. Une laine au cas... un foulard s'il fallait que... des onguents cicatrisants, on ne sait jamais... Cette fois, mon angoisse est décuplée. J'accompagne un homme, un grand homme. Une légende vivante de la psychothérapie contemporaine. Alexander Lowen, fondateur de l'analyse bioénergétique, a fait école. C'est un petit homme puissant, volontaire, incontournable. Il a plus de quatre-vingts ans, les cheveux blancs, des yeux bleus perçants, une main ferme: de celles qui laissent leur marque, la main d'un laboureur de terre humaine.

J'ai devant moi une année, une année dite sabbatique. Je viens de fermer mon bureau, d'interrompre mon enseignement universitaire, finis les mémoires et les thèses. De septembre 1991 à mai 1992, à travers le monde, je participerai à toutes les sessions de travail de groupe animées par Lowen.

À ceux qui me demandent pourquoi je consacre une année de ma vie à suivre ainsi un homme, je dis que c'est pour mieux maîtriser mon métier. Depuis bientôt dix ans, je pratique la psychothérapie selon l'analyse bioénergétique. Aux intimes qui insistent pour en savoir plus long, j'avoue parfois que c'est pour être à même de comprendre ce qu'il a fait avec moi. De 1986 à 1989, Lowen a été mon thérapeute. À ceux qui s'étonnent et qui doutent du détachement de ma démarche, je ne dis pas que cet homme me fascine; j'ai peur qu'on m'accuse d'infantilisme.

J'ai acheté un magnétophone haut de gamme pour cueillir ses paroles. Déformation professionnelle, je crois que tout ce qu'il dit a une importance capitale. J'ai aussi acheté un appareil-photo facile à manipuler, rapide et précis. Un bel engin! Je veux saisir le geste, rapporter des images qui devraient m'inspirer.

Je saurai bien assez tôt qu'on n'apprend pas grand-chose de Lowen en actionnant un magnétophone ni en appuyant sur le déclencheur d'un appareil-photo ni même en discutant avec lui. Apprendre de lui, c'est avant tout replonger en soi-même, partir à la délivrance de soi-même, processus avec lequel je pensais, moi, en avoir fini. Je sais maintenant que c'est le propre des choses inachevées de prétendre à leur fin.

Pendant que ma rue foisonne de petits écoliers aux espadrilles immaculées qui comparent leurs sacs d'école et leurs boîtes à lunch achetés la veille, moi, je fais mes valises. Dedans, il y a la peur terrible de risquer le tout pour le tout. À la dernière minute, je cache dans mon sac des pilules pour dormir. Au cas... Misère! Je ferme les yeux, je suis en retard. Demain matin, la Grèce m'attend.

Le départ

II

Entre ciel et terre

Je n'ai jamais pu me reposer dans les avions. Cette fois, au lieu d'essayer de m'endormir, je passe la nuit à m'égarer dans les dédales de mon histoire avec Lowen: la première rencontre, la première angoisse, le premier choc. C'est toujours comme ça, l'entre ciel et terre me propulse dans le passé, comme si je devais reculer pour mieux sauter dans le voyage qui commence. Curieuse influence de la lune, quand on flirte avec elle sur son territoire!

À vrai dire, mon grand voyage avec Lowen a commencé en 1986. C'était en Belgique, durant une conférence internationale. Mes amis qui avaient fait un bout de chemin avec lui m'avaient mis l'eau à la bouche. Ils avaient traversé les océans pour se soumettre à sa médecine. Ils en parlaient tous avec ferveur, sinon avec nostalgie, parfois avec un esprit plus critique. Il n'avait laissé personne indifférent, et cela m'impressionnait. Je me sentais novice.

À la fin du congrès, j'avais osé lui dire mon désir de venir un jour chez lui. «*Sure*, m'avait-il dit, tu m'écriras à la rentrée.» Durant tout le temps qu'a duré la fête de clôture, je l'ai vu danser comme un collégien, tourner et valser. Les plus jeunes ont renoncé volontiers à leur musique rock pour laisser place aux tangos, aux merengue et aux cha-cha-cha que Lowen affectionne particulièrement. «Dansez chaque jour, disait-il, vous n'aurez pas besoin de bioénergie.» Il y avait chez cet homme un reste d'innocence juvénile et l'expérience d'une vie qui a sculpté son geste dans la masse.

Ce fut la première empreinte. Au moment de me séparer de lui ce soir-là, je fus envahie par une très grande peur. Et quand j'ai peur, j'ai besoin d'aller voir.

De retour chez moi, j'ai risqué sans grand courage une demande de thérapie. Il me semblait que deux bonnes années sur une liste d'attente suffiraient pour que je me fasse à l'idée. Mais voilà que, dix jours plus tard, une lettre en provenance du Connecticut traînait par terre, dans mon portique, jetée là par un facteur qui n'a pas du tout conscience des bombes qu'il transporte dans son sac. Une réponse, déjà! «Voici le chemin pour venir chez moi... je peux te recevoir le premier lundi d'octobre...» Deux semaines... seulement deux semaines. Panique! J'étais terrifiée! Plusieurs fois, j'ai voulu reculer, écrire pour me désister, puis je me suis mise à calculer. *L'avion? Impensable, trop cher. Le temps, le logement, le coût des séances, quinze heures de route chaque fois, c'est de la folie... Qu'est-ce qui m'a pris... Où loger? Le Connecticut, connais pas... et les enfants, faudra les faire garder.* Bref... j'avais peur.

Michel, mon mari, viendrait avec moi, chercherait avec moi, serait tout simplement là. Je me sentais comme une enfant qui va chez le dentiste pour la première fois. J'acceptais qu'on me prenne par la main.

Les pires rumeurs que j'avais entendues sur le compte de Lowen sont revenues me hanter. *Il charge comme un buffle sans respect... il a désorganisé bien du monde... j'ai déjà vu des gens qui en ont eu pour cinq ans à s'en remettre après avoir travaillé une seule fois avec lui... Attention au dos: Lowen n'est pas conscient des risques... il est très bon pour la décharge musculaire, mais il ne tient pas compte de la personne... Transfert? connaît pas ça, Lowen! La bioénergie à la Lowen c'est dépassé... on n'en est plus là, heureusement!*

Toutes ces remarques défilaient dans ma tête comme les Adirondacks le long de la route 87. Des obsessions, des hantises. Dans la voiture, silencieuse, je n'arrivais pas à faire taire ces ritournelles.

J'entendais aussi les autres: *Il m'a été si précieux... il a un sens clinique incomparable. Seul Lowen peut faire certaines choses... C'est un homme qui ne tolère aucune dérobade... on a intérêt à plonger de front... Il a une qualité de présence incomparable, mais il ne ménage personne... C'est un homme qui débusque les démons, qui n'a pas peur de la folie. C'est un homme libre, il travaille en homme libre, sans s'empêtrer dans les théories.* Ces réflexions-là, quoique redoutables aussi, m'étaient d'un grand réconfort.

Puis par-dessus la voix des autres, ma voix à moi: *Tu n'étais pas bien à vivre à ton niveau, à ton rythme, à ta mesure? Pourquoi toujours aller plus loin, plus haut ou plus profond?* Ma démesure me laissait songeuse, mais ma petite mesure encore plus, mon petit rythme, mon petit niveau, ma petite vie et mon petit plaisir. On ne m'aurait pas crue si j'avais osé l'avouer. Je donnais l'image d'une femme sûre d'elle, énergique, passionnée. Mais moi, je savais. Je savais que mon image était aussi fragile parfois, que ce sentiment inavoué de petitesse pouvait être fort. Mais à cette heure, je filais sur la route et je n'avais plus le choix. C'était ma destinée. Sentir un appel et savoir, au-delà de toute considération raisonnable, qu'on va y répondre, qu'on doit y répondre.

Michel conduisait, on venait de quitter la route 87. Une ambiance, des couleurs, du rouge aux arbres, de l'or par-ci par-là. Le pavé encore chaud. Je n'arrivais pas à cacher ma nervosité. L'intensité du trafic new-yorkais me fait toujours peur. C'est la jungle des poids lourds, la présence policière tapageuse, les sirènes, un climat d'urgence, un bouchon... *Je n'arriverai jamais à temps!* Soudain un accident, quelqu'un qui court, des gyrophares... *Mais qu'est-ce qui m'a pris... grand Dieu! qu'est-ce qui m'a pris de m'embarquer dans cette affaire insensée?* Une autre ritournelle dont je n'arrivais pas à me débarrasser.

J'ai connu l'ombre d'une accalmie sur le Meritt Parkway. Le rythme y est plus lent. Des petits ponts de pierre aux arcades arrondies, de la verdure, des saules, une végétation généreuse: c'est la Nouvelle-Angleterre. La nature est invitante, il y a du prélassement dans l'air.

La petite ville de New Canaan ressemble à une carte postale victorienne. Des gens honnêtes y marchent lentement, les maisons sont belles, trop belles; on oscille entre le bucolique et la petite ville de province, entre *Autant en emporte le vent* et Norman Rockwell. C'est un environnement aux dimensions humaines.

Un peu plus et cette ville me réconciliait avec cette folle équipée. En sortant de New Canaan, je respirais mieux... juste assez pour entendre mon pouls qui se débattait comme un énergumène.

Le chemin me paraissait interminable. J'avais le ventre qui faisait des doubles vrilles, mais je ne disais rien, je me retenais. De temps en temps, mon «chauffeur» jetait un coup d'œil de mon côté; il me regardait, me souriait, mais lui non plus ne disait rien.

La maison des Lowen repose à flanc de coteau. Leur terrain est enclavé à l'intérieur d'un immense domaine dans lequel le cheval du voisin est roi. Au pied de la colline, un étang bien calme sert de piste d'atterrissage à des dizaines de bernaches canadiennes qui s'y donnent rendez-vous chaque printemps. Certaines, les plus vieilles peut-être ou les plus affectueuses, ne veulent plus quitter leur mère nourricière et y restent toute l'année. Leslie Lowen nourrit ses bernaches avec autant d'affection que ses oies blanches, ses pintades, ses poules et ses lapins. Le vacarme en cet endroit paisible n'avait rien de commun avec celui qui m'agressait une heure plus tôt. Tous ces beaux oiseaux rivalisaient d'éloquence, cacardant, appelant à l'aide ou réclamant du grain, professant leur autorité ou leur hostilité. Des sentinelles çà et là émergeaient de la masse, étirant le cou comme un périscope et bougeant la tête tout en souplesse. Je les enviais. En comparaison, ma nuque ressemblait aux câbles d'acier qui soutiennent le pont de Québec!

Un hurlement me tira de ma méditation. Par une fenêtre ouverte, on entendait quelqu'un crier qu'il voulait tuer quelqu'un d'autre. Ce cri qui m'est familier. Une décharge d'émotions à laquelle on n'échappe pas en thérapie. J'en conclus que le bureau se trouvait non pas devant, mais derrière la maison. Cela m'a tout juste donné le temps de prendre un air de circonstance, l'air de celle qui en a vu d'autres. Moi aussi, j'étirais le cou et je plongeais la tête la première dans l'aventure avec un aplomb qui ne passait pas inaperçu.

C'était un 4 octobre… Cinq ans déjà!

Les images sont si précises, l'émotion encore si fraîche, que j'en ai les mains moites. Aujourd'hui, dans cet avion qui m'amène bien plus loin que les États d'à-côté, mon voisin de vol ronfle paisiblement. Il a l'air tranquille de ceux qui ne s'étonnent plus de voir le bout du monde. Moi, je me débats avec mes folies, mes impulsions auxquelles je ne sais pas résister. À l'époque, j'avais besoin d'aide pour survivre. Trop de douleur m'empêchait de respirer. Mais aujourd'hui, je vais bien; aujourd'hui, je pourrais ronfler, moi aussi…

J'ai besoin d'une année de silence, de contemplation, d'inspiration. Je veux m'offrir le luxe de regarder en coulisse Lowen travailler les corps et les âmes. En toute liberté, en toute avidité, en toute curiosité. Je veux savoir ce qu'il a fait avec moi, comment il l'a fait, comment il le fait avec les autres. Tout cela peut se justifier, mais j'ai un vertige fou. J'ai le sentiment de prendre l'un des plus grands risques de ma vie.

Mais enfin... parcourir le monde abritée sous l'ombre d'un autre. Que ce soit l'ombre d'un grand homme n'excuse rien. J'ai un doute: ma conscience, la pure, la sainte, la raisonnable, se met à grincer. En même temps, je tire une certaine fierté de mes excès. *Non, madame! «N'importe qui» ne peut pas faire ça!* (Soupir de soulagement.) *Reconnaissez tout de même que l'exploit n'a rien de glorieux. Vous devez même assumer l'humiliation d'emprunter les pas d'un autre... Oui, je mets mon pied dans l'empreinte laissée par un autre. Et alors? Personne n'a jamais accusé les* Compagnons du Tour de France *d'infantilisme parce qu'ils marchaient en silence dans le sillage de leurs maîtres! Ils apprenaient leur métier en s'inspirant de la spiritualité et de la passion des plus grands artistes. Je fais la même chose. Y a pas de quoi rire!*

Ce parallèle m'apaise. Je sens que j'ai la réplique facile. Je pourrais faire taire tous les moqueurs. Et vlan! Un peu plus, je ronflerais. Je prends plutôt une grande respiration et je cale mon oreiller dans le hublot.

Au-dessus de l'Atlantique, la nuit est totale. De l'encre! La panthère rose se démène sur l'écran pour distraire les insomniaques. Imperturbable, mon voisin ronfle toujours avec une sérénité qui m'épate. Pour dire vrai, il commence à me tomber sur les nerfs. J'enfile mes écouteurs, musique Nouvel Âge qui devrait me détendre. Mais je sais que je ne dormirai pas parce que je suis ailleurs, propulsée dans le souvenir. Je revois, image par image, ce que fut ma première session chez Lowen, comme pour mesurer sans doute le chemin parcouru. Je n'entends plus ronfler mon voisin, je suis assise dans une antichambre; il y a deux fauteuils, une petite table où s'accumulent livres et revues; dans la salle d'à côté, un perroquet, immobile sur son perchoir, a l'air de savoir ce qui m'attend.

III

Sur les chapeaux de roues

Dans le petit couloir qui mène à son bureau, du bout des doigts, Lowen me pousse dans le dos. Je n'aime pas. On m'avait prévenue, il est trop directif. Je raconte je ne sais quoi qui n'en finit plus. Il me coupe la parole et s'informe de mon voyage. Comment je suis venue, les conditions de la route, etc. Cette sollicitude me touche. Puis je reprends où je l'avais laissé, le fil de ce je-ne-sais-quoi que je raconte. Je reprends le tout en parlant plus fort, plus haut. Il me pose quelques questions sur moi, sur ma mère, mon père... (La belle affaire! J'en profite pour me complaire dans les détails.) Il me demande ensuite, à brûle-pourpoint, d'enlever mon costume. Il veut se faire une idée de ma structure corporelle. J'avais pris soin de choisir une tenue appropriée, ni trop gym ni trop dentelle. Il jette un coup d'œil sans insister et m'invite immédiatement à me regarder dans la glace pour découvrir ce qui s'est déposé sur mon visage. Je n'y vois rien que du connu. C'est plus fort que moi, je me dis que je ne suis pas venue ici pour voir ça.

Il risque deux ou trois interprétations sur mon histoire, sur ma bouche triste, mes yeux apeurés. Je qualifie intérieurement tout cela de «psychologie à cinq cennes». Je crois que je suis vexée, on ne dit pas les choses de cette façon. Pas aussi directement, pas aussi crûment, pas aussi «simplistement». On mâche ses mots, on présente les choses une à une, subtilement, pour ne pas heurter le client, pour qu'il se rende compte tout seul de l'ampleur du gâchis, si gâchis il y a. Qu'est-ce que c'est que cette façon de faire? Je grommelle sans que ça s'entende. Je m'affaire à m'offusquer. À toute vitesse, je prends la résolution de sauver la face, de me tenir debout

devant cet homme qui a l'air d'en prendre à son aise avec mon intérieur. Je reconnais qu'il a raison, mais il y a la manière! Mettre
l'autre au pied du mur, ce n'est pas une façon de faire de la thérapie.
Il se pose en expert, je n'aime pas ça.

On téléphone. Il m'interrompt et va répondre. Je reste là,
debout, au centre de la pièce, en maillot. Jamais je n'ai vu ça! Moi
qui me fais un devoir de couper la sonnerie du téléphone durant
mes séances de thérapie, le voilà, lui, qui prend le temps de répondre. Et pour comble, l'appel n'est pas pour lui, mais pour sa femme.
Tout de même... crescendo la vexation!

Il m'invite à m'asseoir sur le bord du lit. Il s'installe en face de
moi sur la chaise et place sur ses genoux une serviette. Puis il me
fait signe de pencher la tête sur lui. J'ai aussitôt un mouvement de
recul. C'est trop près, trop vite, ma tête, là, sur ses genoux. Je me
redresse. Il me regarde étonné. Je n'ai pas la force de protester:
c'est vrai que je suis venue ici pour travailler. La démarche est assez
pénible, merci, alors, allons-y! En posant la tête sur lui, je me sens
soumise, comme si j'offrais mon cou à l'échafaud. Je n'ai pas le
temps d'y penser, qu'il appuie de toutes ses forces sur les muscles
de ma nuque, précisément là où j'ai l'habitude de me contracter
pour tenir le coup. Je suffoque. Je n'arrive même pas à crier. J'avale
ma salive et je pousse à deux mains sur ses bras pour les écarter.
Cet homme est fou. On me l'avait dit, je ne voulais pas le croire: il
est fou!

Je suis partagée entre la déception et la colère: mon «maître à
penser» n'est pas celui que j'imaginais. Il ne sait pas ce qu'il fait et il
répond au téléphone durant «mon» temps. Je suis hors de moi.
J'arrive à me relever et à le regarder droit dans les yeux. Je ne sais
pas au juste ce que ce regard exprime. Je crois qu'il déborde
d'incrédulité.

— Je t'ai fait mal?

— Sûr que vous m'avez fait mal.

— Et pourquoi tu n'as pas crié, on crie quand on a mal.

— Je ne pouvais pas crier. C'est stupide ce que vous avez fait
là. On n'attaque pas les gens comme ça...

Silence. Je me masse la nuque, visiblement de mauvaise
humeur.

— Et quand tu étais petite, tu criais quand on te faisait mal?

— Oui, pendant un moment, mais je n'ai jamais rien gagné avec
ça. Ma mère finissait toujours par me dire: «Si tu n'as pas de raisons

de pleurer, là, tu vas en avoir une bonne» et la taloche faisait le reste. Alors, j'en étais toujours réduite à me taire.

Il hoche la tête. Il est désolé. Il s'approche, change totalement de ton et me prend la main.

— Écoute-moi. Depuis que tu es entrée ici, tu es terrifiée. Tu me racontes toutes sortes de choses, tu fais celle qui est décontractée, mais tu es terrifiée. Tu joues la comédie. Tu es tendue comme une corde de violon. Et c'est ici, dans ta nuque, que tu retiens tout. Tu te tiens debout avec ta nuque. J'essaye seulement de t'aider à relâcher cette poigne-là pour que tu sortes de ta terreur. Tu as le droit de crier. Tu as le droit de me dire que je suis fou, que tu as mal, que tu as peur. Ici, tu peux faire ça. Petite, tu ne pouvais pas dire à ta mère que tu avais peur. Tu vas essayer de nouveau et cette fois, laisse sortir un cri. Tu veux essayer?

Je suis désarmée, ébahie par un tel retournement de la situation. Il n'est pas fou, cet homme. Il me démasque et je perds tous mes moyens. J'hésite, j'ai une terrible envie de remettre ma blouse, ma jupe, et de m'enfuir. Je me sens cernée, traquée. C'est vrai que je joue la fille «relaxe», celle qui en a vu d'autres. Mais bon sang! j'ai bien droit à mes défenses, moi aussi!

— Bien sûr que tu as droit à tes défenses, mais ça n'est plus nécessaire. Dis que tu as peur plutôt!

Je n'ai plus rien à perdre. Il n'a pas besoin d'appuyer avec force, je cède tout de suite. Une vague de fond emporte avec elle une terreur qui couve dans ma poitrine depuis deux semaines. Vulnérable à souhait, je laisse craquer ma tension des jours derniers; dans un cri, je laisse s'envoler mon vertige. Je vois tous les pauvres petits moyens que j'ai mis en œuvre pour me convaincre, à bout de nerfs, que je faisais bien de traverser la frontière. Maintenant, misérable, je m'évertue à faire bonne figure devant Lowen.

En fin de travail, je lui demande un autre rendez-vous.

— Tu me rappelleras. Vois ce qui va se passer pour toi cette semaine et tu jugeras si tu veux revenir.

Ah, le futé! Il sent mon ambivalence, mon scepticisme, il me renvoie à mes propres décisions. Je n'aime pas ça. Je voudrais sortir d'ici déjà engagée, ne plus avoir à choisir.

Je comprends alors que toute cette démarche reposera sur moi, sur mes choix, sur mon désir à moi et seulement à moi, de changer. Il me remet entre les mains ma destinée. Pour y faire face, je suis démunie, toute nue, frissonnante comme une poule qu'on vient de plumer. On voit le grain de peau, les imperfections. Je ne pourrai pas lui présenter les choses à ma manière. Que reste-t-il de mon pauvre panache?

Dans le petit couloir, je me sens perdue.

IV

On fait ce qu'on peut, monsieur!

Dans la voiture, en route pour Montréal, j'étais silencieuse, renfrognée, ambivalente. Des images, des sensations, des paroles m'obsédaient. *Je ne reviendrai pas. C'est une question de dignité. Je ne viendrai pas ici pour me faire massacrer. A-t-on idée d'attaquer aussi vite, aussi abruptement? Et puis me dénoncer comme il l'a fait... il y a une limite à démasquer les gens. Les défenses, ça sert à quelque chose.* Je comprenais maintenant ce qu'on lui reprochait tant. Il était trop sûr de lui!

Pendant quelques jours, je vécus une très amère déception. J'avais peine à croire que mon intuition eût pu me tromper à ce point. Au plus profond de moi-même, je dois reconnaître que j'étais simplement vexée. Vexée de m'être leurrée, vexée d'avoir mis tous mes espoirs dans cet homme qui, dès la première rencontre, s'était empressé de corroborer tout ce qu'on lui reprochait. Vexée aussi d'avoir été attaquée, dénoncée, dévêtue. «Tu joues la comédie...» *On fait ce qu'on peut, monsieur, quand on a peur. Vous auriez pu me prendre en douceur, je me serais apprivoisée... je vous aurais apprivoisé. Au lieu de quoi, vous m'avez laissée baratiner pendant un long moment. Je vous ai brossé un magnifique tableau clinique de ma personne. Pendant ce temps-là, vous regardiez ma nuque et paf! vous avez porté le coup. Puis, comme si vous n'en aviez rien à foutre des nouveaux patients, vous ne fixez même pas la date du deuxième rendez-vous. Vous faites l'indépendant. Pas besoin de personne, vous...*

Pendant une semaine et plus, j'enrageai, tournai en rond, serrai les dents et tendit la nuque. Un peu moins qu'avant, cependant, ma nuque était devenue trop sensible et trop douloureuse après le traitement qu'elle avait subi. Elle ne se défendait plus, la pauvre!

J'avais beau jurer, tout cela s'était fait civilement. Il n'avait pas élevé la voix, il n'avait jamais perdu son sang-froid. Il s'était même montré, à un certain moment, très sensible à ma frayeur. Et rien de ce qu'il m'avait dit n'était faux. Ça oui, je l'admettais. C'était la façon, le détachement, le sans-gêne... Je m'étais comportée comme un caniche qui veut épater son maître, j'avais fait la belle; il avait vu ça, et il me l'avait dit!

Le temps passa, et ma rage avec lui. J'avais décidé de faire marche arrière, maintenant je ne savais plus. Je sentais qu'encore une fois, j'avais cédé à mes vieux réflexes: vouloir gagner l'autre, l'amadouer, quelle tristesse! De cette façon, c'était toujours moi qui prenais l'initiative du changement. Par conséquent, je ne changeais pas. On peut faire semblant de changer. On peut s'«épivarder» longtemps avec une certaine volupté, sur les chemins de la croissance intérieure.

Je savais ce qui se passait en moi, je me connaissais par cœur. J'étais en train de me prendre à mon propre piège. Tout compte fait, ce système que je dénonçais ne m'avait pas si mal servie dans le passé. J'avais la tentation très forte de fuir cet homme. Non, mieux, de le mépriser!

En une seule séance de travail, Lowen m'avait mise K.-O. C'est vrai qu'il peut déséquilibrer son patient en une fois. J'étais là, sans défense, inerte, vexée comme une gamine. J'avais neuf ans et j'avais envie de brailler. J'étais vaincue.

Curieusement, c'est ce sentiment de dépossession qui m'a le plus apaisée. Admettre la fragilité de mes armes, reconnaître la faiblesse de mes positions, c'était une armistice. Pendant quelques jours, j'ai capitulé, je pouvais me reposer. Je passais mes journées sur un air de tristesse. Les repas au restaurant et les chicanes de comité ne m'intéressaient plus. Je faisais mon travail, simplement, humblement, le mieux possible. Je n'ambitionnais plus de me surpasser. Sans m'en rendre compte, je récupérais, je me rechargeais. Une semaine, deux semaines passèrent et je trouvai le courage de décrocher le téléphone, de lancer un deuxième appel. «Bien sûr que j'ai une place, reviens», me dit-il, et je crois bien l'avoir entendu sourire.

Ce fut mon départ avec Lowen. Pendant trois ans, j'ai traversé la frontière, parlé sa langue, franchi les montagnes qui séparent mon pays du sien. J'ai vu trois fois passer les quatre saisons.

Aujourd'hui, c'est la profondeur des mers qui m'appelle, comme si les Adirondacks ne m'avaient pas suffi. En quelques heures, j'ai franchi l'Atlantique, puis la Méditerranée qui vire au vert, au violet, au turquoise... c'est selon le fond, selon la lumière. Je ne sais plus très bien où j'en suis: entre le point du jour et l'aube, entre l'aurore et le matin, je sais seulement qu'il fera beau.

La Grèce

V

J'ai peur qu'il m'oublie

De mon hublot, j'aperçois déjà le continent. La panthère rose a quitté l'écran depuis longtemps. Mon voisin de bord renifle et tangue de l'autre côté, Dieu soit loué! On va servir le petit déjeuner. Je n'ai pas vu la nuit passer, trop absorbée dans mon souvenir. Les choses se sont-elles vraiment passées comme cela? Avons-nous vraiment démarré sur les chapeaux de roues? C'était probablement moins cru, moins risqué. Je ne sais plus, c'était il y a cinq ans. Non! Je n'ai rien inventé. Lowen travaillait souvent comme ça, c'était tout ou rien, quitte ou double.

Le café me sort de ma rêverie. J'y serais bien restée encore un peu, dans le petit couloir, dans le petit bureau. Mais le manque de sommeil m'indispose. Nous survolons déjà une petite île toute ronde comme une perle qui annonce la Grèce. Vue des airs, Athènes est radieuse avec ses maisons blanches et carrées. Pourquoi m'avait-on dit tant de mal de la Cité des dieux? Moi, je la trouve belle. C'est déjà la descente, je cherche mon passeport. À l'excitation de l'arrivée se mêle un malaise: le décalage horaire, ce foutu flottement entre deux eaux, entre deux airs, entre deux mondes. Les viscères à l'envers, partagée entre l'éveil et la torpeur, je tente d'échapper à cette sensation ouatinée qui m'enveloppe.

Lowen m'a promis de me prendre à l'aéroport. Je touche du bois. Lui aussi arrive ce matin. Sensible à cette attention, j'ai accepté le rendez-vous. «Tu ne connais pas la langue. Anna, qui parle grec, sera avec moi. C'est assez difficile de trouver l'hôtel, c'est loin d'Athènes. Sois sans inquiétude, je viendrai te chercher.» Sois sans inquiétude... Mais moi, je suis d'un naturel inquiet. Comme toujours, j'ai peur qu'il m'oublie. Arrivée avant lui dans une autre aérogare, j'en ai pour une bonne heure à m'inquiéter. En général, je m'arrange pour ne dépendre de personne. C'est plus sûr, moins déchirant en cas de faux bond. Mais cette fois, je n'ai pas fait le nécessaire. J'ai fermé les yeux et j'ai dit: «D'accord, je vous attendrai.»

Attablée au café de l'aéroport, je me rassure en pensant que j'ai déjà vu pire. C'était l'automne, deux mois après ma première séance massue. Comme je dois attendre de toute façon, je prends le temps de me remémorer cet épisode important de ma thérapie. Petit à petit, j'arrive à recréer l'ambiance, le climat, je revois la route, la pluie qui tombe sur le Connecticut. L'hiver s'annonce triste.

Ce jour-là, pour la première fois, je débarque chez Lowen sans avoir confirmé mon rendez-vous. J'ai l'habitude de téléphoner la veille, même si je sais que je suis inscrite à l'heure dite, le jour dit, sur son agenda. Mais, lorsqu'on vient de si loin, on ne sait jamais… En trois ans, je n'ai pas réussi à me convaincre en profondeur qu'il ne va pas, un jour ou l'autre, m'oublier. Être oubliée! Insurmontable.

Sur la route qui mène chez lui, il pleut toujours. Je reconnais mon angoisse: la crampe au ventre, la poitrine qui se contracte. Mais j'ai décidé la veille que cette angoisse était infantile et qu'il était temps que je mette ma confiance à l'épreuve. Cette fois, je plongerais sans filet, je ne confirmerais pas. Encore mieux, je prendrais le risque de voir Michel me déposer et repartir sans attendre que je lui fasse signe. «On ne sait jamais, lui dis-je chaque fois, attends un peu que je voie s'il est là.»

Assise dans l'entrée, je n'entends rien. Seul le perroquet m'accueille par un tonitruant «Hello, how are you!» C'est Leslie Lowen qui descend pour me dire que son mari est malade. Il ne peut pas me recevoir. Elle est franchement désolée, mais elle n'a pas pu m'avertir, j'étais déjà partie. Il n'y a rien à faire. Les choses sont ce qu'elles sont.

Je décide de marcher, de tenter de rejoindre mon homme, quelque part, sur la route. C'est totalement insensé, je ne sais pas où il a décidé de passer ces deux heures qu'il occupe normalement à peindre. Aujourd'hui, avec cette pluie, il peut être allé n'importe où, sauf à l'étang, qu'il dessine vu du sud, de l'ouest, de la presqu'île ou du quai. Je ne suis pas couverte, j'ai froid.

Lowen pourrait m'abandonner avant que les choses soient accomplies pour moi! Mon père est parti comme ça, subitement, sans prévenir. Mon premier thérapeute est parti comme ça, sans que les choses soient terminées entre nous. Le vide, le vertige, une peine si grande qu'on préfère ne plus y penser. On se distrait, on se convainc que tout cela n'est pas si grave, qu'on peut tenir le coup, que c'est la vie et qu'on va en voir d'autres. On creuse en soi une tranchée sans savoir qu'on la creuse.

Du côté de la douleur, on injecte un anesthésiant. Ne pas s'égarer sur ce terrain-là, éviter le marécage des deuils, ne jamais traverser la tranchée: danger de mort.

Je marche sur cette route grise, je grelotte, je suis seule. Je marche dans ma tranchée. Je ne sais pas où je vais. Je marche en direction de mon pays. Je divise le temps en deux. Au mitan de ma route, je reviendrai vers le chemin des Lowen. Je peux pleurer sans attirer l'attention, il pleut.

Comment cela s'est-il produit? Je me suis attachée à cet homme. Je me suis toujours crue libre avec lui, autonome, indépendante. Et voilà qu'à mon insu, je suis captive d'une angoisse terrible: j'ai peur de le perdre! J'ai le cœur en pleine inondation. Je suis transie et seule. J'ai peur de m'être égarée de l'autre côté de ma tranchée. À chaque pas, je peux faire sauter une mine, je sens le danger. J'ai l'envie puérile d'appeler mon père à mon secours. Une image, une main noueuse, son regard bleu, ce dernier voyage avec lui, dans une ambulance... Bang! la mine! Je me traîne et je pleure à gros sanglots, aveugle aux gens qui passent. Je suis en deuil.

Ce père que j'ai perdu il y a plus de dix ans, je ne l'ai jamais vraiment pleuré. C'est arrivé trop vite, ça faisait trop mal. C'est lui que je pleure ici, en avalant le temps perdu.

Mon mitan est passé depuis longtemps, j'ai oublié de faire demi-tour. Miracle! Mon homme, fidèle, aimant, étonné de me trouver là, surgit sur cette route qu'il ne prend pas d'habitude. Je n'ai pas eu le temps de me composer un autre visage. J'ai l'air piteux et j'ai mal. Montrer que j'ai besoin de Lowen, que j'ai peur de le perdre et que j'en pleure comme une gamine... que c'est difficile! Michel ne pose pas de questions. J'ai faim. Je veux un bon repas, avec un bourgogne capiteux, une viande rouge et tendre, rien de moins. «Allez, je t'invite», me dit Michel en démarrant. J'ai le cœur comme un vieux coton trempé. Je me laisse emporter.

C'est ainsi que venait de se rouvrir le «livre de mon père». Cette histoire, commencée il y a si longtemps, jamais terminée, jamais lue jusqu'au bout, jamais déchiffrée. Le «roman» est là sur ma table de chevet, toujours ouvert, usé, comme s'il attendait qu'un jour, je sorte de mon sommeil.

Pour en sortir de ce sommeil, encore aujourd'hui, je cours le monde jusqu'en Grèce, à la rencontre d'un grand homme, qui pourrait bien m'oublier...

VI

Le safari

À intervalles réguliers, entre deux gorgées de café, j'émerge de ma rêverie pour guetter l'arrivée de Lowen et d'Anna. J'ai rencontré Anna une fois. Elle est notre trait d'union en Grèce. Thérapeute, elle aussi, c'est elle qui a la charge d'organiser cette session. Elle s'est transplantée en Amérique à l'âge où l'on quitte sa famille. Grecque dans l'âme et dans le sang, américaine par son savoir-faire, Anna jubile quand elle a la charge de recevoir en terre natale. Sa nature méditerranéenne semble refluer en elle comme l'eau qui jaillit d'un geyser. Elle a la fierté de ceux qui retrouvent, ne serait-ce qu'une fois par année, leurs vraies racines. Je surveille toutes les femmes qui descendent d'un taxi. J'ai peur d'avoir oublié son visage. Une femme court vers la sortie des bagages, je crois que c'est elle. Je me précipite et risque un timide: «Anna!» Ce qu'on peut avoir l'air fou quand on fait erreur sur la personne! J'en conclus, c'est bien connu quand on va à l'étranger, que toutes les femmes grecques se ressemblent.

Cette fois, il n'y a pas de doute: je connais cette femme qui s'élance dans l'aérogare; le petit homme qui la suit en courant, s'arrête, regarde à droite, à gauche, puis repart dans une autre direction.

C'est lui, Al Lowen, ses quatre-vingts ans sous le bras, curieux, agile comme un renard, qui saisit toutes les occasions de se mêler aux gens du pays. Moi, je cours avec mes bagages. Ils ont choisi l'autre porte! Il ne m'a pas oubliée! Je respire...

Il a l'air d'un enfant qui retrouve un lieu où il n'a que de bons souvenirs. Anna est radieuse, fière, enthousiaste. Au passage, elle

désigne une petite baie qu'elle aime, un rocher transpercé qui fait
tunnel, les fleurs encore épanouies en cette mi-septembre. Nous
arrêtons acheter du Metaxa, elle connaît le marchand. Elle sait sur
quelle tablette trouver le cognac du pays, elle sait lire les étiquettes,
choisit la meilleure bouteille. Elle empoche la monnaie sans réfléchir: Anna est chez elle.

«Alors, c'est un safari que tu commences aujourd'hui...», dit
Lowen en me serrant la main. Jamais si bien dit: un safari! «Tu es
prête à plonger?» Et moi, naïve, je réponds: «Je suis venue pour
ça.» Il se met à rire en tirant la langue sur les dents du haut, à la
commissure des lèvres. Ce sourire-là, je le sais maintenant, signifie
que nous n'entendons pas la même chose, lui et moi. Il regarde défiler Athènes, moi aussi. Je pianote nerveusement sur le sac en ban-
doulière qui protège mon magnétophone, mon appareil-photo tout
neuf et mes carnets de notes immaculés. Je suis songeuse, fatiguée
du voyage, encore en transit entre deux âmes.

VII

L'Acropole

L'hôtel et le domaine qui l'entoure occupent une petite péninsule. L'endroit est d'une beauté, d'une simplicité paradisiaques. Ma chambre ressemble à une cellule de moniale. Les murs sont nus, les draps blancs, les couvertures aussi; il y a un seul petit meuble. Ce dépouillement ajoute à la beauté de l'ensemble. De la terrasse de ma chambre, j'ai les pieds qui trempent dans la Méditerranée. Jour et nuit, on peut entendre le tranquille clapotis des vagues. À vivre en ville, on ne sait plus combien la Terre a besoin de la Mer.

Apéritif, repas à trois, petite promenade en tête-à-tête pendant qu'Anna fait le nécessaire pour que le groupe, qui arrive demain, ne manque de rien: mon safari commence tout en douceur.

C'est dimanche, la journée est belle et chaude. Malgré un genou qui le fait souffrir depuis quelques semaines, Lowen m'invite à aller visiter l'Acropole. Je ne suis pas heureuse, je suis comblée. Anna, reine des lieux, s'affaire toujours: c'est elle qui retient le taxi, qui trace le trajet de notre visite des monuments. Dans sa langue maternelle, elle nous confie au chauffeur qu'elle appelle par son prénom. Elle restera sur place pour accueillir les membres du groupe qui arrivent un à un.

Nous circulons dans une rue étroite, quand je l'aperçois tout à coup, droit devant moi, là-haut: la belle, la grande, la sacrée, la mythique, l'Acropole! J'ai seize ans, je respire la platitude de ma salle de classe, il neige. Nous bûchons sur les thèmes et les versions qui me transportent dans une civilisation fascinante. Ces lieux-là ne sont pas faits pour moi, la fille d'un accordeur de pianos. Trente ans plus tard, j'ai le souffle coupé en dévisageant les cariatides. Qu'un

peuple ait eu la force, la passion et l'énergie de bâtir ce lieu sacré...
Un millénaire d'histoire me noue la gorge. Je n'ai plus de mots, trop
d'émotions. Lowen sent mon émoi, me tend la main. Je me soude à
son bras et je ne le quitte plus. Nous marchons en silence sur cette
Voie Sacrée qui a déjà vu passer toutes les joies et les misères du
monde.

Au Musée, il décide de m'attendre, de s'asseoir sur un banc
pour reposer le genou malade. Je déambule en vitesse, jusqu'à ce
que Poséidon me cloue sur place. Sans son trident, les bras tendus,
il jette une main vers l'avenir, l'autre semble vouloir ramasser le
passé. Et ce visage fin, noble et déterminé... Je suis muette,
éblouie. C'est l'intérieur de moi qui se laisse saisir par la force de
l'Homme. Mon cœur frémit; je cède à cette griserie et je me laisse
ravir, j'ose le dire, par la virilité.

Incapable de rester seule plus longtemps, je cours chercher
Lowen. J'espère que son genou va tenir le coup. Moi, devant
autant de puissance et de grandeur, je suis dépassée. J'ai besoin de
partager.

Nous faisons ensemble une visite rapide du musée. À propos
des statues, il me fait remarquer que la précision des traits du
visage correspond à la grandeur des civilisations. Je suis étonnée de
voir que les hommes sont nus, les femmes presque toujours couvertes.
«Les femmes représentent l'inconscient, les forces de la nature.
L'homme, la rationalité, la force de l'intellect. C'est le contrôle du
moi, du conscient sur l'inconscient. Je devrais dire plutôt la peur
que le moi peut avoir de la nature représentée par la femme.»

Lowen me raconte l'histoire de la Méduse, cette horrible
Gorgone aux cheveux de serpents qui pétrifiait tout homme qui
osait la regarder. Sur le conseil d'Athéna, Persée parvint à lui couper la tête en se servant de son bouclier comme miroir pour ne pas
avoir à la regarder. La tête coupée permit ensuite à Persée et à
Athéna de pétrifier à leur tour leurs ennemis.

«Qu'est-ce que c'est, crois-tu, cette tête dangereuse entourée
de serpents? Eh bien, moi, je crois que c'est le sexe de la femme.
C'est contre lui que l'homme se bat. Et nous sommes aujourd'hui
dans un siècle qui cherche encore à imposer la suprématie de l'intellect, de la raison, du conscient, sur les forces de la nature, de
l'inconscient. La femme est plus proche de la nature que l'homme. Il
y a trop de destruction de la nature autour de nous pour que cela
puisse changer. Et c'est pour cela que la bioénergie n'a pas beaucoup

d'avenir dans le monde actuel. C'est une approche qui prône le retour aux forces de la nature, à la saine sexualité de l'homme et de la femme. C'est une approche qui enracine la spiritualité d'abord dans le corps. C'est un trop grand risque pour notre civilisation actuelle. Il faudrait qu'une catastrophe menace vraiment la survie de la planète pour qu'il y ait un retournement des valeurs. Je n'ai plus d'illusions, l'analyse bioénergétique ne sera jamais populaire.»

Je suis stupéfaite. Comment peut-il parler ainsi de l'œuvre de sa vie? Avoir édifié ce monument pour enfin déclarer qu'il ne survivra pas? J'en reste bouche bée. Inutile de répliquer, de dire «mais non, mais non». Ce serait incongru. On peut dire ça quand on sent que la personne ne livre pas le fond de sa pensée. L'homme qui est à côté de moi ne cherche pas à se dérober en ce moment. Il me dévoile son intime conviction. Il parle lentement, il regarde défiler les rues, les gens qui courent. Il n'est pas amer, seulement déçu. Soudain, il se retourne vers moi et surprend mon regard triste, incrédule. Alors il sourit et presse ma main dans la sienne, l'air de dire: «Allons, allons! On ne peut pas changer le monde. Seules les personnes peuvent changer… c'est déjà beaucoup!»

VIII

Mon peu de foi

«On ne peut pas changer le monde, seules les personnes peuvent changer.» La foi de Lowen dans le changement, c'est au Portugal que je l'ai sentie. C'était l'année dernière à Torres Vedras. Je ne savais pas encore que je ferais ce «safari».

Il ventait ce jour-là. Le long de l'hôtel où se tenait le congrès international, il y avait une belle esplanade. Je marchais seule, tranquille, je m'enivrais de l'air salin de la côte. Sous les fenêtres d'une des salles de travail, j'entendis soudain des cris d'épouvante. La personne qui travaillait avec Lowen semblait vivre l'enfer. Lowen, loin d'apaiser la pauvre femme, l'exhortait à continuer, à frapper encore, à laisser sortir les cris et les pleurs. La détresse dans cette voix m'était insupportable. «Si tu ne laisses pas passer ce cri qui t'étouffe, c'est la mort qui t'attend.» *Il dramatise, il pousse trop fort*, me suis-je dit. C'était de l'acharnement, presque de la cruauté. Puis la femme s'est tue, et le bruit des vagues a couvert tout le reste.

Troublée, j'ai continué ma promenade. Tout à coup, par-dessus le bruit de tonnerre que faisaient les ressacs dans les rochers, j'entendis un hurlement à nul autre pareil, comme le cri d'une femme qui viendrait de perdre un enfant. Le cri s'est cassé dans les pleurs, des pleurs chauds, profonds, inépuisables.

J'ai quitté l'esplanade. Je ne pouvais plus entendre cette douleur. J'étais bouleversée. Un doute qui flânait dans ma tête, toujours à l'affût de la moindre brèche dans mes convictions, en a profité pour reprendre de la vigueur.

Je connaissais pourtant la détermination de Lowen à débusquer les démons intérieurs. Il consacre sa vie à aider les gens à briser les chaînes qui retiennent leur douleur, leur frayeur ou leur rage. Tous ces ferments qui agissent en secret au cœur de l'homme. Je connaissais sa médecine, je m'y étais frottée pendant trois ans, j'en avais pâti et profité.

Tout cela me laissait dans la bouche un arrière-goût de découragement. Renoncer à la bioénergie comme tant d'autres l'avaient fait avant moi? Admettre qu'il y a dans cette approche de l'âme humaine, un leurre, un subterfuge qui fait beaucoup de bruit? L'idée de la transe m'a toujours ébranlée. Les sorciers encore plus. Ah, le doute!

Je marchai longtemps, nostalgique d'une certaine illusion qui me gardait dans le peloton des gens contents. Il fut un temps où la crispation de mon existence m'était rassurante. J'oubliais trop souvent qu'elle me tuait. Quand il le fallait, les transports de la passion, la roulette russe, les inflammations de l'âme et du corps me donnaient accès à une certaine vie. Puis la routine prenait le relais. C'était avant mes démarches en analyse. Ce cri que je venais d'entendre avait ravivé le souvenir de mes propres séances de thérapie où, à force de recommencement, un anneau finissait par céder, un maillon se fêlait, une poche de tristesse ou de frayeur, mais toujours de profonde douleur, crevait.

S'ensuivaient plusieurs jours de relâchement, d'humble ouverture à la vie et à l'amour. Durant ces jours-là, c'étaient les gestes simples de mon mari qui me procuraient la paix. Sa présence me suffisait. Les dessins remplis de cœurs de ma fille me faisaient fondre, et la dévorante passion de mon fils pour le théâtre me donnait espoir en la jeunesse. Les choses du travail m'étaient plus faciles. Mon visage plus détendu, mon dos plus souple et ma respiration plus profonde ressemblaient à des symptômes d'espérance.

Je revins vers l'hôtel par un autre chemin sur lequel je rencontrai Lowen qui marchait d'un pas tranquille, l'air détendu. Il semblait totalement dégagé du travail; maintenant, il profitait du soleil, de la mer, des embruns qui donnent à cette presqu'île désertique une allure fantomatique. «Vous avez travaillé fort», dis-je pour qu'il sache que j'avais été témoin du carnage. «Vous n'êtes pas fatigué?» J'aurais voulu dire troublé, perturbé, dérangé. «Oh non, je me repose maintenant. Quand le travail est fini, je m'occupe de ma santé à moi, répondit-il en riant. C'est une personne du pays. Elle savait que j'étais ici. Elle a demandé à me voir. Elle est atteinte d'un cancer très avancé. On n'a pas de temps à perdre.»

Un cancer de l'utérus, les métastases pullulent. Pourquoi creuser si loin si c'est déjà fini? On aurait dû lui foutre la paix, à cette femme, la laisser mourir tranquille, à la limite l'aider à se préparer à mourir. À quoi bon déterrer les démons, les monstres, les pertes? Une séance comme ça, peut-être deux ou trois, pourquoi, quand la nature a déjà fait ses choix?

J'avais raison de sentir qu'il y avait là un duel. Ce que j'avais entendu, c'était une femme qui se battait contre la mort. C'était ça qui m'avait sidérée. C'était l'élan, la peur, la détresse d'une âme qui voit sa dernière chance. C'était plus fort que moi, je me disais que c'était là de l'acharnement, que Lowen ne pouvait tout simplement pas résister à la tentation d'intervenir. J'hésitais entre la révolte et l'admiration. Se croyait-il capable de sauver les gens?

— Vous croyez vraiment que vous pouvez faire quelque chose?

— Oh, je ne sais pas, elle est très malade. Mais il lui reste encore des forces. Elle veut essayer. Alors, je vais essayer. On peut toujours changer.

Comme je fais toujours quand je marche avec lui, j'ai glissé mon bras sous le sien. Je n'avais plus rien à lui dire. Ni mon doute, ni mon découragement, ni mon peu de foi. J'avais honte. Moi, j'aurais renoncé. Je n'aurais pas cru le changement possible, même chez cette femme on ne peut plus motivée. Lowen ne faisait qu'essayer, simplement essayer de l'aider. Non, il ne savait pas si elle allait s'en sortir. Mais ça valait toujours la peine d'essayer.

Moi, en pareille circonstance, en admettant seulement que j'accepte de la soigner, j'aurais eu l'ambition de sauver ma patiente. Lowen, lui, n'avait pas d'ambition, il avait l'espoir, et maintenant qu'il l'avait accompagnée dans sa descente aux enfers, il était détendu, en paix avec lui-même, plein de vie. Il avait fait ce qu'il avait à faire. Cela lui suffisait.

À la dérobée, tout en marchant avec lui et en explorant mon peu de foi, je l'observais. Il avait l'air tout à fait heureux. «Vous êtes vraiment un homme passionné. Vous avez la foi», lui dis-je en souriant. Il réfléchit: «J'ai une très grande foi dans la force de la vie. Quand on a cette foi-là, on peut se guérir. C'est elle qui guérit. Tant qu'on est vivant, on peut changer. Non pas changer pour devenir un autre. Changer pour devenir de plus en plus qui l'on est. Se mouvoir de plus en plus librement, vibrer à la vie de plus en plus intensément, se libérer des tensions et des maladies pour s'exprimer avec toute la grâce dont on est capable. C'est cela, ma passion.»

Je n'oublierai jamais cet entretien. Quand je vois Lowen s'attaquer à la souffrance d'une personne, je sais que c'est son irrésistible foi dans le triomphe de la vie qui l'anime. Tous les passionnés sont comme ça. Ils ne résistent pas. Ils craquent devant le plaisir anticipé de faire lever la pâte, de tirer le bon fil pour faire surgir l'œuvre. Et je me souviens que je n'avais pas encore huit ans quand j'en ai fait l'expérience pour la première fois.

IX

La leçon de piano

C'était un jour d'automne. Un jour pas comme les autres. Mes souliers neufs craquaient. Une honte! Par décret familial, il avait été décidé que je pourrais, pour une fois, me passer de l'école, des règles de grammaire et des fractions. Je pouvais évaluer par là la gravité de la situation.

Ma sœur était une brillante pianiste, élève du grand Loyonnet. Premier prix du Conservatoire, elle aurait pu devenir pianiste de concert. Elle choisit l'enseignement. Pour apprendre son métier, elle allait soumettre son ouvrage à son maître. L'ouvrage, c'était moi.

Le personnage habitait Outremont. Une maison modeste ni plus belle ni plus riche que les autres. Pas même un rideau à la porte d'entrée. En ouvrant la porte, je fus saisie par l'odeur: de l'ail, du laurier, du thym; je n'aimais pas, on se serait cru au marché Jean-Talon. Dans l'escalier étroit, des affiches, immenses, colorées. Chopin, Beethoven, l'orchestre philharmonique de ci, l'orchestre symphonique de là... En grosses lettres, partout, LOYONNET, LOYONNET, LOYONNET, parfois plus grand que Chopin, même plus grand que Beethoven. Berlin, Paris, Bruxelles, Genève, New York... la statue de la liberté, la tour Eiffel...

Je n'ai pas eu le temps de regarder tout mon soûl, ma sœur me poussait dans le dos. À chaque marche, mes souliers craquaient. Misère!

Ne rien dire, je l'avais promis, ne pas faire de bruit... Mais j'avais beau attaquer la marche de côté, de devant ou du talon, ils craquaient toujours, mes souliers. Je marchais la tête penchée, le nez au ras des marches, quand tout à coup, juste ciel, je me suis retrouvée aux pieds du Maître!

Deux choses m'ont d'abord fascinée chez lui: ses sourcils et sa voix. Il avait au-dessus des yeux, d'énormes touffes de poils gris retroussées comme des cornes et rabattues sur les yeux comme des toupets. On aurait dit mon pinceau quand je le laissais trop longtemps dans mon pot de gouache. Je n'avais jamais vu ça. J'avais peur. Quant à sa voix, il poussait fort dessus, il voulait qu'on l'entende. Il était peut-être sourd, lui aussi, comme Beethoven... Ma sœur parlait un peu à la française. Je ne savais pas qu'elle pouvait parler comme ça. Elle lui a même donné la main, ce qui ne se faisait pas chez nous. Elle m'épatait.

Ce salon d'artiste avait de quoi m'impressionner. Il y avait dans cette pièce surchargée, deux pianos à queue. Deux! Des tonnes de partitions traînaient partout, des recueils de documents, des livres... Il y avait aussi un métronome empoussiéré, comme s'il n'avait jamais servi.

Je n'étais pas au bout de mes surprises. J'étais à peine assise qu'on m'appelait déjà. Édith! J'ai sursauté, me suis redressée sur ma chaise, mais ce n'était pas pour moi. Alors, je me suis retournée, moi aussi, vers la porte, comme les autres qui regardaient par là. Pour la première fois de ma vie, vraiment la première, je faisais la rencontre d'une autre Édith. Le prénom existait donc depuis longtemps. C'était madame Loyonnet. Charmante, un beau sourire, une voix douce, des sourcils fins. Elle penchait un peu le buste vers moi. Cette femme savait parler aux enfants. Mais j'étais estomaquée, je n'en finissais plus de dévisager le «phénomène Édith».

J'étais trop petite pour le piano. Il fallait trouver une autre chaise, des coussins, enfin quelque chose pour me hisser. Finalement, deux gros livres, des livres immenses ornés de dorures ont fait l'affaire. Mais la reliure à dos brisé faisait saillie sur les côtés et me sciait littéralement la peau des cuisses. Je souffrais, mais je ne disais rien, je serrais les dents; j'avais fait vœu de me taire. Je jouai ma sonatine sans rien dire, les pieds ballants dans mes souliers pour une fois silencieux.

Ma sœur, assise sur le bout de sa chaise, avait l'air fière de moi. J'avais bien joué mon morceau. Loyonnet dit: «C'est gentil... même très gentil. Voyons si on peut y mettre un peu plus d'âme.» Alors, Loyonnet s'est mis à parler encore plus fort. Je frissonnais. Il me demanda de reprendre le deuxième mouvement. Ses tatatitatatitadidada d'accompagnement m'auraient fait pouffer de rire en toute autre occasion. Mais maintenant, en jouant ce mouvement-là, non je n'avais pas envie de rire. Nous vivions un moment précieux. Loyonnet chantait la mélodie. Il se penchait par devant, faisait des ronds avec ses bras, balançait le buste de gauche à droite; parfois, il fermait les yeux, haussait la voix, accélérait le rythme; on aurait dit qu'il dansait. J'en conclus que ce devait être ça, la passion. Ma peur se changea en une sorte de frénésie. De la contagion, pour sûr!

Les tatatitatitada et l'agitation grandiose du maître m'entraînaient. Cela ressemblait à une permission. Je compris qu'y mettre un peu plus d'âme, c'était jouer plus fort. Je me contorsionnais sur mes deux gros livres. Je me balançais en avant, en arrière, sur les côtés; parfois, je mettais la tête entre les épaules, ou bien je dilatais la poitrine, à la romantique. De temps en temps, je fermais les yeux et je respirais bruyamment comme pour souligner la mélancolie de ce mouvement en si bémol mineur. Je jouais, j'y allais de toutes mes forces sur le clavier, je faisais de mon mieux. Je piochais avec une ardeur qui aurait dû transformer ce mouvement triste en marche nuptiale.

Après l'accord final, j'eus le malheur de surprendre le clin d'œil entendu que l'autre Édith, Édith-la-Vieille, adressait à son mari. Un petit peu plus, j'aurais été vexée. Ma sœur retenait son souffle, puis le maître s'est mis à taper des mains. Heureusement, l'autre Édith est venue me porter un morceau de gâteau au chocolat encore chaud avec une cerise rouge dessus. J'en conclus que j'avais bien fait. J'avais des palpitations et je me suis dit que la passion devait ressembler à ce que j'éprouvais. Et je souffrais, Dieu que je souffrais! Pas à la manière de Chopin… C'était mes cuisses…

Loyonnet se tourna vers moi. Il me fit chanter la main droite en jouant la main gauche, puis l'inverse. Je n'avais jamais fait ça. J'éprouvais un plaisir fou à m'accompagner en chantant le thème. Je découvrais mélodique ce qui n'avait été jusque-là qu'un accompagnement.

«Maintenant, ma chérie, me dit Loyonnet en prenant une grande respiration, les mains jointes comme s'il priait, vous jouez la sonatine au complet sans faire attention, comme vous aimez la jouer.» Ce vouvoiement me fit l'effet d'un changement de statut social. Un silence monumental se mêlait à l'odeur du gâteau au chocolat que Mme Loyonnet avait déposé sur le piano, juste à hauteur de mes narines. En étirant mes deux bras au-dessus du clavier, j'avais le sentiment de me dévoiler, de me révéler. Il avait dit «à mon goût». Je me laissai dériver sans peur; les passages périlleux me glissèrent des doigts comme les perles d'un collier défait; les crescendos qui auparavant se logeaient dans mes épaules se gonflèrent tout seuls comme une enflure, une bulle, un gros soupir; les redoutables staccatos déboulèrent comme des billes dans l'escalier et les accords solennels du final empruntèrent la voix de baryton de mon père lorsqu'il chantait le *Minuit, chrétiens*. J'entendais parler mes doigts, j'avais du plaisir, de l'étonnement, du ravissement. Loyonnet, les yeux fermés, souriait délicieusement. Il ne disait plus rien, il écoutait, se laissait bercer par une main d'enfant qui ne savait pas encore ce qu'on attendait d'elle. Et ma sœur, éblouie par la touche du maître sur son œuvre à elle, venait de comprendre que c'était ce qu'il avait fait avec elle.

«Voilà qui est bien gracieux», dit Loyonnet, pour conclure la «leçon».

Je crois avoir connu, ce jour-là, en cet instant précis, un avant-goût de liberté. Mes doigts, mes oreilles et mon cœur redécouvraient une mélodie mille fois répétée. Il me semblait l'entendre pour la première fois. C'était la liberté, la grâce peut-être, qui changeaient tout.

Épatée, ma sœur, elle, retenait le truc et les étapes. Je ne savais pas encore que j'en serais réduite, pour le reste de ma vie d'élève, à chanter la main droite en jouant la main gauche et vice versa, inlassablement, indéfectiblement, avant toute exécution «*à mon goût*».

Au moment de nous reconduire à la porte, l'artiste se pencha sur moi et me donna un gros baiser sur le front en m'appelant mon petit. C'était comme s'il m'avait bénie. Ma sœur jubilait. Nous étions, pour des raisons différentes, toutes les deux en état de grâce. En descendant l'escalier, mes souliers craquaient toujours. Ça m'était égal.

Quarante ans plus tard, j'ai l'impression de monter le même escalier qu'en ce mardi d'octobre. Avec ses tatatitatidada, Alexander Lowen va, lui aussi, me communiquer la passion de mon métier.

X

Montrez-moi votre joie

Trente-cinq personnes venues de partout dans le monde, d'Israël, d'Allemagne, de Suède, d'Amérique, d'Espagne et d'ailleurs, forment un cercle autour de Lowen, tentent de se rapprocher tout en gardant l'attitude réservée des ouvertures de session. Ils sont venus, eux aussi, goûter à la passion. Jusqu'en Grèce, ils sont venus pour travailler avec lui. Nous sommes lundi matin, les uns et les autres se remettent d'un long week-end en Crète, les «frais-débarqués» flottent sous l'effet du décalage horaire, certains ne sont pas encore arrivés. On regarde qui est là, on se fabrique un discours intérieur sur celui-là qui fait peur, celle-là qui parle trop fort, les deux là-bas qui ont l'air d'en avoir vu d'autres, la bonne élève qui note tout, le couple sage qui se tient par la main, cette femme sympathique qu'on voudrait bien connaître; bref, nul n'y échappe, à part soi-même. Il y a dans l'air un mélange de curiosité, de nervosité, d'appétit. On ne fait pas ces démarches coûteuses pour le tourisme.

Moi, émue par ma visite à l'Acropole, encore sous le charme de ma journée d'hier, je veille à conserver telle quelle, comme un viatique, ma belle sérénité. Ma chaise devient mon territoire. Je choisis une place à la gauche de Lowen, près du podium où je pose mon magnétophone. Ce mètre carré sera ma base d'atterrissage durant une semaine. C'est d'ici que je capterai et choisirai le message.

Il parle de la joie. De la nécessité de céder pour accéder à soi-même. «Céder à soi-même, dit-il, c'est tout le contraire de "tenir le coup". Tenir le coup pour éviter la douleur, la peur, la peine. Céder à soi-même, c'est laisser la douleur battre à son rythme, c'est se laisser sentir la peur, plonger dans sa peine. Là, vous trouverez le chemin de la joie, nulle part ailleurs. Céder à soi-même, c'est se rendre aux pleurs, aux sanglots qui seuls font lâcher les barrages musculaires. Le pleur est une respiration en soi. C'est la respiration qui mène au point de rupture, aux derniers retranchements d'un corps qui s'épuise à se tenir droit. C'est dans l'effondrement qu'on sent la grandeur, dans le relâchement de celui qui reconnaît qu'il n'en peut plus de se battre contre lui-même.»

Al Lowen a la réputation d'être un combatif. Devant tous et avant toute chose, il se tient droit. Il a toujours donné l'image d'un homme debout. On sent, au-delà des mots, le chemin qu'il a dû lui-même parcourir. Seul un homme qui change peut parler ainsi.

«Se rendre à soi-même signifie que vous seul pouvez vous prendre en main. Le danger est grand, en psychothérapie, qu'on développe un autre culte. Qu'on se livre aux mains d'un autre. Les leaders en psychologie sont souvent des êtres dominateurs, puissants, qui se prennent aussi pour Dieu. Adhérer à son thérapeute comme on adhère au maître d'une secte ne donne accès ni à la liberté ni à la joie.»

Il parle simplement, non sans savoir que certains, autrefois proches collaborateurs, l'accusent précisément de jouer à Dieu. Je sais qu'il a déjà fouillé son propre jardin à cet égard. De l'entendre dénoncer ce qu'on lui reproche, en appelant les choses par leur nom, cela m'apaise.

«La désillusion est grande quand on se livre corps et âme à un autre. Quand on cesse de croire, d'espérer que quelqu'un d'autre peut nous sauver, on prend à son compte sa propre existence. C'est une expérience pleine de joie quand elle se produit. La sensation corporelle qui l'accompagne est magnifique. Mais cela ne signifie pas qu'on soit ensuite à l'abri de la douleur, de la peine ou de la solitude.»

J'avoue que j'aimerais bien parfois qu'un être au monde me prenne en charge. Un berceau, un refuge, une chambre d'enfant, une maison familiale. Après toutes ces années de travail, je n'ai pas perdu cette vieille nostalgie. Les mains posées sur mon cahier, j'oscille entre le découragement et la contrariété. À moins que ce ne soit une certaine humilité.

«Deux conditions s'imposent à celui qui veut faire l'expérience de la joie, poursuit-il. La liberté d'abord, qui est tout le contraire des "tu-dois-tu-ne-dois-pas". Ensuite, l'innocence, qui est tout le contraire de la culpabilité. La culpabilité provoque des tensions musculaires. Tant qu'il y a de la tension musculaire dans le corps, on peut être sûr qu'il y a encore de la culpabilité. Et tant que la tension musculaire augmente, on n'est pas libre. On vit à la fois une perte de liberté et une perte d'innocence.»

Au moment même où il parle, ma sacrée tension dans le haut du dos m'empoigne. Depuis mon arrivée, tout ici m'appelle au ravissement. Ces réalités trop crues, je voudrais ne pas les entendre. Pas maintenant, alors que je suis si proche d'une félicité toute neuve. Une petite tension ici, un point dans le dos là, une jointure qui fait des siennes, bof... qui n'a pas son mal? Culpabilité... culpabilité... Assise dans mon coin, je boude et je rumine. Je ne prends plus de notes: au magnétophone de prendre la relève.

Facile à dire, se libérer l'organisme de toute tension. Mais qu'est-ce qu'on fait quand on a tout essayé? Quand on s'est acharnés, quand on a fait des exercices, suivi des régimes, changé son alimentation, tâché de se relaxer, de lire des livres, quand on a même suivi une thérapie pour se libérer de ces maudites tensions? Qu'est-ce qu'on fait après tout ça?

«Après, il faut cesser d'essayer. On ne peut pas décider d'aller mieux. On peut toujours essayer, mais plus on essaye, plus on se décourage. C'est le problème de tous nos patients. Tout le monde "se travaille" afin d'atteindre le bonheur, la joie, l'amour. Cessez d'essayer, la vie peut alors être une joie. Le bonheur, la joie, l'amour, sont en eux-mêmes des portes qui s'ouvrent sur la vie. Mais on ne peut pas s'ouvrir à la joie sans s'ouvrir à la douleur aussi. On ouvre ou on n'ouvre pas. C'est une illusion de penser qu'on peut choisir.»

Dans cette salle où chacun a payé le gros prix pour venir «se travailler», les visages se font graves. Serions-nous tous ici pris en flagrant délit d'acharnement?

«Regardez autour de vous. Regardez les visages. Ils sont tendus, effrayés, et je parle de moi aussi, de nous tous ici. Où est ce visage d'enfant rayonnant que nous avons déjà connu? On peut voir la quantité de douleur à la gravité du visage. Survivre, c'est se placer au-dessus de sa douleur. Être fatigué, souffrir, être triste, ce n'est pas une maladie. Ne pas sentir qu'on l'est, prétendre ne pas l'être, le nier, ça, c'est la maladie. C'est ça, le sentiment de survivre. Si vous êtes ici, c'est que survivre ne vous suffit plus.»

Grave silence. Les gens n'osent plus se regarder. C'est vers son quant-à-soi que chacun a les yeux tournés.

«Depuis cinquante ans que je cherche à me posséder, je suppose que je m'approche de plus en plus de cette capacité de céder, de me rendre à moi-même. Avec l'âge, on perd un peu d'énergie, on n'a plus la force de se pousser dans le dos. À quatre-vingts ans, je laisse aller de plus en plus d'ambitions. Plus j'en abandonne, mieux je sens la joie. Tout devient plus facile. Ma vie continue, je ne sais pas pour combien de temps encore. Mais je sais que je ne vois plus les choses de la même façon que quand j'étais jeune. Comme je le peux, je laisse les choses arriver, telles quelles. Et cela me procure souvent un très joli sentiment.»

Alors là, j'ai mal. L'entendre dire qu'il vieillit, entrevoir le peu de temps qu'il me reste à profiter de cet homme que j'ai connu si tard, oh oui, ça fait mal! Je m'accroche à cette journée sacrée d'hier en me disant qu'on ne me la volera jamais. J'ai ce livre à écrire, des expériences à vivre… un safari à faire avec lui… j'ai tant à faire encore.

«En laissant tomber vos ambitions, poursuit-il, vous prenez conscience que, d'une certaine manière, tout ce que vous vous êtes acharné à réussir, vous l'avez échoué. C'est mon expérience. Vous pouvez avoir réussi à écrire un livre ou deux, mais, fondamentalement, ce que vous avez espéré réaliser, vous ne l'avez pas réussi. Je ne l'ai pas réussi. Par exemple, on me disait tout à l'heure combien j'étais important pour l'essor de l'analyse bioénergétique. Quand on a quatre-vingts ans, on se fout de l'importance qu'on a pour promouvoir l'analyse bioénergétique où que ce soit. Bien sûr, je peux le faire, mais je n'ai plus le cœur à faire de telles choses.»

On dirait qu'il a fini, qu'il va se lever. Il s'avance sur sa chaise et poursuit encore un peu…

«Mon cœur est ici, maintenant, avec vous, pour vous aider. Je ne vois pas de futur en ce moment dans le monde. À guetter le futur comme une sentinelle, je me casse le cou. Je l'ai déjà fait, je ne le fais plus. Montrez-moi votre foi dans le changement, montrez-moi que vous acceptez d'entrer dans votre douleur, montrez-moi ainsi votre joie. Alors là, je dis oui, je me lève et je marche avec vous. Je suis ici pour cela, seulement pour cela.»

Il n'y a plus rien à ajouter. Le coup d'envoi de cette semaine est donné. Il se lève, en effet, mais en grimaçant, son genou le fait souffrir. Il me regarde et pouffe de rire, l'air de dire: Peut bien parler! Le genou est enflé, la cheville aussi. Je me sens responsable. La Voie Sacrée, en avons-nous abusé?

— Je crois qu'un massage pourrait vous faire du bien.
— Oh oui, tu sais faire ça?
— Non. Je peux essayer.
— O.K. On va essayer.

XI

Le premier massage

J'en ai plein les mains avec ce genou enflé, cette cheville violette. Lowen est assis devant moi comme on s'assoit devant le médecin: sa jambe repose sur un coussin, et il attend sans rien dire que je m'exécute. J'examine la jambe, risque du bout des lèvres un pronostic des plus douteux. À dire vrai, je n'arrive pas à attaquer. Je suis tellement embarrassée, je ne pense qu'à une chose: ma face qui rougit comme un bouton. Mais je suis placée à contre-jour, alors je respire un bon coup: Prends sur toi, bon Dieu, reprends-toi! T'as l'air de quoi?

La mer est calme, comme d'habitude. Le ciel est sans nuages, mais le soleil faiblit, lui aussi, après cet été chaud. Il y a de la douceur dans l'air. Moi, je nage en pleine imposture. Je joue à celle qui sait faire. Je me suis trop avancée, impossible de reculer. Mon Dieu! si seulement je pouvais m'en aller. J'ai le vertige.

Déjà les rôles avaient changé, maintenant ils sont inversés. Je ne suis plus sa patiente, même plus seulement son ancienne patiente. Sa collègue? Certainement pas. Je vais écrire un livre sur lui, sur son travail, sur sa manière d'agir. Cela ne peut pas se faire sans une complicité hors du commun. Mais je n'ai jamais imaginé le soigner. Je me sens gauche. Je n'ai qu'une connaissance intuitive des massages. Bien sûr, comme tout le monde, il m'est arrivé d'essayer de soulager une tension, des épaules trop chargées, un dos courbé sous le poids. J'ai massé ma fille pour l'endormir et mon mari pour le détendre, quelquefois, quand il tournait un film. Toujours, c'était avec mes proches, mes intimes. Mais avec Alexander Lowen... le docteur Lowen... fallait dire non, SSSSeigneur!

Il offre sa jambe malade et il attend, avec une docilité extraordinaire. Moi, j'ai peur de ne pas savoir, peur que mes mains trahissent mon amateurisme, moi qui prétends travailler sur les corps et pratiquer la bioénergie. Ah! la prochaine fois...

Alors, je plonge. Les yeux fermés, je fonds sur la pauvre articulation. Je cède à ma seule intuition. Je laisse divaguer mes doigts. La masse est tendue, un nœud de lianes qui semble se défaire sous l'action de mon pouce en un chapelet de petits nodules. Les attaches des muscles sont particulièrement douloureuses. Le genou est chaud, enflé, la cheville guère plus encourageante.

— Tu vois combien je suis tendu... c'est toute mon histoire qui est dans mes jambes. Me tenir debout, tenir le coup, foncer... je sais de quoi je parle, tu sais!

Il hoche la tête comme s'il n'en revenait pas, puis il se met à mordiller son index. Au premier abord, on dirait qu'il n'a pas de pardon pour ses jambes, pour lui-même. Malgré mon peu de métier, je me rends compte au toucher de la lutte que cette jambe malade est encore capable de livrer. Lâchera, lâchera pas? Il se cale un peu plus profondément dans son fauteuil et ferme les yeux. Il respire dans la douleur.

Le muscle, doucement, très lentement, se relâche. Le silence qui s'installe entre nous a quelque chose de sacré. Seul le clapotis des vagues distrait le discours intérieur de mon patient. Un discours chargé d'années. Il est ailleurs, quelque part dans le temps.

Après un long moment, il dit:

— Jamais ma mère ne m'a touché. Cela explique bien des choses de mon caractère. Pas facile de se laisser approcher quand on n'a pas connu ce contact-là. Alors, on se tient debout, rigide, coûte que coûte.

Il est ému, immensément triste. Je ne l'ai jamais vu aussi grave, aussi méditatif. Il suit du regard chacun de mes gestes sur la cheville, l'arche du pied, le mollet un peu plus tendre maintenant. Je ne cherche plus à savoir si je sais faire ou non, je soigne, sans rien dire.

XII

Anna est occupée

Quand Anna s'approche de nous, elle le fait sur la pointe des pieds. C'est elle qui, la première, avait proposé les massages. Elle sait probablement s'y prendre beaucoup mieux que moi. Un peu honteuse, je bats en retraite; je suis vaguement coupable d'avoir usurpé sur ses droits. Un malaise s'installe.

On échange à bâtons rompus: impressions de la première session de travail, tours de table, dernières vérifications domestiques, règlements s'il y en a. Anna veut bien faire le pont, mais elle laisse à chacun ses responsabilités. Non, elle n'est pas tenue de faire les changements de chambre. Pas plus qu'elle n'est interprète ou agent de voyages, mais elle veille malgré tout à la bonne marche des choses: salle de travail adéquate, contacts avec le personnel de l'hôtel peu au fait de nos «pratiques», réquisition des matelas, coussins et autres accessoires, etc. Elle fait tout ça discrètement, naturellement.

La formule de cette session permet aux participants de profiter à la fois de l'aide d'Anna et de celle de Lowen. De petits groupes, de quatre ou cinq personnes, peuvent aller «chez elle» le matin ou l'après-midi, pendant que le reste du groupe, entre vingt-cinq et trente personnes, reste avec lui. Cette façon de faire accroît les possibilités d'exploration de soi. Il se peut, par exemple, qu'on ose aborder et explorer avec une femme en petit groupe ce qu'on aurait du mal à ouvrir dans l'arène principale avec un homme.

Anna est donc passablement occupée. En plus de tout le reste, les classes d'exercice du matin sont également sous sa responsabilité. Ma position particulière dans le groupe m'incline à lui offrir mon aide. J'essaye de veiller aux repas, prépare l'apéritif, prends sur moi tout ce qui pourrait alléger sa tâche. La domestique, quoi! Personne ne m'a demandé de jouer ce rôle. C'est mon choix. Je ne sais pas encore pourquoi j'ai besoin de me rendre utile à ce point. Je le saurai bientôt.

XIII

Prudence et son harmonica

À peine sont-ils réunis dans la grande salle pour la deuxième séance de travail, que les participants ont déjà délimité leurs territoires. Chacun reprend la chaise qu'il occupait la veille. Un brouhaha de mise en train, les blagues des plus audacieux ou des plus nerveux, c'est selon, témoignent d'un certain dégel. Nous attendons avec fébrilité le tir de départ. Ce n'est pas la première fois que je vois Lowen travailler en groupe. Aujourd'hui, j'ai le dessein d'identifier quelques principes, quelques lignes directrices de sa manière de faire. Rien de moins! Il faut une bonne dose de naïveté pour espérer isoler les lois qui gouvernent son travail!

«Qui est volontaire?» demande-t-il sans autre préambule. Qui va casser la glace? Une personne se lève, Lowen demeure assis et la regarde s'avancer. Non pas d'un œil inquisiteur. Non pas en plissant les yeux pour saisir l'aura. Ni en scrutant le fond de l'œil. Non. Lowen jette un coup d'œil, parfois si furtif qu'on se demande comment il peut, à ne faire qu'effleurer ce corps hésitant, savoir qui s'avance vers lui.

Je pense qu'il se laisse aller à la première impression que lui a faite l'énergie de la personne. Il se laisse impressionner par le niveau d'énergie. Certains s'avancent d'un pas ferme, ils sont d'attaque. Ces gens-là sont champions du maintien. Il sait déjà qu'il travaillera avec eux à leur faire lâcher prise.

Ceux qui ne disposent pas d'un tel niveau de vitalité se présentent pétris de peur; ils ont le teint pâle, la voix basse ou frêle. Ils se ratatinent en avançant. Ils ont déjà rendu les armes, rendu l'âme. C'est leur tonus qu'il faut augmenter, la tolérance de leur organisme à une plus grande vitalité. Il travaillera avec eux en sens inverse des premiers.

En un coup d'œil, il a déjà choisi son axe d'intervention.

«Tu as peur?» dit-il souvent... Il n'épate personne, tout le monde s'avance avec appréhension. Mais cela apaise de savoir qu'il a vu la peur, qu'il sait qu'on ne creuse pas facilement l'intérieur de soi sans que l'abdomen frémisse.

C'est le visage qu'il regarde en premier. Comme si les visages étaient toujours et encore, chez cet homme d'expérience, une source d'étonnement. Comme s'il laissait à cet étonnement le temps de se frayer un chemin en lui, il regarde longuement la tristesse, la douleur, la défiance, la moitié qui sourit à la moitié qui pleure. Cette bouche qui a démissionné sans espoir de retour, ce regard qui décapiterait la Victoire de Samothrace. Celui-ci qui porte sur son cou tendu une tête chercheuse, une girouette, qui n'en finit plus de guetter les coups; celle-là espère s'en tirer en clignant de l'œil d'un air complice, s'accrochant éperdument à ses pauvres petites tentatives de séduction. Je crois que c'est quelque chose comme ça qu'il enregistre en premier. C'est une empreinte plus qu'une impression, il se laisse marquer au sceau de la personne.

Puis il cherche à savoir dans quelle histoire s'est inscrite cette signature-là. Quel est le sens d'une telle organisation physique? Constater l'ampleur de l'armature, c'est déjà beaucoup, mais cela ne changera rien si le travail ne tient pas compte de l'histoire individuelle. Ce pourrait être une autre gymnastique. La bioénergie n'est pas une technique, encore moins un programme d'entraînement physique aussi raffiné soit-il. Sans le contexte global, familial, psychologique, etc., dans lequel s'est inscrit le développement de son corps, il ne peut y avoir de changement significatif pour la personne. Et la signification, le sens, c'est capital quand on a la faculté de comprendre. On n'est pas doué d'intelligence pour rien. Lowen cherche à comprendre ce qui est arrivé. Alors, il questionne:

— Elle était douce ou dangereuse, cette mère qui t'a portée; et lui, le père, quel était son ton de voix, la forme de ses mains?

Cette poitrine creuse comme un nid de poule, qui l'a creusée? Et celui-là qui a d'aussi bonnes racines, des jambes fortes, puissantes et laborieuses, comment se fait-il qu'il ait dû se contenter de cette cage frêle et sous-développée qui lui sert de thorax, quand l'arbre était si bien planté sur deux jambes robustes? Dans quelle camisole familiale peut-on se résoudre ainsi à renoncer à sa puissance?

Cet angelot frisé qui marche d'un pas hésitant, qui tient les mains jointes devant son sexe, avec cet air suppliant, avec ses yeux d'archange, d'où lui vient ce bassin massif et inerte, d'où lui viennent ces cuisses de guerrier? C'est l'incongru qui frappe Lowen, l'insolite, la curiosité, le démenti du discours.

Cette grande fille maigre qui s'avance s'appelle Prudence.

— Cette poitrine-là, c'est de famille. Ça n'a rien à voir. On est tous comme ça chez nous, on a tous le même creux à la même place.

— Bien sûr et vous avez tous la même mère aussi?

— Oui, mais justement c'est héréditaire, elle aussi a le même creux à la même place.

— Précisément, elle vous a portés comme elle a été portée, avec la même raideur, avec la même retenue, elle n'a pas appris à faire autrement et vous avez tous le même creux qu'elle. Ça se transmet très facilement d'une génération à l'autre, la peur du contact.

La grande fille pince la bouche d'un air dubitatif.

— Elle t'a beaucoup prise dans ses bras, ta mère, elle t'a beaucoup caressée, bercée, touchée?

Silence. Prudence baisse la tête, les yeux remplis de larmes.

— Je n'ai pas de souvenir de ça.

Munie de ces tout petits poumons, Prudence ne peut guère profiter de la sensualité du vent du sud. Trop caressant, trop chargé des embruns de l'amour, il pourrait rouvrir des plaies. D'une privation à l'autre, de l'absence de caresses à l'abstention totale, Prudence a fini par se contenter d'un tout petit coffre. *À quoi bon,* se dit-elle à chaque invitation. Les grandes orgues, connaît pas, ni leurs frissons ni leurs passions. Elle a même appris à s'en méfier. Trop d'espoirs déçus lui valent maintenant de bien porter son nom.

À force de souffler dans son harmonica de fortune, elle s'est épuisée, elle n'a plus de registre. Sa voix est frêle, elle vacille. Il faut lui demander de répéter. Comateuse, elle respire encore, mais c'est le minimum vital. Elle croit s'épargner le souvenir d'une intolérable blessure, la vue d'une plaie qui suppure depuis longtemps. Avec cette tempérance comme règle de vie, elle passe inaperçue. Elle s'anesthésie sans l'avoir choisi. Des élans de l'amour, elle s'abstient, ne connaît ni l'excès ni le rire. Les passions lui échappent, elle vit d'évitement. En permanence, Prudence est déprimée.

Maintenant qu'il est arrivé à se faire une image, un portrait du milieu qui a engendré ce petit corps blême, Lowen s'attaque à la pâte pour la faire lever. Comme un laboureur creuse dans la terre pour l'ameublir, la rendre fertile, la nourrir et lui permettre de respirer. Une terre qui ne respire pas se dessèche. Elle ne produit plus.

Il sait déjà qu'avec Prudence, il amènera l'organisme à supporter davantage d'oxygénation. Il sait aussi que c'est bien plus la peur du danger que le danger réel qui paralyse sa respiration. Le danger n'existe plus, mais père et mère, disparus depuis longtemps, lui ordonnent encore d'obéir, la privent encore de chaleur. Pour atténuer la peur, Lowen offrira son soutien.

Le dos arqué sur le tabouret bioénergétique, les bras tendus derrière elle, Prudence a l'air de faire le pont (voir figure I, page 257). Elle ne sait pas respirer, elle étouffe, elle crève: à coup sûr, elle va mourir. Elle doit respirer pour survivre. Elle a si peur qu'elle suffoque, elle se débat, mais finit par laisser filtrer une petite plainte. Un mince filet de voix qui gémit.

— Plus fort, lui dit Lowen, penché sur elle, si tu as mal, utilise ta voix, c'est la seule façon de laisser passer la douleur.

Elle se plaint un peu plus fort, puis encore un peu plus. Elle fait mal à voir, on aurait envie de l'arrêter. Lowen sait qu'il ne doit pas arrêter maintenant. Ce serait la condamner à la déprime à vie. Il l'encourage:

— C'est très bien, tu fais très bien, encore un peu plus maintenant. Fais «Ah!» et maintiens le son.

Elle vient d'entendre la couleur de sa voix, un appel venu de loin, des profondeurs d'une enfance qui n'a pas éclos. Cette voix est intolérable, insoutenable, c'est la voix de sa misère.

— Encore plus fort, dit-il, qu'est-ce que tu entends?

À cela, elle ne répondra pas: elle éclate en sanglots et on dirait que c'est toute sa vie qui se répand là. Et dans ces sanglots sur lesquels elle n'a plus de prise, se glisse quelque chose qui ressemble à du vent. Terrorisée au départ, elle s'apaise peu à peu, les barreaux de sa petite prison s'entrouvrent. Sa poitrine se soulève un peu, son diaphragme se relâche.

Miracle! elle survit. La peur de la rupture est passée, elle est rompue. Par suite de cette dilatation, elle découvre qu'elle a trop d'espace pour s'habiter d'un coup. Elle a l'air d'une petite fille qui marche sur une mappemonde. Elle ne sait plus si elle frôle le vide ou l'ivresse du trop-plein. Son corps vacille, puis s'agite. Prudence ne sait pas encore être vivante.

Alors, Lowen renverse la vapeur (voir figure II, page 257). Il lui demande de se pencher vers l'avant, en «arc inversé», a-t-on l'habitude de dire. Ses prises de terre, ce sont ses deux mains et ses deux pieds. La nuque est relâchée. Ainsi repliée sur elle-même, Prudence retrouve son unité.

— Pousse dans les pieds.

Le sol, c'est son ancrage, son seul soutien. Sentir la terre, laisser son énergie l'inonder, circuler en elle, laisser vivre l'onde. Les mouvements de son corps s'harmonisent doucement après de nombreux soubresauts.

— Je tremble de partout, dit-elle.

C'est peut-être tout simplement un corps vibrant, enfin vivant. Prudence ne fait plus maintenant que respirer, simplement respirer. Tout cela est trop nouveau, elle frémit. Quelque chose en elle a cédé. Il fallait faire effraction pour que Prudence goûte aux grands espaces.

Et ce sera tout pour cette fois.

Elle vient de connaître une sensation nouvelle. Son corps a été secoué, ses tissus aérés. Il fait plus frais dans cette poitrine, elle est spacieuse. Une sensation que Prudence n'oubliera jamais parce que si rare. Un effondrement du système de sécurité mis en place depuis le jour de sa plus grande résignation, de sa première résignation. Depuis trente ans, elle surveille ses systèmes d'alarme, ferme ses fenêtres, clôt ses volets, verrouille ses portes, avertit ses voisins, guette les rôdeurs. Mais aujourd'hui, un de ces volets clos a été mis hors de ses gonds. Un peu de vent, celui de la Méditerranée, s'est infiltré chez elle.

Elle est toute rose, Prudence, quand elle se redresse sur ses jambes. Son œil est brillant, elle a perdu son sourire angélique. On dirait qu'elle a gagné cinq centimètres avec ses cheveux défaits et son air d'en redemander. Bien sûr qu'elle en voudra encore et qu'elle n'en aura jamais assez. Bien sûr qu'elle reprendra sa taille normale et sa petite poitrine de poulet. Mais elle a goûté à l'amplitude. Dix minutes, quinze minutes qui la suivront tout l'après-midi, la garderont étonnée toute cette semaine. Qui sait ce qu'un tel étonnement peut provoquer?

Il n'y a pas de miracle dans le travail de Lowen. Si le miracle existe, il se trouve dans l'espoir. L'espoir que, forte d'une sensation

nouvelle, Prudence ait envie d'y goûter encore et encore, de travailler, jour après jour, peut-être année après année, sur sa petite
cage d'airain pour lui donner du volume et de l'air.

XIV

Le piano mécanique

Moi aussi, j'ai connu ma Prudence. Appelons-la Nadine. Il y a sept ans, elle est arrivée chez moi en pleine pneumonie, arrêt de travail, dépression et fantasmes suicidaires récurrents. Il a fallu des mois et des années de respiration pour que son souffle, un gémissement au départ, même pas une voix, ne gonfle sa poitrine de poulet. «Congénital», m'avait-elle dit. Et je l'avais crue, étant donné l'ampleur du phénomène. Quand je l'ai revue l'an dernier, au retour de vacances, elle m'a dit: «Je veux te montrer quelque chose.» Avec une candeur presque adolescente elle s'est mise en maillot, puis elle s'est retournée triomphante: «Regarde.»

La poulette avait disparu. La femme qui était debout devant moi avait une belle poitrine ronde et souple, des hanches et un ventre relâchés. Elle avait changé de structure corporelle; en conséquence, sa manière d'être avait changé aussi. Si la question de vivre ou de mourir était toujours présente chez elle, ce n'était plus à chaque matin qu'elle se la posait. Les intervalles étaient de plus en plus longs, comme s'espaçaient les grillages de sa cage thoracique. Depuis des années, parfois dans l'espoir, souvent dans le désespoir, Nadine avait travaillé avec une assiduité qui venait de porter fruit. Elle m'a seulement dit, comme si c'était une confidence: «Je respire mieux maintenant», et nous nous sommes comprises.

— Si vous ne voyez pas de changement dans la structure corporelle, dit Lowen en s'adressant au groupe, c'est qu'il n'y a pas de changement dans la personnalité non plus.

C'est le seul véritable critère d'évolution pour Lowen. La compréhension des phénomènes ne suffit pas à provoquer le changement.

Si la musculature joue toujours le même rôle, si l'armure est toujours aussi efficace, on ne peut pas espérer sentir autre chose que ce que l'on a toujours senti. On peut en parler autrement, faire des liens et démonter le système d'une manière toute théorique, mais on ne peut pas souffrir davantage, on ne peut pas non plus aimer davantage.

Pour traiter la dépression, il faut d'abord amplifier la respiration. Si l'on se borne à chercher les causes, rien ne changera jamais. Avant d'affronter les choses telles qu'elles sont, en particulier la déception, la personne déprimée doit d'abord s'oxygéner davantage. C'est l'unique façon de retrouver un peu de vitalité et de force pour être à même de faire face à sa douleur de vivre. Quand elle aura pris un peu de tonus, elle se sentira plus forte devant la souffrance. La meilleure façon d'amplifier la respiration et de procurer un peu d'oxygène à un organisme affaissé, c'est de pleurer, pleurer, pleurer.

— Mais les déprimés, ils pleurent nuit et jour, proteste une femme qui semble s'y connaître en matière de dépression.

— Ils pleurent, mais ils ne sanglotent pas, répond Lowen. C'est le sanglot profond qui ouvre le corps. Ce ne sont pas les larmes. Vous pouvez pleurer toute votre vie sans jamais sangloter. Vous pouvez gémir indéfiniment sans jamais entendre la vraie couleur de votre douleur. C'est le sanglot profond qui libère, c'est le cri du ventre qui permet de s'acheminer tranquillement vers la joie.

Il n'a pas fini de dire ça qu'une image tenace, une sensation, devrais-je dire, s'impose à moi, ainsi qu'une musique, un air connu. J'entends, c'est plus fort que moi, les *plaisirs d'amour qui ne durent qu'un instant, et les chagrins d'amour qui durent toute la vie*. Dans mon refuge d'un mètre carré, je m'échappe. Je trace des triolets et des bémols sur la page blanche de mon cahier. Je griffonne une chanson d'amour et je mordille la première phalange de mon index… Je suis ailleurs, dans la lune, bien sûr. Non, je suis chez moi, c'était le mois dernier.

Au Musée des Beaux-Arts de Montréal, je visitais l'exposition consacrée aux «Années Vingt». Dans un coin du salon d'époque, trônait un somptueux piano mécanique. Les visiteurs avaient la permission de toucher l'instrument pour faire revivre la nostalgie de l'ancien temps. Je reluquai le piano, le banc libre, les pédales offertes à tout venant. Je ne résistai pas. Parmi les rouleaux qui traînaient sur le piano, je choisis *Plaisirs d'amour*. Je ne sais pas pourquoi, mais j'avais l'impression qu'en appuyant moins fort sur les pédales qui propulsent le vent dans les poumons du piano, je pouvais ralentir le rythme de la musique. J'essayai donc de freiner le mouvement des pédales en retenant mes jambes, je voulus diminuer la pression, diluer le souffle de l'instrument pour que dure un peu plus longtemps l'enchantement de cette musique, délice des réveillons de mon enfance. Malheureusement, je n'avais droit qu'à un seul rouleau. La voix n'était plus maintenant qu'un tout petit souffle, un filet. Et ma retenue ne changeait en rien la durée du refrain. Elle ne faisait que donner à la mélodie une allure souffreteuse qui me fit davantage languir. Le rouleau défilait, j'entendais venir le dernier couplet.

Alors, je changeai les commandes et je pris le risque d'appuyer sur les pédales de toutes mes forces. Je m'agrippai au banc pour mieux centrer mon mouvement et j'entendis les *«chagrins d'amour»* pousser leurs plaintes comme s'il se fut agi d'une marche funèbre. Puis dans toute leur puissance, comme la voix d'un baryton dont la rondeur enveloppe et caresse la nef d'une église, voilà que les plaisirs d'amour prirent lentement le dessus sur les chagrins. Jamais je n'oublierai le contentement que j'en tirai.

En bioénergie, le travail de la respiration s'apparente au fonctionnement de mon piano mécanique. C'est la poussée des pieds dans le sol qui permet de prendre le risque de donner du souffle à l'âme. La mélodie ne change pas: elle est seulement plus belle, plus riche, plus claire et plus profonde. C'est le contraire de la dépression. La déprime, c'est ce filet de voix qui s'échappait de mon piano nostalgique avec la pâleur des agonisants. La pâleur de la vie qui fuit par la fêlure d'un soufflet. Mais le poumon n'est pas fêlé. S'il ne s'enfle plus qu'au strict minimum, c'est parce qu'il a oublié jusqu'à l'ivresse que pouvait lui procurer le vent. Retenir le souffle ne change rien à la vie qui passe, au rouleau qui défile. Seulement, c'est la fadeur qui l'emporte, la minceur et la fragilité. Les pianos mélancoliques perdent leur grandeur et leur dignité dans la tiédeur des petits vents. Mon père connaissait bien les pianos. Il me disait: «Tu peux y aller, ma fille, c'est fait pour ça. Les soufflets sont forts.» En ce temps-là, le *Ver luisant* chevauchait le *Clair de Lune* de Debussy avant de céder le pas au *Danube Bleu*, avant de nous *«parler d'amour»*. Ah, la nostalgie des vieux pianos! *Et toi, mon père, tu étais accordeur de pianos, de pianos à queue et de pianos droits. Tu réparais aussi les pianos mécaniques et les harmoniums des églises. Et tu les aimais comme tes petits, tu les regardais avec tendresse et quand tu rangeais tes outils, c'était avec l'assurance que, jeunes ou vieux, tes pianos pouvaient chanter avec des sons de toutes les couleurs. Les larmes aux yeux, les grands artistes te serraient la main. Ils t'étaient reconnaissants de leur confier de si beaux enfants. Derrière les grands, tu étais l'artisan.*

XV

La bosse de bison

La facilité avec laquelle je m'évade du travail trahit, à certains moments, une surcharge. Je divague, je fais une pause en me projetant à travers le monde, à travers le temps. J'ai établi domicile dans le grand groupe sans jamais le quitter, j'ai ma chaise, mon coussin, mon dispositif. C'est mon poste d'observation, alors que les autres participants alternent entre le petit groupe d'Anna et la communauté. Durant les pauses, je vais au bar chercher une bouteille d'eau minérale, plutôt deux, une pour Al, l'autre pour moi. Cela devient une habitude. Cela va de soi.

Je commence à prendre des airs d'«attachée du Ministre» et j'en suis consciente. Pour surmonter le ridicule, je fais celle qui remplit sa fonction avec un zèle de vraie professionnelle, tant pis si ça fait du bruit, et je me dis: *Bof, ça me passera!*

Nous quittons les séances de travail ensemble, soit pour la plage, soit pour soigner le genou malade. Quand Anna vient nous rejoindre, je suis le plus souvent en train de masser la pauvre jambe. Ma gêne du début s'est estompée, mes mouvements sont plus sûrs, et mon ardeur d'autant plus grande que l'enflure diminue à vue d'œil. Je me découvre un aplomb qui m'étonne. Malgré cette belle connivence, j'ai de plus en plus le sentiment d'occuper une place qui ne me revient pas. Après tout, c'est Anna qui avait proposé les soins. Que devient-elle, Anna, elle qui travaille seule, qui nous rejoint sur la pointe des pieds, qui est la discrétion même? Si j'étais à sa place, j'avalerais de travers. Me faire faucher la mienne par une inconnue qui s'est amenée sans prévenir, qui est toujours là sans l'avoir mérité, il me semble que je crierais au vol.

Il m'arrive de prétexter quelque sieste, et je file pour les laisser seuls. C'est rare, très rare. Ces distances que je m'impose ne m'apaisent pas. Quelque chose d'autre est en cause. Je chasse mes malaises en me disant que je ne fais qu'accepter les invitations. Jamais je ne prends l'initiative; j'évite de m'imposer. Enfin... faudrait vérifier.

Quatre fois sur cinq, c'est Al qui m'invite. C'est plus qu'il n'en faut pour combler mes attentes. J'ai craint, et comment! de ne pas pouvoir établir le contact. Un contact indispensable pour écrire ce fameux livre. Depuis notre poignée de main à l'aéroport, j'ai l'impression de profiter d'une manne qui m'est offerte en toute générosité; je glane ici et là des bribes de vie auxquelles je n'aurais jamais accès autrement.

Je ne suis pas dupe non plus. Cette manie que j'ai d'écrire tout ce qu'il dit comme si c'était parole d'évangile, ces photos que je prends à l'improviste, mon magnétophone que je mets en marche subrepticement... Al n'y est pas insensible. Quand un homme dont on dit qu'il a jeté une nouvelle lumière sur une petite parcelle de l'âme humaine voit qu'on s'intéresse à lui, c'est bien normal qu'il soit content. Je me dis qu'avec Lowen, c'est dans la vie courante que les choses se passent. Il faut être là quand elles se produisent. Alors, j'y suis. Peu importe si j'ai l'air de me prendre pour une correspondante du journal *Le Monde*.

Ce midi-là, à peine sorti de l'eau pour se sécher, il dit à Anna en mettant la main dans le haut de mon dos:

— Tu vois cette bosse de bison? Eh bien, je ne suis pas arrivé à agir sur elle. Faudrait pourtant que je trouve le moyen d'assouplir ces muscles-là. Toutes ses tensions viennent de là.

Il a dit ça à l'improviste, et je lui réponds aussi sec: «Comment ça, une bosse, j'ai pas de bosse, moi?»

Honnêtement, je n'avais jamais vu que là, dans le haut du dos, il y avait une petite enflure bien évidente. J'ai soudainement un curieux pressentiment, comme si Lowen venait de se faire une idée, de flairer le pot aux roses. Je n'aime pas! Cependant, mon «cas» me confère une importance qui ne me déplaît pas. Le côté «phénomène rare» me flatte malgré tout. J'espère me tromper, mais je ne suis pas sans savoir que mon narcissisme a un prix! Lui, il regarde au loin et mordille son index. Mauvais présage!

J'essaye de me faire oublier et je tente de faire alliance avec Anna qui, bien entendu, n'est pas plus fascinée qu'il faut par le phénomène. En tant qu'hôte et organisatrice, elle continue à gérer les affaires quotidiennes d'une telle entreprise, et me trouve toujours sur son chemin. Nos chambres sont voisines. Quand elle cherche son associé, c'est à moi qu'elle demande où il se trouve. Je lui offre mes services, dénonce sa trop lourde charge, mais je me garde bien d'aborder le sujet délicat de nos rapports respectifs avec Al.

De gentillesses en effacements, cela devient d'heure en heure plus évident: j'essaye de me disculper de mon existence. Du déjà vu, mais où?

XVI

Mathilde et son petit dessin

Le matin est frais, dans le groupe c'est l'harmonie, la convivialité. Nous sommes au troisième jour, le lendemain de cette histoire de bosse et nous avons atteint notre vitesse de croisière. Lowen amorce la séance du matin par un exposé. Il dit que les femmes, pas toutes mais plusieurs, sont comme en suspension. Elles demeurent suspendues par le haut du dos, juste à l'endroit de la fameuse bosse de bison. Jolie image. Comme si elles restaient en attente, prises en flagrant délit d'espérance: *un jour mon prince viendra, mon sauveur...* Le pot aux roses, le voilà! Je savais la veille, qu'il avait flairé quelque chose. Il a l'air d'improviser, comme un dilettante... pas un coup d'œil vers sa gauche... Dans mon mètre carré, vissée sur ma chaise, les écouteurs sur les oreilles, je fais semblant d'avoir des problèmes techniques à résoudre. Parasites, mauvaise alimentation etc., c'est tellement compliqué que ma bosse se met à enfler... comme si on me tirait par la peau du cou.

Pendant ce temps, Lowen continue. Il dit que l'histoire des hommes est à l'opposé de celle des femmes. Elles sont enclines, dès la petite enfance, à rechercher le contact, l'intimité, la proximité. Leurs frères sont tournés vers l'action, l'indépendance, la liberté. Éternelle polarité des couples, universelle histoire d'amour! La première histoire d'amour donne le ton à toutes les autres. Une petite fille chaude, confiante et gourmande de contact, se blottit comme d'habitude sur les genoux de son père. Elle a quatre ou cinq ans, peu importe, elle a quitté son berceau pour un grand lit. Un soir comme les autres, cet homme adoré, qui n'a toujours été qu'amour et sécurité, ferme la porte à sa petite. Il la descend prudemment de ses genoux, trop brusquement peut-être et c'est sans appel. D'autres pères adorés, au contraire, gardent trop longtemps leur petite fille sur leurs genoux et la tiennent trop près d'eux. La petite ne sait plus si c'est vraiment ce qu'elle veut. Elle est confuse. Bref, quelle que soit l'issue de ce premier amour, la fillette ne comprend pas ce qui vient de lui arriver.

Incrédule, parfois humiliée et pour cause de peine d'amour, la petite fille développe à la base de son cou une tension permanente[1]. Comme si elle haussait les épaules pour dire: «sais pas ce qui arrive!» Elle reste là, les bras tendus vers lui, gelée dans cet espoir qui restera inassouvi. Et elle demande, pour le reste de sa vie amoureuse, elle demande: «Pourquoi?»

C'est à l'âge adulte qu'elle deviendra chronique, la bosse, quand cette gamine aura désespéré de ne jamais trouver preneur, de ne jamais entendre une réponse à sa question. Elle commence à se plaindre d'une tension qui ressemble à une poigne entre les deux épaules. Elle reste suspendue au rêve qu'elle a mis au rancart. À quarante ans, ses deux bras sont encore tendus, figés dans l'espace. C'est à cette espérance qu'elle reste attachée, inlassable. Un jour, mon prince viendra…

Il vient de raconter cette histoire que toutes les femmes présentes connaissent bien quand l'une d'elles, que j'appellerai Mathilde, se lève.

— C'est mon histoire que vous venez de raconter là, dit-elle. Je passe ma vie à me battre contre cette tension dans ma nuque. C'est une lutte qui m'épuise. Et malgré tout le travail que je fais pour y voir clair, c'est toujours là, comme une recherche sans issue du temps perdu. C'est une béatitude inatteignable. Vous êtes le seul au monde à pouvoir m'aider.

Elle baisse la tête.

— Vous voyez, le thérapeute peut aussi jouer le rôle du père. Elle court un grave danger, celui de lui confier sa vie comme si elle ne s'appartenait plus. Tu t'accroches aux hommes?

— Moins maintenant, beaucoup moins, mais ça a été ma raison de vivre pendant longtemps.

— C'est très juste, ta raison de vivre. Et maintenant, ça ne l'est plus?

Longue hésitation.

---

1. Lowen, Alexander, *La spiritualité du corps*, Éditions Dangles, Paris, 1993.

— Je ne sais pas.

Elle est debout devant lui, elle a un corps harmonieux, de bonnes jambes bien plantées. De toute évidence, une femme qui a reçu son lot de contact quand elle était petite. Une certaine lourdeur aux cuisses. Elle habite un corps encore jeune, trop jeune pour ses cinquante ans. Les épaules sont relevées, larges et contractées et, dans le dos, bien sûr, il y a la bosse, la fameuse bosse de bison. Proéminente, musclée.

C'est le visage surtout qui ne cadre pas avec l'ensemble. La bouche est dure, fermée, tirée vers le bas. Le sourire, quand il vient, illumine son visage. Une illumination chaque fois. C'est la gravité, voire la déception, puis c'est l'espoir, le charme. Le regard est vif, trop vif: il ne s'épuise pas de chercher, il cherche à savoir, toujours savoir.

Quelque chose s'est passé chez cette femme pourtant bien bercée quand elle était petite. Un choc qui est resté gravé dans sa face comme le sceau d'une profonde déception, d'une résignation.

Elle n'a pas le souvenir d'avoir été rejetée. Bien sûr, le regard de sa mère quand elle s'approchait de son père. Elle veillait au grain, la mère. Elle guettait, assurait la sécurité de sa fille. Des impressions plus que des faits... des ambiances. Des gestes concrets? Peu, ou si peu... on n'en parle pas. Si! un souvenir, une image fugitive, une anecdote plus qu'une blessure. Une anecdote si banale. Faut-il en parler? «Raconte pour voir», dit-il.

C'était un dimanche, à l'automne, il faisait nuit et tout le monde était à table. Elle devait être petite parce qu'elle se souvient de la hauteur de la table et de la grandeur de son père assis à cette table. Debout à côté de lui, la tête de l'enfant aurait pu reposer sur l'épaule de l'homme. Elle avait probablement terminé son repas avant les autres. Elle dessinait, à l'écart, avec une ferveur dont elle se souvient encore.

Elle dessinait une bonne femme habillée de vêtements transparents. Comme on en fait quand on a six ans. La bonne femme avait un manteau et un chapeau, on voyait son corps sous les vêtements. Et la petite fille avait eu l'idée de la doter d'un gros pénis. Elle n'en avait jamais vu. C'était un peu une façon de vérifier si c'était ressemblant... les proportions, la forme, la couleur... Bref, c'était une bien belle bonne femme avec des cheveux bouclés, des seins, une robe à pois, un sac à mains, des talons hauts... et un pénis! Sa plus belle œuvre. L'ensemble était monochrome, le pénis, lui, était rouge.

En toute innocence, elle a montré la créature à son père. Toute la famille a assisté à la présentation du tableau. Toute la famille a roulé des yeux immenses, incrédules en voyant le monstre. Les sœurs se sont esclaffées, c'étaient des rires fracassants, elles riaient d'elle. La mère, muette de stupeur et de consternation a porté la main à sa bouche. Seul le père, après s'être étouffé avec son café, a parlé: «Que c'est sale! a-t-il dit. Ne fais plus jamais de dessins comme ça, c'est péché un bonhomme comme ça.» Puis il a déchiré la feuille avec dégoût.

Mathilde raconte tout cela en tremblant, elle est tendue, son bras gauche est plié: elle tient son cou comme si sa tête allait se déboulonner. D'évidence, elle lutte contre les pleurs. Elle a terriblement mal: depuis la veille, elle souffre d'une très vive douleur à l'épaule.

— C'est ridicule, faire un cas d'une telle banalité.

— Ce n'est pas une banalité, dit Lowen. C'est de la perte de ton innocence, dont on parle. L'anecdote du dessin, ce n'est que le support conscient, il y a eu bien d'autres gestes, d'autres regards, d'autres paroles dont tu ne te souviens pas. Mais dis-moi, qu'est-ce que tu as ressenti à ce moment-là?

— Je suis restée figée, je n'en croyais pas mes yeux. Les rires, la violence et l'écœurement dans la voix de mon père, son mépris en me regardant, la brusquerie du geste quand il a déchiré le papier, j'avais le sentiment d'avoir commis un crime grave sans le savoir. J'avais provoqué un scandale, j'avais brisé quelque chose de précieux à tout jamais. Du coup, je devenais dangereuse. Je n'ai rien compris, et je crois que je suis encore sous le choc.

— Mais oui, c'est juste. Tu es encore en état de choc. Dans tes épaules, dans tes yeux, dans ta mâchoire.

Elle a mal, horriblement mal dans le haut du dos. Elle n'en finit plus de masser son cou, ses épaules, elle s'agripperait des deux mains à ses clavicules si elle le pouvait.

— Tu es sous le choc et pour sortir de ce choc-là, il te faudra un autre choc. Tu connais ton histoire par cœur, mais cela n'y change rien. Et tu as toujours la même tension entre les épaules. Tu veux travailler là-dessus?

Elle le regarde, méfiante.

— Bien sûr, je suis venue ici pour cela. Mais qu'est-ce que vous allez faire? Vous allez me frapper?

Elle l'avait vu agir ainsi auprès d'une autre femme, la frapper dans le haut du dos pour la sortir de sa torpeur. Elle avait elle-même déjà subi le même traitement et s'était interposée, le sommant de ne plus jamais utiliser ce truc-là avec elle.

— Tu as besoin d'un choc, lui répond-il.

— Me frapper dans le dos, c'est m'humilier, m'écraser. Je refuse ça. Je perds toute ma dignité quand vous faites ça.

L'argument de la dignité, c'est un argument massue. Habile, la Mathilde! Lowen est très sensible à la dignité, à l'affirmation de soi. Le travail ne sera pas facile.

— Sais-tu pourquoi tu es restée figée devant ton père? Je vais te dire pourquoi. Si tu en avais eu les moyens, tu aurais réagi, tu aurais probablement crié ta colère d'avoir été reçue comme ça. Ça aurait été la seule façon de sortir de ta stupeur. Tu n'as pas pu faire ça. La plupart des enfants ne peuvent pas le faire. Ils encaissent le coup et restent sur place. Ce qui est resté stocké en toi, ce jour-là, ces années-là, c'est ta révolte contre ton père, contre les autres, contre ceux qui t'ont volé ton innocence et qui t'ont fait croire que tu étais vicieuse, alors que rien dans ce que tu as fait ne ressemblait à du vice. Crois-tu que ça s'est passé comme ça?

Elle a cessé de masser son cou, elle se tient droite devant lui maintenant.

— Je pense que c'est exactement ce qui s'est passé.

Quand il a trouvé une piste, Lowen ne la quitte plus à moins qu'on ne lui prouve que ce n'est pas la bonne. Il revient à la charge:

— Eh bien, c'est ce jour-là que tu as perdu ta dignité. Tu l'as perdue parce que tu n'as pas pu te défendre. Et en persistant à éviter de recouvrer ton geste, tu te maintiens dans cette indignité. Si tu n'es pas d'accord avec la brutalité du traitement, dis-le. Réagis et crie-moi: «Ne me frappe pas.» Alors, tu retrouveras ta vraie dignité, pas celle qui te fait porter la tête haute dans un col d'acier qui t'étrangle, mais celle qui s'impose par ta puissance, par ta force intérieure.

— J'ai très peur, dit-elle sur un autre ton. J'ai peur de la douleur, j'ai déjà tellement mal, et j'ai peur de vous haïr si vous abusez.

— La douleur, elle est déjà là. Si tu ne veux pas que j'abuse, dis-le assez fort. Autre chose: tu peux être en colère contre moi sans me haïr, ce n'est pas la fin du monde, la colère. Les êtres passionnés sont souvent en colère contre ceux qu'ils aiment.

Mathilde est ébranlée, à bout d'arguments. Il lui demande de tout risquer: risquer d'avoir mal physiquement, risquer de tendre le cou comme une bête à l'abattoir, risquer le coup de l'amour et de la haine...

Elle s'assoit prudemment sur la chaise. Il est debout dans son dos. Elle sait qu'il va porter le coup. Puis elle se relève d'un bond, ses yeux l'interrogent. Entre les deux, pas un mot. Elle est crispée, elle serre les poings, ils ne font que se regarder dans les yeux. On se croirait dans une arène.

Elle respire un bon coup, puis se rassoit.

— Si tu veux réagir, tu te lèves et tu frappes avec la raquette sur le matelas en disant: «Ne me frappe pas.» C'est très important que ton corps réactive son geste.

Il n'a pas fini sa phrase qu'il frappe d'un coup sec sur le haut du dos, directement sur les attaches de la bosse.

Elle bondit comme un ressort. Elle ne crie pas, ne frappe pas. Elle ravale, étouffe sa rage en le regardant. On sent bien qu'elle aurait envie de lui arracher les yeux. Elle serre encore les mâchoires. On dirait qu'elle pleure. Non! Ce ne sont pas des pleurs, quelques coulis de rage tout au plus. Elle trépigne, elle tourne sur elle-même comme une lionne affolée. Il ne lui vient pas à l'esprit de frapper avec la raquette comme il le lui a proposé. Puis elle s'immobilise, se crispe de la tête aux pieds et crie: «Je deviens folle.» Son regard en effet le transperce, elle s'agrippe compulsivement à tout ce qui pourrait l'empêcher de sauter sur lui. Elle a les deux poings enchaînés l'un dans l'autre.

— C'est ça, l'origine de la folie. C'est vrai que tu deviens folle parce que tu ne peux pas réagir en faisant sortir ta colère. Tu t'enroules dans ta rage, dans ton impuissance, ce n'est pas de la colère, ça. Tu t'en vas directement dans la confusion comme ça.

Ah, le cri qui s'est échappé d'elle!

— Je ne veux pas mourir de ça. Pas de ça!

Il a touché trop juste en parlant de sa folie. C'est sa grande peur, devenir confuse, comme sa mère avant elle, pauvre femme, morte de confusion.

Cette fois, c'est avec courage qu'elle reprend sa place et présente sa bosse. Curieusement, tout le monde dans cette salle est soulagé de la voir remettre sur la table l'ouvrage commencé. Sa folie était pénible à voir. Une torsion. L'impuissance en personne. L'agitation d'un désespoir vieux de quarante ans, planté dans son corps le jour où elle a osé dévoiler publiquement sa jeune sexualité.

Il s'exécute de nouveau avec autant de force que la première fois. Il ne la ménage pas. Elle saute cette fois sur la raquette et frappe à tout rompre. Il la soutient dans son geste.

«Encore plus fort», répète-t-il plusieurs fois. Plutôt chaotique au début, son geste est de plus en plus efficace. Il devient libérateur. Après une trentaine de coups, elle rend les armes. Elle est à bout de souffle.

— Tu as encore mal? demande-t-il en montrant ses épaules.
Elle rit.

— Non, c'est très libre maintenant.

On croirait voir dans son sourire un soupçon de triomphe. Elle a survécu et semble vouloir en finir là. Mais Lowen n'est pas au bout de sa piste, il la relance.

— Tu crois que ton père aurait pu avoir une relation trouble avec toi?

Silence. Incrédulité. Elle le regarde; elle le regarde sans bouger, puis finit par dire.

— Je ne crois pas!

Lowen ne dit rien. Il attend. Et comme il fait souvent quand il attend, il regarde son pied. Le temps passe. C'est grand silence. Puis elle dit:

— Pourquoi est-ce que je ne peux pas dire non, pourquoi est-ce que j'hésite?

— Tu as peut-être raison d'hésiter.

— Non, pas ça. Il n'aurait jamais pu ! Mon père était un pauvre homme, un homme mal aimé, un homme en manque.

Il y a dans ce cri, un mélange de dépit, de mépris, de révolte, de fatigue, d'écœurement et d'effroi. Une dynamique abusive sans le fait?… Allons, donc! De sa main gauche, elle vient de reprendre son cou. Elle masse compulsivement sa nuque tendue.

Elle pleure en malmenant son cou et ses épaules. Personne ne sait précisément ce qu'elle ressent. Mais on voit sa main droite qui se crispe. Elle finit par dire, étranglée:

— Si jamais quelqu'un touche à ma fille...

Elle répète et répète avec une voix de plus en plus menaçante. Il lui remet la raquette entre les mains pour qu'elle frappe sur le matelas. On l'avait crue à bout de souffle. Non! Elle retrouve une force insoupçonnée, inépuisable.

— Si jamais quelqu'un touche à ta fille? dit-il...

— JE LE TUERAI, crache-t-elle.

Laquelle des deux filles est en danger? Celle de son père ou la sienne? Elle ne le précise pas. Elle se met à frapper, à tuer, elle décapite, elle assassine... puis elle en remet, elle réassassine... malheur à celui qui approcherait de sa fille, sa petite, son innocente petite fille. Malheur à ceux qui ont osé lui voler sa candeur et sa dignité! Mathilde déterre sa colère, la puissance de son geste, sa capacité de se défendre. Quand cette force devient telle qu'elle se sent vraiment capable de tuer, elle jette la raquette, reprend son souffle et se redresse. Elle ne savait pas qu'elle portait en elle la force de tuer. Elle ne va pas tuer pour autant. Elle sait seulement qu'elle *peut* le faire. Et si c'était ça, la vraie liberté?

Maintenant, Mathilde a l'air calme et apaisée. Elle est debout devant Lowen, forte, puissante. Elle le regarde droit dans les yeux, sans chercher à savoir. Elle est juste là, déployée, présente. Elle fait un signe de la tête pour dire que ce qui devait arriver est achevé pour le moment. Elle ne sourit pas, elle est accomplie. Elle lui tend la main, et regagne sa place sans un mot.

Il n'y a plus rien à dire, plus rien à faire. Écouter le silence. Laisser s'amplifier chez tous l'écho de ce silence.

XVII

Maudit téléphone!

Cette séance de travail m'a épuisée. Je rentre dans ma cellule de nonne. À cette heure du jour, ma terrasse est fraîche comme le cœur d'une rose. Mon cœur à moi est plus gros qu'une pivoine trop mûre. J'ai le sentiment que jamais je ne renoncerai à ces enjeux du passé. Ils sont rois et maîtres de mon présent. C'est ça, la névrose: laisser le passé déterminer l'avenir. C'est le contraire de la liberté.

J'installe quelques coussins sur les dalles, un oreiller et je me laisse glisser dans un demi-sommeil qui m'amène bien loin de cette Grèce encore chaude en septembre.

C'est en plein hiver que je me retrouve, dans un coin choisi de la Nouvelle-Angleterre où les bernaches ont élu domicile parce qu'elles y sont bien nourries. Je traverse la frontière depuis bientôt six mois, peut-être un peu plus, je ne sais plus très bien. C'est l'hiver, je me souviens, j'ai des bottes. Elles traînent dans le petit bureau, à côté de ma chaise. Dans l'autre pièce, le perroquet se livre à ses exercices de «bio» quotidiens. Il crie.

Puis le téléphone se met à sonner. Maudit téléphone! Lowen se précipite. Je rage en silence. Je ne vais pas laisser passer ça. Pas cette fois. J'en ai assez de ce sacré téléphone.

— Pourquoi répondez-vous au téléphone pendant les entrevues?

— Tu n'aimes pas ça? Pourquoi?

— Quand je viens ici, j'aimerais que vous soyez là pour moi, pas pour tout un chacun qui veut vous parler.

Mais je ne t'appartiens pas, moi. Je peux t'aider, je le fais. Ça ne veut pas dire que je te suis entièrement, totalement dévoué pendant le temps que tu es ici.

— C'est vrai que vous m'aidez, mais enfin… cela me contrarie. Bon, on ne va pas en faire un drame.

— Tu es en colère contre moi.

— N'exagérons rien. J'ai dit que je n'aime pas ça, que cela me contrarie. Ça me surprend, voilà tout. Je n'ai pas l'habitude que mon thérapeute réponde au téléphone.

— Tu vois ce que tu fais en ce moment? Tu enfouis ta colère contre moi sous le dépit. Si tu es en colère contre moi, dis-le. Prends la raquette et frappe. Quand on est fâché, on frappe. Les enfants le font.

— Mais je ne suis pas en colère contre vous.

— Bah! bah! bah! Regarde ton visage, regarde tes poings. Qu'est-ce qui va arriver si tu exprimes ta colère?

— Je ne sais pas.

— Bien! Alors, essaye! Tu vas voir!

Je prends la raquette sans conviction et je frappe, de mon mieux, pour lui faire plaisir. Je comprends l'enjeu, mais le cœur n'y est pas. Après quelques tentatives, je laisse tout en plan. J'ai la migraine. De toute évidence, la colère ne surgira pas sans une charge un peu plus forte. À ce rythme, nous ne serons pas plus avancés en l'an 2000. Je suis totalement coincée dans le haut du dos. C'est à cet endroit précis que l'émotion, la vraie, se terre.

Le voilà qui s'attaque à ma nuque et à mes épaules. Il me fait asseoir sur la chaise et se place derrière moi. Il appuie, oh peut-être pas si fort que ça! J'ai les nerfs tellement tendus qu'il me semble qu'il s'abat sur moi. Mais je m'emmure, je résiste, je ne dis rien. Alors, le coup! Un coup sec dans le haut du dos. A-t-on idée! Dans un premier temps, je crie, je devrais dire plutôt que je m'étrangle. Puis je me tais. Je me lève et me retourne vers lui. Dans le miroir, j'aperçois au passage que je suis livide.

— Qu'est-ce que tu as?

— Je ne sais pas. Ne faites plus jamais ça. J'ai trop mal.

— Sûr que tu as mal. Tu sais pourquoi?

— Non!

— Tu es en colère contre moi.

— Je ne sens pas ça. Je me tue à vous dire que je ne sens pas ça…

— Je sais que tu ne le sens pas. C'est pour ça que tu as si mal.

— Pfft! Je déteste quand il me dit ce que je ressens. Comme s'il savait mieux que moi!

— Je ne sais pas mieux que toi, je le vois, même si tu me dis que tu m'aimes, même si tu me dis que tu n'es pas en colère.

Mais moi, je ne peux pas me mettre en colère contre lui. Il est ma dernière chance. L'affronter, c'est jouer mon espoir, c'est risquer de ne jamais atteindre mon but. Je ne peux pas ressentir de la colère envers quelqu'un qui m'est aussi précieux.

— Écoute! Tu viens ici, tu fais 1500 kilomètres. Tu prends des risques. Tu dépenses beaucoup d'argent. Pourquoi fais-tu ça? Tu fais tout ça pour avoir un lien avec moi ou bien pour être libre?

Je voudrais crier de toutes mes forces: *«C'est pour garder le lien avec vous, c'est pour avoir un lien, c'est pour sentir l'attachement.»* Mais c'est une petite voix d'enfant qui dit ça. J'ai quarante-cinq ans, vraiment, ça n'est pas ce que je veux. Intérieurement, je suis estomaquée de ma réponse. Il serait plus juste de dire: *«Je veux les deux, l'attachement et la liberté.»* Mais je sens bien que ce type d'attachement est incompatible avec la liberté. Je ne peux pas me passer de lui. Non, je ne suis pas libre!

J'arrive enfin à chuchoter: «Je veux être libre.» J'ai du mal à me l'entendre dire avec ce que cela suppose de prise en charge et de deuil. Quitter ma voix d'enfant me paraît tout à coup bien difficile. N'est-ce pas cela, quitter la névrose? Retirer au passé son emprise sur le présent, reprendre en main, dans mes mains de femme, le reste de ma vie? Finalement, ma névrose est plutôt confortable. Je la connais bien, nous faisons une belle paire, toutes les deux... pas facile de lui dire adieu! Quel constat! Mon Dieu, c'est épouvantable!

— Alors, si tu veux être libre, déterre ton geste, celui que tu as enfermé en toi quand tu as compris que tu ne pourrais jamais avoir ton père pour toi toute seule. Dis-moi ce que tu penses de ce que je t'ai fait.

— Mais je risque de vous perdre, si je dis ce que je pense.

— Alors, prends le risque, si tu veux gagner ta liberté. Frappe avec la raquette et dis-moi tout ce que tu n'oses pas me dire.

Alors, très bien! Je vais frapper. Comme si c'était moi qui le menaçais. Attention, je frappe. Je gueule et je jure, je le traite de tous les noms, d'incompétent, de psychanalyste à cinq cennes, de mégalo, de mythomane, de prétentieux, d'apprenti sorcier et finalement de sadique. En voulez-vous, je vous en donne, et le reste c'est gratis. J'avoue que j'ai craché tout ça en français, c'est bien plus facile et ça coule de source. En anglais, je manque de vocabulaire dans ce genre d'occasion. Je ne sais pas encore qu'il adore parler français!

À bout de lutte, l'embâcle cède. De profonds sanglots s'échappent de mon ventre comme une grande misère acceptée. La reconnaissance crue de mes pauvres petits besoins, de mes régressions si bien camouflées. Que ça fait mal! Malgré l'acharnement de mes appels, jamais personne ne pourra me prendre en charge ni me combler. Jamais personne, jamais! À moi maintenant de le reconnaître et d'abandonner cet espoir-là.

J'ai la tête penchée sur ma poitrine, je regarde mes pieds, appuyée sur la raquette, essoufflée. Le temps est venu de relever la tête et de faire front. La perte? Possible, après ces verres cassés. À jamais, la distance... c'est le moment d'y faire face. Je suis toujours penchée, je vois son pied qui se balance, comme un pendule. Aux quatre coins du petit bureau, un profond silence. Je me redresse, j'ai bien grandi de deux centimètres.

Avec un certain courage, je plonge dans les yeux bleus qui me fixent. Il ne dit rien, il est assis au fond de sa chaise, tranquille, comme s'il disait: Voilà, c'est accompli maintenant! Il fait de la tête un signe qui veut dire très bien! Puis il me sourit. Je suis sous le choc, un autre choc, celui de ne pas avoir perdu le contact après tout ce que j'ai déballé, fût-ce en français. Presque incrédule, je lui donne la main. Il ne dit toujours rien et me serre le bras. Sans un mot, je reprends mes affaires, mes bottes, mon sac et un autre rendez-vous. Ma migraine a fondu. Dans le petit couloir qui mène à la sortie, il me semble connaître un peu de liberté. Non seulement je survis, mais je respire mieux. Un petit quelque chose me flotte au-dessus du cœur qui ressemble à de la dignité.

Combien de temps a duré ce songe? Je ne sais pas. J'ai les deux pieds au soleil et ma terrasse a perdu de sa fraîcheur. Le temps du repas est passé depuis longtemps. Je serai en retard au travail de l'après-midi. Mesquinerie, insécurité? J'ai peur qu'on m'ait fauché ma chaise.

XVIII

La hache de ma mère

J'arrive, essoufflée, et zut! comme je le redoutais, on m'a fauché ma chaise! Le groupe est déjà au travail. Je n'en reviens pas que celui-là se soit permis... Ma place, mon territoire, ma bulle, ma province... je suis en exil. D'autant plus que la seule chaise inoccupée est la dernière du demi-cercle. En toute autre circonstance, cela m'aurait été égal. Mais je tombe en pleine séance de défoulement... une situation qui m'a toujours fait horreur. À tour de rôle (d'où l'importance de la place), chacun est invité à montrer les poings, avancer la mâchoire, ouvrir grand les yeux et dire: «Je peux te tuer.» Ce n'est pas la première fois que Lowen fait comme ça, de but en blanc. Chaque fois, je me suis soumise docilement, mais sans y croire vraiment. Je me disais que c'était absurde, un non-sens: effacé sur votre chaise, on vous demande d'aller chercher, dans les profondeurs où elle se cache, votre envie de tuer. Eh bien, malgré mes réticences, je commence à saisir le comment et le pourquoi de ce curieux exercice. Je comprends qu'à force d'être secouée, la machine finit par se mettre en marche. Comme si le geste seul, à cause de sa répétition et du chemin qu'il a déjà creusé en soi, pouvait dénicher l'émotion et la déterrer à tous coups. Et c'est chaque fois la découverte d'une force qui ne demande qu'à sourdre. Cette façon de toucher l'émotion à froid, par le truchement du geste, dédramatise l'histoire. C'est seulement pour voir si on a accès à certaines zones de soi. Les enfants passent des années à s'adonner à de tels jeux. Ils jouent à faire semblant pour voir... ils s'apprivoisent. On a parfois de bien étranges surprises quand, croyant être biche, on se découvre fauve, comme ça, les poings levés, la mâchoire avancée, les yeux grands ouverts, assis sur le bout de sa chaise.

«Mais le mouvement seul ne suffit pas, dit Lowen, pas plus que le cri, pas plus que le coup quand il ne se rattache pas à une histoire vécue.» L'analyse bioénergétique est *indispensablement* corporelle, mais elle n'est pas *uniquement* corporelle. Si Lowen recommande un entraînement quotidien en vue de recouvrer les gestes perdus, s'il conseille de rouvrir chaque jour, inlassablement, les anneaux de tension qui continuent de se refermer, c'est pour favoriser une meilleure compréhension de la fonction de notre armure corporelle.

Cet exercice apparemment gratuit ne l'est pas. Lowen est debout devant un grand gaillard qui a l'air d'un garde du corps. L'homme tend les poings, comme pour s'armer, et voilà qu'il ne peut pas parler. Au lieu de cela, il éclate en sanglots. Gratuit, cet exercice? Au tour de ma voisine de gauche. Au moment de plonger, elle pouffe de rire. «C'est ridicule», dit-elle. Je la comprends, je l'ai longtemps cru. Son tour passé, elle est comme paralysée, suspendue à je-ne-sais-quoi qu'elle a dû ravaler. Dernière en lice, c'est à moi maintenant de me mobiliser. J'ai recours, je le reconnais, à un acte de volonté. Et à ma grande surprise, ce qui s'impose à moi, les yeux dans ceux de Lowen, les poings levés et la mâchoire en avant, c'est: «Je peux te décapiter.» Il y a une histoire vraie derrière ces mots, l'histoire d'un coup de hache.

J'ai les nerfs à fleur de peau, la hache vient de se planter dans ma nuque. Je n'avais pas prévu ça. Pendant la pause, je prends mon eau minérale, je m'installe sur l'esplanade qui donne sur notre salle de travail et je montre ostensiblement que j'ai besoin de rester seule. La mer est toujours aussi belle, la chaleur est presque suffocante, je n'ai aucune envie de regagner la grande salle. Je fais semblant de ne pas avoir entendu l'appel et je songe, je jongle, comme disait ma grand-mère.

C'était au cours de ma deuxième année de thérapie avec Lowen. J'avais rêvé que je trouvais sur la rue un bébé apparemment abandonné. En partant avec lui dans mes bras, je vois, dans le rétroviseur de ma voiture, une femme affolée, hystérique, qui crie: *Au voleur!* Je suis terrifiée à l'idée d'avoir causé l'angoisse de cette pauvre mère et je veux rebrousser chemin pour lui rendre l'enfant. Des sens interdits m'obligent à faire le tour du bloc avant de la rejoindre. Au moment de lui rendre le petit en m'excusant de toutes les façons, la tête de l'enfant se détache de son corps et roule sur mon bras. La mère s'empresse de reprendre la tête et de l'empaler avec autorité sur le moignon qui sert de cou au bébé. En me séparant de l'enfant, je sens son corps devenir flasque et vide, comme un sac percé, et je vois que ses deux grands yeux noirs n'ont pas cessé de me regarder.

Je m'étais réveillée ce jour-là avec une intense douleur dans le bras et l'épaule. Ce bras précisément où avait roulé la lourde tête. Je trouvais ce rêve tellement étrange et explicite que j'avais eu l'idée de l'écrire et de l'envoyer à Lowen. Sans explication. Puis je l'avais oublié…

Dix jours plus tard, je reprenais encore une fois la route du Connecticut. Nous étions maintenant au printemps. Les crocus en fleurs donnaient de l'espoir, le soleil réchauffait l'humus de cette terre gelée qui se réveillait lentement, se laissait attendrir. Dans l'entrée du petit bureau, j'avais attendu mon tour sans arriver à discerner le motif précis de ma visite. J'allais bien, très bien merci, et je ne voyais pas trop ce qui m'avait poussée à faire les 1500 kilomètres habituels. À la suite d'une telle déclaration de bonne santé, Lowen me proposa le tabouret. Et pourquoi pas?

Le dos arqué sur le banc, je laissai se développer ma voix. Le petit filet qui s'échappait de ma gorge contrastait avec ma désinvolture. C'était une petite plainte étouffée qui résonnait sur l'arrière palais comme le son aigu d'une trompette qu'on aurait munie de deux sourdines.

Une sorte de lamentation étranglée qui n'avait rien à voir avec mon discours rassurant. Je commençais à connaître sa médecine. Je savais que Lowen ne s'y laisserait pas prendre. Il se mit à appuyer sur les muscles de la gorge, ceux-là même qui se gonflaient de chaque côté de ma glotte au fur et à mesure que s'amincissait le filet de ma voix. Il n'a pas appuyé vraiment fort. Mais j'ai cru que j'étais en réel danger. Devant une telle «agression», j'ai tout avalé, mon âme, mon râle et mes yeux. Je suffoquais, incapable d'appeler au secours.

Mon premier réflexe fut de me retourner contre lui. «C'est de la barbarie.» Et je me suis demandé si je n'allais pas rebrousser chemin et reprendre mes affaires. Mais encore une fois, la pression sur ma gorge n'était pas si forte. J'étais sous le choc. Un choc bien connu, un choc reconnu…

J'avais le sentiment qu'en relâchant la tension qui me tenait la tête sur les épaules, je risquais de perdre tout contrôle. Tiens, tiens!

J'avais déjà vécu une telle menace, à n'en pas douter. Alors, je suis restée, à cause du regard de Lowen. Ce regard-là n'était pas barbare. Oh non! Ce regard-là comprenait quelque chose. La sensation qu'il venait de réveiller ne m'était pas inconnue. Je l'avais retrouvée, en rêvant.

Curieuse sensation, j'ai senti la pression sur les muscles de ma gorge comme un coup de hache. «Bizarre cette association, me suis-je dit. Un coup de hache qui aurait pu me décapiter.»

Couchée sur le dos, j'avais en partie repris mon souffle. J'inspirais le minimum vital. Ma gorge faisait trop mal et j'avais peur de casser les pauvres attaches qui relient ma tête à mon corps... un coup de hache... À bout d'étonnement, j'ai laissé s'échapper quelques larmes, des sanglots avortés, j'étais pétrifiée. *Un coup de hache!...* La douleur irradiait comme font les ronds dans l'eau; en partant de l'avant, elle finissait de me trancher la gorge à l'arrière du cou, légèrement à gauche, dans la trajectoire que trace habituellement mon éternelle migraine. Celle-ci prend sa source dans l'œil gauche, perce un canal et descend vers l'oreille du même côté, contourne la base du crâne, s'attarde au creux de la mâchoire pour enfin se jeter dans l'épaule. La vipère! Elle avance par pulsations régulières, rampe comme un ver de terre, se tortille, se gonfle, se divise en plusieurs segments, comme un pouls qui ne s'arrête jamais.

Le coup de hache me hante... et plus il me menace, plus se resserre ma nuque épuisée. *Qu'est-ce que c'est que cette histoire? Jamais de ma vie, je n'ai reçu de coup de hache; jamais enfant si bien aimée n'a été menacée de la sorte; jamais de ma vie, je ne fus si près de la décapitation, voyons! voyons!... enfant si bien aimée, enfant si bien nourrie, enfant si bien regardée, regardée tant de fois, observée tant de fois, épiée, guettée, espionnée...* C'est comme une ritournelle, un refrain d'un autre âge, un grand classique ou une banale récitation d'écolière.

Le coup de hache était porté par les yeux noirs de celle qui m'avait mise au monde. Des yeux incisifs, affûtés, tranchants, des machettes! Elle était toujours là, souvent dans mon dos, et ma petite nuque d'enfant s'était changée en bouclier. Défense oblige! C'était donc ça, le coup de hache! Et voilà qu'une image surgit, un petit fait anodin qui devrait passer inaperçu, une autre anecdote sans conséquence, une banalité... des chuchotements d'enfant de cinq ans, pas plus.

... Ah, cette présence dans mon dos! Me retourner et me buter à des yeux noirs qui pourraient me décapiter! En général, ces regards-là, je les recevais quand ma mère ne pouvait pas parler, quand il y avait du monde. Alors, j'avais peur, je me sentais fautive, mais je n'avais pas le courage de lui demander ce que j'avais fait de mal, de peur de réveiller sa colère. C'était une menace constante quand il y avait du monde.

Et puis cette soirée de famille à la campagne! J'étais malade, une très forte amygdalite. J'avais un mal fou à parler. Dans le salon de ma tante, il y avait plein de petits bibelots qui me fascinaient. Des babioles en plastique: des figurines habillées de dentelles, des chiens, des chats et des moutons, un moulin à eau avec de la neige en paillettes brillantes sur la toiture, et une boule de verre avec une statue du Sacré-Cœur dedans. Quand on la retournait, la neige se répandait sur le cœur saignant; dans le lot, suprême élégance, un petit cygne en verre soufflé bleu et rose. Une merveille pour mes yeux d'enfant. Je m'étais amusée à aligner sur la tablette les petits animaux, la bergère et le Sacré-Cœur, et à inventer un jeu qui me captivait et me faisait sans doute oublier mon mal de gorge. Et c'est absorbée par mon petit scénario que j'ai tout à coup aperçu le regard-hache de ma mère, qui était à l'autre bout du salon. Elle faisait les gros yeux. De toute évidence, il ne fallait pas toucher. J'ai donc remis rapidement en place toute la ménagerie avec une peur terrible de briser quelque chose, tellement ma main tremblait. Et je suis revenue m'asseoir discrètement près d'elle. Je me suis efforcée de tenir ma tête droite en mobilisant les deux colonnes le long de mon cou; comme si un coup allait venir, j'ai coincé ma tête sur mes épaules en comprimant ma nuque et j'ai attendu, tordue par une vague et sournoise culpabilité.

Puis ma mère m'a demandé de réciter un poème. C'était un long compliment de Lucie Delarue-Mardrus. Ciel, quel calvaire! Je m'arrachais les amygdales à bien articuler. Jamais je n'aurais pu invoquer ma douleur pour refuser de me plier à ses vanités.

C'était ma chance d'expier ma faute. Mais de quelle faute au juste s'agissait-il? J'étais prête à cracher mon larynx pour me faire pardonner. Debout, récitant de mon mieux, j'étais encore sous la menace de son regard. Quand j'eus terminé mon boniment, les applaudissements se sont faits plus généreux que de raison. Je suppose qu'elle m'a alors regardée avec fierté, mais je n'ai aucun souvenir de ça. Toutes les fois que j'ai souffert d'une amygdalite par la suite, et Dieu sait que je ne m'en suis pas privée, je me suis souvenu de cet incident, de ce regard.

C'est ce regard-là qui tous les jours de ma vie, depuis cette époque jusqu'à aujourd'hui, plante sa hache dans les tendons et les nerfs de ma nuque et de ma gorge. Alors, pour me défendre, je resserre l'anneau de tension, impitoyablement. Un vrai collier de serrage! Un tour de vis par-ci, un autre tour par-là... juste un petit tour par jour!

Dans le bureau de Lowen, couchée sur le divan, je sentais l'anneau de ma gorge se rétrécir de plus en plus en regardant défiler ces images d'une enfance sans drame connu. Hypnotisée par les souvenirs de mes cinq, six ans, je ne sentais pas que mon corps se vidait de sa substance. J'étais inerte, je n'avais plus de souffle, plus de muscles, j'avais froid et je blanchissais à vue d'œil. Je devenais flasque et vide, exactement comme le bébé de mon rêve! Lowen voyait bien la fuite, la brèche par laquelle toute mon énergie se déversait hors de moi. Cette tête empalée sur la tige de mon cou crissait chaque fois que j'essayais de la tourner. Comme le dernier tour de vis que fait subir une cheville en bois dans un pas de vis en bois. De plus en plus ajusté pour que la tête reste sur les épaules.

— Elle aurait pu te décapiter, ta mère.

— Pour sûr.

— Et tu pourrais répondre à ça?

— Non. Je ne peux rien faire, j'ai froid, je suis figée, on ne peut rien faire devant ça.

— Mais oui, tu peux faire quelque chose. Maintenant, tu peux faire ce que tu n'as pas osé faire à l'époque pour te défendre.

— Mais je n'aurais rien pu faire.

— Bien sûr, tu étais trop petite. Alors, tu t'es défendue comme tu le fais en ce moment. Tu serres les mâchoires, tu tends ta nuque, tu cesses de respirer et tu vides ton corps de sa chaleur.

Long silence... j'ai de plus en plus froid.

— Si tu n'avais pas été si petite, tu imagines ce que tu aurais fait en face de quelqu'un qui voulait te décapiter?

— J'aurais pris les devants et je lui en aurais fait autant.

— Mais bien sûr. Et c'est cela que tu dois retrouver pour sortir de cet état. Tu es pétrifiée en ce moment.

— Je ne peux pas frapper sur elle. C'est monstrueux, ça.

— Et elle, ce qu'elle t'a fait, ça n'est pas monstrueux?

— Elle ne voulait pas faire ça, elle ne savait pas qu'elle faisait ça.

— Bien sûr, tu as raison, elle ne voulait pas faire ça, mais elle l'a fait. Ce que tu as enfermé à l'intérieur de toi, il reste que c'est l'envie de la frapper. Ici, tu peux le faire, tu ne fais de tort à personne, et tu as une chance de te libérer, toi.

Il me proposa de frapper sur le matelas avec la raquette. Je l'ai fait à contrecœur, j'avais tellement froid, je me sentais tellement vide. Mais ce geste répété, cette mobilisation de l'ensemble du corps, me ranimaient. Et plus je me ranimais, plus se précisait devant moi une image insupportable. Je voyais la nuque offerte de ma petite mère.

Frapper sur elle, moi, sa fille adorée, sa plus petite, sa préférée? J'en étais malade. Il a fallu qu'il m'exhorte à le faire, qu'il m'autorise pour elle à porter le coup. Et j'ai frappé, avec la misère d'un enfant qui n'a pas pu le faire en son temps. Et j'ai frappé encore, d'abord avec la rage d'une femme qui fut trop longtemps paralysée, puis j'ai frappé avec la colère d'une justice rendue. Quelque chose se passait, comme un dégel entre ma tête et mon corps. Quand je suis partie, ma nuque avait acquis une souplesse jamais connue. J'étais légère. Cette aisance l'emportait sur toute culpabilité.

J'ai bien compris ce jour-là que si j'avais pu, toute petite, rendre à ma mère le regard foudroyant dont elle me décapitait, elle aurait tout simplement compris qu'on n'étouffe pas comme ça les désirs les plus innocents d'une enfant. Les petits bibelots n'étaient que la trace encore visible d'une dynamique quotidienne. Tout le reste, qu'on croit avoir oublié, qui se couvre de moisi, n'en continue pas moins d'exister. Les silences et les coups retenus, remisés quelque part dans mon corps. Un petit enfant ne peut pas se défendre avec des coups et des cris, même s'ils sont justifiés. C'est le corps qui encaisse et qui s'arme. C'est lui qui, quarante ans plus tard, se courbe, s'«arthritise», se tuméfie, s'enflamme ou s'anémie. Il ne sait plus pourquoi, il a oublié tous ces gestes qu'il n'a jamais osés. Tant de gestes qui auraient pu le sauver.

Ce n'était pas de la haine que j'éprouvais pour cette petite mère échouée à mes pieds. Ce n'était pas de la pitié non plus. C'était la simple reconnaissance de ce qui avait été, de ce qu'elle avait fait, de ce qu'elle n'avait pas pu faire de mieux. Ce n'était pas de l'amour non plus. Cela aurait été absurde après ce que je venais de traverser. C'était un pur constat, un constat qui me concerne aussi en tant que mère. Moi aussi, j'inflige à mes enfants des blessures.

Mes beaux enfants! Il ne me reste plus qu'à espérer non pas qu'ils me pardonnent, mais qu'ils puissent un jour récupérer leurs silences, leurs abstentions, leurs frayeurs, leurs gestes avortés. Ils seront alors guéris de moi parce que je leur aurai donné, comme ma mère l'a sans doute fait avec moi, la capacité de se remettre au monde autant de fois qu'ils en auront besoin jusqu'à ce qu'ils puissent s'habiter complètement.

Sur la terrasse de l'hôtel qui surplombe la Méditerranée, je m'ennuie de mon fils et de ma fille. Que font-ils à cette heure-ci? Depuis qu'il a quitté la maison, j'ai du mal à me représenter les activités de mon aîné. Il est peut-être en cours, peut-être en répétition, a-t-il de quoi manger? Il gagne si peu. Comme tous les autres qui «se font partir» de la maison, il connaît la pauvreté. Il vit la bohème. Pour sûr, ma fille, ma belle châtaigne est à l'école. Elle n'en finit plus de trébucher, de s'écorcher et de tout dévorer sur son passage à l'école secondaire. On dirait la chèvre de Monsieur Seguin.

Les vapeurs du spleen et la faim me sortent de mes songes. J'entends à côté les chaises qui se déplacent et annoncent qu'un autre travail va commencer. Curieusement, cette plongée dans le livre de ma thérapie m'apaise. Je suis lasse, c'est vrai. Mes muscles sont fatigués, mais ma nuque est souple. J'ai ressassé le rêve de l'enfant empalé. Je regagne ma chaise dans la plus grande discrétion. La bouteille d'eau que j'avais oubliée est chaude et plate, je vais m'en débarrasser.

Une femme est debout. Elle largue sa tristesse dans un déferlement de mots qui ne tarit pas. Elle a les mains jointes, semble implorer les dieux de lui rendre son homme... elle déclame sa douleur et lui accorde son pardon avec une impressionnante intensité dramatique. Lowen ne paraît pas l'entendre, il interroge sa colère. Elle dit: «Non! Je ne suis pas en colère. J'ai en moi tant et tant de peine.» Elle dénonce sa solitude, l'injustice faite aux femmes quand elles perdent l'éclat de leur jeunesse... Lowen regarde le bout de son pied. Il fait la moue. Il lui demande si elle en veut à cet homme qui l'a quittée. Elle dit: «Non! C'est un homme bon.» Elle revient à sa peine et lui offre une mine de larmes à explorer. Il n'entrera pas dans la mine. Jusqu'à la fin, il cherche une autre porte que celle qu'on lui présente. Puis, un peu las peut-être, il dit à la pleureuse qu'on y reviendra demain.

À vrai dire, je suis scandalisée par cette fin de non-recevoir. Comme je fais d'habitude quand je sens que la pâte ne lèvera pas, j'ai depuis un moment rangé mon carnet et stoppé mon magnétophone. Je ne raconterai pas cet épisode dans mon livre.

Je constate que je n'ai relevé que les bons coups de Lowen. Comme s'il faisait mouche à tous coups. Cela ne rend pas compte de la réalité. La félicité dans laquelle je me vautre depuis mon arrivée en Grèce, m'embrouille la vue. Je ne suis pas encore consciente que je ferme les yeux sur les piétinements, les tâtonnements, les interventions hors cible parfois. Parce que cela arrive aussi à Lowen. Je n'ai pas de quoi les raconter, je ne les ai pas notés. Bref, je reprends plume et carnet quand il m'épate, quand il me donne deux ou trois raisons de plus de m'extasier. Vénération, quand tu t'imposes! Dur, dur, cet aveu d'idolâtrie quand on se croit femme mûre, quand on a des prétentions d'autonomie, quand on est professeur d'université! On en pleurerait...

XIX

La bonne piste

Ce que je viens de voir me trouble. Je décide d'enfreindre la règle de la relâche. J'attaque à l'apéro.

— Mais pourquoi donc ne pas l'avoir suivie dans sa peine? Moi, je l'aurais suivie dans sa douleur et je crois qu'il y avait là des choses importantes à travailler par rapport à l'abandon.

— Tu aurais pu faire ça et je ne dis pas que ça aurait été mauvais. Mais je pense que c'est beaucoup plus facile pour elle de verser dans l'abandon qui est un conflit plus archaïque. Il faut commencer par ce qui est plus récent. Et ce qui est le plus récent, c'est sa colère.

— C'est sa douleur qui était présente à ce moment-là. On aurait dit que vous ne l'entendiez pas.

— C'est un peu vrai que je ne l'entendais pas. Quand elle s'est approchée, elle m'a regardé avec des flammèches dans les yeux. Puis elle a commencé son discours avec une telle tension dans la mâchoire que, dès ce moment-là, j'étais fixé. Je savais que cette femme était en colère, même si elle disait le contraire.

— Peut-être, mais elle l'a nié et vous n'avez pu rien faire. Vous auriez pu changer de piste.

— Non, je n'avais pas de preuve que ma piste était fausse. Tu verras, elle reviendra au travail. Elle sera probablement enragée contre moi parce que je ne l'ai pas entendue. D'ailleurs, tu as vu comme elle parle fort?

— On dirait toujours qu'elle parle à des sourds.

— C'est juste. Je crois qu'elle n'a pas été entendue dans sa famille, en particulier par son père. Sa tristesse est une façon de ne pas aborder sa colère contre lui. Sa colère, elle est dans son corps. C'est cette piste-là que tu dois suivre quand tu travailles. N'oublie jamais la piste du corps.

Silence. Je regarde la mer qui s'étale à l'infini. J'en profite pour vider mon verre. Je pense à toutes ces séances frustrantes où j'ai dépensé toute mon énergie à chercher la fameuse piste. J'aurais couru, moi, dans l'avenue du deuil. En partie parce que l'abandon m'est plus sympathique que la colère. Mais aussi parce que je ne suis pas Al Lowen et ne le serai jamais. Il m'est arrivé d'essayer de travailler «à la Lowen» ou de faire avec les autres ce qu'il a déjà fait avec moi. Faut voir ce que ça donne! Je m'abstiens de décrire. C'est la même chose chaque fois quand je me coupe de mes racines. Je ne travaillerai donc jamais comme lui, jamais avec la même témérité, jamais avec la même intensité. C'est quand je perds de vue qui je suis, ou quand je me heurte à une zone aveugle de mon caractère, que je cherche à «faire comme», toujours en vain.

On pense souvent que la connaissance de l'homme suffit pour devenir un bon ou une bonne thérapeute. C'est la conscience de soi qui fait que le savoir s'enracine. Cette conscience est le fruit d'un long travail, et si l'expérience de mon patient peut me faire vibrer, c'est parce que quelqu'un d'autre a déjà vibré à ma propre expérience. Il m'arrive souvent, dans ma pratique, de me demander: *En telle circonstance, qu'ont-ils fait avec moi? Que feraient-ils en ce moment?* Ce retour sur ma propre thérapie, ce regard jeté sur l'empreinte qu'ont laissée mes thérapeutes d'antan, c'est une main dans mon dos, c'est une inspiration.

— Écoute, poursuit Lowen, si tu cours partout, c'est ton patient qui deviendra confus. Choisis une piste et suis-la, même s'il veut t'emmener ailleurs. Si ton patient résiste ou s'il te dit que ce que tu lui proposes n'a pas de sens pour lui, il y a de fortes chances pour que ta piste soit la bonne. Fie-toi à ce que tu vois, non pas à ce que ton patient te dit. Il ne peut te dire que ce dont il est conscient. Ce qui est inconscient, c'est dans son corps que tu le vois. C'est sa mâchoire serrée, ses épaules tendues, sa respiration trop faible, ses poings fermés. Si ton patient te dit qu'il va mieux et que tu vois ses mâchoires aussi tendues qu'avant, ne le crois pas. Continue ton travail. Le plus souvent, il te dira qu'il va mieux pour te distraire, pour te rassurer et éviter d'aller voir précisément là où est le problème. Ce n'est pas qu'il veut t'empêcher de travailler. Il se protège comme il a toujours fait. On est tous comme ça. Mais si tu l'écoutes, si tu le suis, tu es à sa remorque. Tu peux le garder dix ans en thérapie. Tu vas faire beaucoup d'argent et il n'ira pas mieux. Il n'aura pas davantage accès à sa capacité de joie.

Il est maintenant l'heure du repas. En allant chercher Anna, nous croisons Debbie, la pleureuse de l'après-midi. Elle a l'œil sec, les mains dans les poches, la bouche fermée dur. Elle regarde par terre et ne nous salue pas. Tiens, tiens!

Je risque un œil du côté d'Al sans commenter. Je sais qu'il a vu. Silence. À l'approche du bungalow d'Anna, je me surprends à souhaiter avec une ferveur déplacée qu'elle soit de bonne humeur. Est-ce pour oublier Debbie? Allons, allons... Lorsque Anna ouvre la porte, je l'asperge d'un *Hello* qui manque de sobriété. C'est carrément ridicule. On jurerait que ma gaieté cache autre chose.

XX

David et Goliath

Le travail se poursuit à une allure que j'aurais envie de ralentir. Lowen est infatigable. Il est de plus en plus créatif au fur et à mesure que la session progresse. Il ne résiste pas à une belle pièce. Il a l'air d'un sculpteur qui fond sur tout bloc de marbre prometteur. Ce matin, le bloc, c'est un monument immense.

Depuis le premier coup d'œil jeté sur cette assemblée, je redoute un grand gars brun, fort et beau garçon. Son œil noir me torpille chaque fois que nos regards se croisent. Le voilà qui s'élance au centre de la pièce sans s'être s'annoncé. Les jérémiades de tout un chacun l'exaspèrent, il ne supporte plus Debbie qui parle, parle, parle, depuis deux jours. Jour et nuit, il concentre toutes ses énergies pour dominer sa violence. Il s'avance vers Lowen, les poings fermés, le souffle court et les yeux brillants comme des torches. Deux longueurs de tête et trente kilos de muscles séparent les deux hommes. Goliath devant David.

L'homme lui dit:

— Je me sens dépassé par ma colère, je ne tolère rien, j'explose. Si je n'avais pas d'aussi bons contrôles, je tuerais quelqu'un ici.

Les pulsations de ses artères se voient à l'œil nu. Les dents sont serrées, on dirait qu'il va les réduire en poudre. Dans ses mâchoires, de petits muscles saillent à tour de rôle. Il frappe ses deux poings l'un contre l'autre en alignant parfaitement les creux et les bosses des jointures. Nous allons assister à un joli face à face.

— Je comprends que tu te sentes comme ça, tu ne sais pas exprimer ta colère.

Et le géant de siffler: «Fuck you, Al Lowen.»

Les cartes sont sur la table. Moi, je tremble d'effroi. Deux ou trois autres participants, inquiets pour le petit homme qui fait face au géant, se tiennent prêts à bondir sur le fauve. Jamais je n'ai senti une telle menace dans l'air.

— Alors, montre-moi ça si tu sais faire.

Et l'homme se précipite sur le matelas, lance ses poings à droite et à gauche, il bûche plus qu'il ne frappe. Il tue jusqu'à épuisement. Assis sur sa chaise, Lowen regarde le bout de son pied sans broncher. Dans mon coin, je suis terrorisée. Un tel déchaînement est tout à fait rare.

L'homme est fatigué, mais toujours aussi hostile. Ses yeux dardent David d'un air de défi impressionnant. Le petit homme suit sa piste et dit:

— C'est bien ce que je te dis, tu ne sais pas exprimer ta colère. Ce que tu as fait là, c'est une démonstration de rage. Tu exploses, tu es impuissant, ça ne donne rien. Ça t'épuise, c'est tout.

L'homme marche de long en large au centre de la pièce en évitant de regarder les gens. Au passage, il donne un coup de pied dans un matelas et continue de frapper ses poings l'un dans l'autre. Il ne dit rien, son visage prend graduellement une couleur blanchâtre qui n'a rien de rassurant. Nous sommes en pleine canicule, il est glacé.

Comme s'il faisait exprès d'envenimer les choses, Lowen lui dit alors:

— Je vais te montrer comment on frappe pour vraiment atteindre ta cible. Non, je vais plutôt demander à trois hommes qui ont travaillé avant toi de te montrer comment on fait.

Je me dis: *Qu'est-ce qui lui prend? Il le provoque. Il veut le faire sauter. Ce gars-là n'a certainement pas envie d'être humilié ici. Lowen joue avec le feu.*

Puis, sans plus s'occuper du géant, il invite trois jeunes loups à faire montre de leurs talents. Il corrige la posture de l'un, encourage l'autre, nous prend à témoin des progrès faits depuis la veille. Goliath cuve sa rage dans son coin sans regarder, la plupart du temps le dos tourné. Il s'acharne du pied sur un pli du tapis, maudit pli! Lowen semble l'avoir oublié. La démonstration dure une bonne vingtaine de minutes.

Lowen se tourne vers l'homme, plus seul que jamais avec sa rage et le pli du tapis. Il lui tend la main:

— Écoute, mon vieux, si tu veux apprendre quelque chose, je vais t'aider. Tu dois me laisser faire, tu en as besoin et tu es ici pour cela. Si tu ne veux rien apprendre, c'est pas la peine, fallait pas venir jusqu'ici.

L'homme se tient sur une jambe, son poing sur sa hanche lui donne un air de défi. Il finit par s'avancer. Il se replace, les poings en l'air devant le matelas. Il suit les consignes, frappe, une fois, deux fois, trois fois... Lowen corrige son bras, l'invite à retenir sa respiration, fait plier les genoux.

— Essaye encore, c'est beaucoup mieux.

Il frappe mieux, en plein centre. Comparativement à ses contorsions de tout à l'heure, son geste est presque harmonieux.

— C'est bien maintenant, tu sais faire, alors, frappe de toutes tes forces et utilise ta voix pour entendre ta colère. Tu peux dire: «Je peux te tuer.» N'aie pas peur de ta force.

Et l'homme de recommencer, de frapper, de tuer, de matraquer avec une nécessité et une urgence sans mesure. L'efficacité de son mouvement lui permet d'avoir prise sur sa colère et cela nous fait à tous le plus grand bien.

Le dernier cri, le dernier coup, c'est une claque à fendre l'air. Les jambes cèdent. Du haut de ses deux mètres, Goliath s'effondre. Des sanglots, venus des contreforts d'une étanche prison, tranchent le silence. On dirait un condamné qui vient d'être gracié. À genoux, la tête entre les coudes, le géant pleure quinze années d'une enfance violentée.

Lowen a repris sa place, il ne dit plus rien. Il le regarde respirer sa douleur, consommer son effondrement. Lentement, l'homme se lève et trébuche dans le pli du tapis. Il s'arrête, regarde le petit homme avec insistance, puis il s'approche d'un pas hésitant, les jambes tremblantes. Deux pas de plus et il lui tend la main: «Merci», chuchote-t-il. Il ne dit rien d'autre. Il quitte lentement la salle, il cherche son souffle.

Cet homme qui m'avait terrorisée venait de lutter de toutes ses forces pour apprivoiser sa violence. Il s'était battu avec elle. Puis il a senti qu'il pouvait lui laisser le droit d'exister sans être possédé par elle, qu'elle était moins dangereuse au grand jour que sous le couvercle. Vaincu, il me paraît plus digne que sur le pied de guerre. Cette séquence de travail m'a beaucoup impressionnée. Goliath ne m'effraye plus.

— N'aviez-vous pas peur? ai-je demandé à Lowen après coup.

— Non, à aucun moment. D'abord, parce que c'est lui qui avait peur. Et puis il réagissait, il sentait quelque chose. Tant que ton patient ressent quelque chose, il n'y a pas de danger. Les vrais criminels sont froids, impassibles. Quand tu vois ça, tu ne t'avances pas. Tu restes à distance. Lui, il se débattait. Il n'y avait pas de danger tant que je gardais le contrôle du travail. Et je savais ce que je faisais, j'avais une piste: c'était qu'il finisse par accepter d'apprendre quelque chose de moi. Si je n'avais pas gardé le contrôle, c'est lui qui l'aurait pris. Il n'aurait rien appris, il n'aurait rien changé en lui. Il aurait été un peu plus désespéré après qu'avant. S'il est venu ici, c'est parce qu'il a espoir. Il ne faut jamais oublier ça.

Dans les heures qui ont suivi, je me suis approchée de l'homme. Il avait l'air détendu, soulagé d'un poids immense. Comme un écolier, il s'appliquait avec une concentration démesurée à parler français. Il me demanda de lui apprendre à dire sans faute: «Leu quourr e sé wrésung queu leu wrésung nè kwonneu pe.» Ou dit plus simplement:

«Le corps
a ses raisons
que la raison
ne connaît pas.»

XXI

La colère, pas la rage

Je quitte la salle avec un mélange de fatigue et de stimulation. J'ai envie d'écrire, de jeter à bâtons rompus sur papier mes réflexions sur la colère et sur la rage. Je me sens mûre pour un brouillon. Je file en douce avec la perspective d'une bonne heure devant moi pour noircir quelques pages de mon carnet. Fier de sa journée, Al dévale, clopin-clopant avec ce genou douloureux, la petite pente qui mène aux bungalows. «Édith! crie-t-il de loin, tu viens prendre un Metaxa?» On dirait un gamin qui veut jouer au baseball après avoir fini ses devoirs et les avoir bien faits. Ces invitations claires et spontanées me comblent toujours. En toute franchise, je jubile. C'est l'inestimable qui se produit. Me serais-je trompée toute ma vie en désespérant d'une telle intimité auprès d'un père? Faute de réponse claire, je me laisse glisser dans la bénédiction. Je ferme les yeux, je cède à la faveur. J'en ressens néanmoins une certaine gêne quand les autres sont témoins des privilèges qui me sont accordés. À cette heure-là du jour, au moins dix personnes dévalent la pente, elles aussi. C'est plus fort que moi, je ris de sa désinvolture et je me garde bien de montrer que j'accours: «Dans une heure, si vous voulez, je vais prévenir Anna».

En allant vers mon bungalow, je croise Anna qui sort de chez elle. Elle est fatiguée. Quelque chose la gruge. Elle a l'air triste. «Nous avons rendez-vous chez Al pour le Metaxa», lui dis-je, et je prends des nouvelles de sa journée. Les choses se sont bien passées, ce n'est pas de ce côté-là que le terrain est miné. Je ne creuse pas davantage, l'abstention fait mon affaire. «Bon... je vous rejoins un peu plus tard.»

Je prends mon temps pour changer de peau. J'aime ce moment du jour où l'on quitte l'espace de travail pour ne plus penser qu'à une bonne bouffe, au soleil couchant et aux «choses et d'autres de la vie». Pour cela, je range mes shorts et mon tee-shirt, je quitte mes espadrilles et j'enfile une robe «habillée». Une touche de magnolia, un soupçon d'ombre à paupières, un peu de rose aux joues. Je fouille dans mes bijoux, rien de précieux, des frivolités plus que des joyaux. Mais j'aime bien, le soir...

Je ferme ma porte à clé. J'ai trois bons quarts d'heure devant moi. Dans la fraîcheur du soleil qui bâille avant de se coucher, je m'offre une petite page d'écriture. Je revois cet homme qui, du haut de ses deux mètres, est passé de la rage à la colère, pour enfin toucher sa misère. Je ne comprenais pas pourquoi Lowen accordait tant d'importance à l'accomplissement d'un mouvement précis. N'exprime-t-on pas simplement ce qui vient, comme ça vient? Je sais maintenant que le geste juste ressuscite l'émotion juste.

La rage est sans objet. C'est l'expérience de l'impuissance. Elle ne permet pas à l'individu de décharger son hostilité sur la cause de son malaise. La rage n'atteint pas sa cible, ce qui n'empêche en rien l'entourage d'en être affecté. L'enragé est captif de son impuissance. Quand il y a décharge, c'est une décharge chaotique. La rage se loge principalement dans la mâchoire, les grincements de dents et la gorge. Une personne ne crie pas sa rage, elle l'avale. La plupart des gens connaissent la rage. Ils croient que c'est de la colère. Comme ils vivent une expérience d'impuissance totale dans cette rage, ils en concluent que la colère est nuisible. Si c'était vrai, ils auraient en partie raison, parce que la rage est destructrice. Ils ne savent pas que la colère, elle, est constructive.

La colère vise une cible. C'est une mise au point. L'objet d'hostilité ou de révolte est identifié et peut être atteint. La colère contre celui qu'on aime est un effort pour restaurer l'amour. Non pas pour le détruire. C'est bien différent. La personne peut donc exprimer son sentiment et de ce fait s'affranchir, se libérer. La colère procure un meilleur sentiment d'être soi. La personne qui se met vraiment en colère protège ainsi son intégrité.

S'ensuit en général un relâchement musculaire et une plus grande ouverture à l'amour. La zone affectée est principalement le haut du dos, entre les épaules. C'est là que la tension se loge lorsque la colère est retenue.

On apprend aux petits enfants à se conduire convenablement. Cela veut dire, dans bien des cas, réprimer sa colère, retenir son poing fermé, s'abstenir de frapper. On s'étonne par la suite que ce petit devenu grand soit aux prises avec une tension chronique dans le haut du dos, dans les épaules.

Encore moins chanceux sont ceux à qui l'on a même refusé l'expérience de sentir leur colère. C'est dans l'œuf qu'on a tué l'énergie agressive. C'est, en lieu et place, une rage dévorante qui s'est développée chez eux. Celui-là va se réveiller le matin les dents serrées et ne saura même pas qu'il en veut au monde entier. Il ira chez le dentiste.

Pour sortir du passé, Lowen précise la nature du conflit et ravive les gestes réprimés, les cris bâillonnés. C'est le travail analytique qui permet de reconstruire l'histoire dans ce corps fripé. «Le travail analytique est absolument indispensable, mais il ne suffit pas», dit Lowen.

L'un des meilleurs exercices pour mobiliser le corps dans sa colère est de frapper sur le lit avec une raquette ou simplement avec les poings. Quand on prend bien soin de centrer le coup en étirant les bras vers l'arrière, le plus possible tendus comme un arc le serait, la respiration s'amplifie tout en procurant une décharge musculaire qui tonifie l'organisme. La cible doit être définie, le mouvement bien dirigé. À la différence de la colère, l'expression de la rage épuise l'organisme. Elle ne mène qu'à un constat d'impuissance.

Voici, en quelques mots simples, ce que j'ai compris de cette distinction capitale entre rage et colère. Lowen a parlé de tout cela bien mieux que moi[1]. Mais redécouvrir les évidences, me les réapproprier en d'autres mots, les miens, cela fait aussi partie de ma chasse de cette année.

Une invitation résonne encore à mes oreilles. Je range mes feuilles et mon crayon. J'ai, moi aussi, le sentiment que ma journée a été remplie. J'ai une certaine sensation de fécondité. En fermant ma porte, je pense que l'heure de la légèreté est venue, qu'il n'y a plus maintenant de place que pour les «choses et d'autres» de la vie. Jamais si bien dit... quelques centaines de mètres seulement me séparent d'un des moments les plus importants de mon voyage en Grèce.

1. Lowen, A., *Gagner à en mourir*, Hommes et Groupes, Paris, 1987 et Lowen, A., *La peur de vivre*, Hommes et Groupes, Paris, 1983.

XXII

Anna, Al et moi

Chaque fois que je viens chez Al, même après y avoir été invitée formellement, j'ai une petite hésitation, l'impression d'être de trop. Mais cette fois, l'invitation est tellement franche et spontanée que je n'hésite pas un instant. Je sais qu'on m'attend et je décide de passer par la terrasse, sans m'annoncer. J'ai un pied dans la porte, lorsque j'entends la voix d'Anna remplie d'émotion. Je vois bien qu'elle et lui ne discutent pas du temps qu'il fait. J'ai un premier mouvement de recul, je voudrais m'éclipser, trop tard… «Viens, viens, tout cela te concerne», dit-il. Je me confonds déjà en excuses. Je reste là, sur le seuil. Je voudrais disparaître. «Non, tu dois venir, nous sommes tous les trois en cause.» Et je sais déjà de quoi il s'agit. J'ai trop de flair pour ne pas avoir senti qu'il se passait quelque chose depuis deux ou trois jours.

Je ne peux pas m'échapper. Je suis estomaquée, non pas par la justesse de mon pressentiment, mais par la percée directe, sans équivoque au cœur du problème. Anna me dit:

— Ta relation avec Al me fait souffrir. Je ne sais plus où est ma place avec vous et ça me fait terriblement mal. Je n'arrive pas à surmonter ça. Voilà!

C'est encore plus clair. Je bredouille, maladroite:

— Je sentais tout ça, mais je ne savais pas trop quoi faire.

— Tu n'as rien à faire, me dit Al. C'est un problème entre Anna et moi mais, qu'on le veuille ou non, ça te regarde. Autant que tu sois là.

Vieux réflexe, je m'en veux. Mon inclination naturelle serait de me faire pardonner ce que j'ai fait ou n'ai pas fait… je ne sais plus.

Je voudrais lui rendre justice, lui restituer sa place. Mais je n'arrive pas à renoncer à la mienne. Je suis sans voix, déchirée entre ma culpabilité et une autre voix qui me dit que je n'ai commis aucun crime. J'aimerais mieux me défendre. Si seulement elle me disait que je suis une voleuse, une usurpatrice, une intruse. Anna ne m'accuse de rien, même pas d'être là. Malgré cela, je me sens fautive.

— Ce n'est pas ta faute, ce qui arrive, me dit-il. J'ai, moi aussi, à voir clair dans mon attitude.

— Tu sais, j'avais une sœur qui avait une meilleure place que moi auprès de mon père, ajoute Anna. J'en ai toujours souffert. Tout cela ravive cette ancienne douleur.

J'avale ça comme une vague de fond qu'on n'a pas le choix d'avaler. Voilà d'où venait cette impression de déjà-vu. *Chez moi, j'étais la plus petite, celle qui a été bercée plus longtemps que les autres. Moi, je suis celle qui a volé la place de l'autre.* J'en ai toujours été fière, de ma place, je m'en suis toujours sentie coupable aussi. C'est un bien vieux roman!

Maintenant que les choses sont dites, la tension s'apaise. Dire qu'elles sont réglées, les choses… non! Elles sont seulement reconnues, attachées aux bonnes charnières, celles de nos histoires respectives.

J'ai dû leur offrir d'aller manger seuls, en tête-à-tête. J'ai dû m'exprimer vite en prenant Anna par l'épaule, j'ai dû faire ça tout de travers dans la manière, tout de travers dans mon cœur… généreuse par nature et par nécessité… pour me faire pardonner d'exister. Je ne sais plus ce que j'ai fait, mais j'ai cherché, sans pouvoir m'en empêcher, à arranger les choses.

Non, Anna n'a pas besoin d'aller manger seule avec lui, elle se sent mieux maintenant qu'on a joué cartes sur table. Moi, je ne suis pas aussi libérée qu'elle. Je nage en pleine confusion. Je suis prête à inviter, à payer le champagne s'il le faut, à louer l'Acropole pour compenser ma présence. Alors, j'offre d'aller ailleurs qu'à l'hôtel, à la *taverna* si sympathique de l'autre côté de la route. En toute fraternité, Anna emprunte mon maquillage pour camoufler les traces de l'échange que nous venons d'avoir. Cela détend un peu l'atmosphère.

Le repas se passe gaiement, le poisson est frais et bien cuit, les aubergines farcies aussi, mieux assaisonnées que la dernière fois. Quant au vin du pays, il me semble qu'il est meilleur que le chablis. Nous partageons la facture.

De toute la nuit, je ne dors presque pas. J'en ai pour mon compte d'étonnements: d'abord, la façon directe de traiter la question, puis la relâche qui s'est opérée entre nous, une fois les choses dites. Mais quoi faire maintenant? Il ne me vient pas à l'esprit de ne rien faire. J'ai besoin d'agir pour m'apaiser, pour apaiser ma culpabilité, même si je sais d'avance que c'est la pire chose à faire.

Titubante de fatigue le lendemain matin, je me pointe à la classe d'exercice. Pas question d'y faire défaut. C'est Anna qui l'anime. L'idée de lui être infidèle m'est intolérable. J'ai dû me soucier à outrance de ses pieds mouillés ou de sa serviette plus humide que la mienne, je ne me rappelle plus le détail...

— Tu n'as pas besoin de prendre soin de moi, me dit-elle.

— Mais je sens que tu vas me haïr...

Cela m'a échappé. Elle a l'air étonnée.

— Mais ta sœur, elle te hait?

— Je ne sais pas... elle devrait.

Nous en restons là.

J'assiste au travail du matin avec une attention toute mitigée.

Tu n'as pas besoin de prendre soin de moi... Elle m'enlève la possibilité de payer ma place. Je sens que je vais lui être redevable pour l'éternité. Et je m'en veux. Et je me dis que jamais je n'aurais dû céder à la tentation de vivre une relation privilégiée avec Al Lowen. Et je fais le serment de mettre un frein à cette espèce de jubilation régressive qui m'appelle, qui m'invite. Et je me condamne dorénavant à une sagesse qui ne prêtera flanc à aucune critique, encore moins à la rivalité. J'en conclus que je suis une hystérique encore sensible aux miroirs aux alouettes. Voilà!

Un peu plus tard, ils vont prendre le temps, Anna et Al, de régler leur conflit. Je ne sais rien de ce qui s'est passé. C'est leur affaire. Enfermée dans ma chambre, j'ai seulement compris, au bruit, que dans le bungalow, un peu plus loin, on s'expliquait. Cela me fait grand bien. Je sens un poids en moins sur mes épaules.

Al me dira plus tard:

— J'ai ma part dans tout ça. Je suis peut-être un *beau salaud**, finalement...

---

* Expression utilisée en français par Lowen lui-même.

Je n'ai pas à trancher cette question-là et je ne sais toujours pas à quelle conclusion il en est venu. Moi, je sais ce que je ferai à l'avenir. Je garderai ma place, mes distances. Je quitterai la table des chefs; je trouverai auprès des autres mes alliances. Bref, je renonce à la faveur. L'enfant chérie, c'est fini!

En dépit des apparences, la position du cadet ou de la cadette de la famille n'est pas si douillette que les aînés pourraient le croire. Je crois que le fait de venir au dernier rang dans la fratrie est un déterminant aussi puissant que le fait d'être né le premier, du moins en ce qui concerne le type de présence au monde. On connaît le poids que portent les aînés. On parle peu des benjamins qui, eux, paraissent avoir la plus belle part. Pourtant, profiter de la chaleur du père en regardant du coin de l'œil la douleur qu'on inflige à l'autre n'a rien de confortable. On a le malin sentiment d'être des usurpateurs, des voleurs d'affection. Mais on n'y peut rien, c'est la force des choses. Et c'est une dette qu'on se sentira obligés de rembourser toute sa vie.

Se pourrait-il que certains benjamins passent leur vie à se demander s'ils ont le droit de profiter des bonnes choses qui leur arrivent? Leur crime, celui du plus petit, n'est pas d'avoir fait souffrir l'autre. Leur culpabilité vient du seul fait d'avoir été là. Celui ou celle par qui le malheur de ses frères et sœurs est arrivé. Ne lui reste plus qu'à payer sa place, à rembourser ceux qui ont été lésés. C'est ce que je vis depuis trois jours avec Al et Anna.

Mes braves résolutions, fruits d'une nuit d'insomnie, ne vont pas durer, *mea culpa*! Le soir même, j'accepte le Metaxa, bien résolue la prochaine fois à...

Anna est une femme particulièrement «nature». Une fois que les choses ont été clarifiées, elle n'hésite pas à reprendre sa place à table et à partager l'apéritif sans plus de cérémonie. Le grand groupe termine souvent son travail plus tôt que le petit groupe d'Anna. Al et moi sommes déjà au Metaxa quand elle nous rejoint. Si je suis en train de soigner la jambe malade, elle s'assoit avec nous sans s'avancer sur la pointe des pieds comme elle avait pris l'habitude de le faire. Elle est chez elle. Comme il se doit quand on est à sa place, elle prend son dû, en toute liberté. Je me demande encore si, à sa place, j'aurais pu crever l'abcès aussi simplement. Chose sûre, je viens de participer à une opération sur le vif. Il fallait exciser la tumeur avant qu'elle devienne maligne. La précision de l'opération, la limpidité qui en a résulté et la droiture dont chacun avait fait preuve venaient de sceller une amitié qui ne s'est pas démentie depuis.

XXIII

Le respir amoureux d'un dieu

Jeudi après-midi: repos. Congé, comme quand j'étais petite. La perspective d'un moment libre m'excite. C'est la fébrilité de la colonie de vacances quand on n'a rien prévu à l'horaire. Je n'ai vu de la Grèce que l'Acropole, le musée, un aperçu d'Athènes. Je me précipite à l'arrêt d'autobus, direction Sounion. D'autres comme moi espèrent voir le soleil se coucher entre deux colonnes du temple de Poséidon.

L'autobus est une expérience en soi. Un petit bureau aménagé au centre de l'allée est le royaume du contrôleur. Un homme (au retour, ce sera une femme) règne sur ses formulaires et sur ses tickets avec une autorité indiscutable. Il y a trois commis du transport dans ce petit car. Un conducteur, un contrôleur et un autre qui fait la navette entre les deux: je ne suis pas arrivée à découvrir pourquoi. La route qui mène à Sounion longe la côte. Il fait beau, encore chaud à cette heure du jour, il y a de la gaieté dans l'air.

Et voilà que nous grimpons, que le moteur toussote, que des ratés font craindre le pire… jusqu'au moment où nous émergeons sur un piton: pas de maisons autour, une boutique de souvenirs, un bar, puis un sentier, c'est tout.

Comme les autres, j'emprunte le chemin de terre et de pierraille qui ne laisse rien présager de l'issue. Le sentier oblique à gauche, grimpe encore. Je comprends alors que, malgré la chaleur du jour, le vent frisquet qui balaye ce piton va m'obliger à écourter ma visite. Au tournant, juste devant moi, il est là! Majestueux, inébranlable, une sentinelle ayant survécu à des siècles de rafales: le temple de Poséidon. À cette heure du jour, à ce temps-ci de l'année, les touristes sont peu nombreux. La seule majesté de l'endroit impose le respect. La force de la nature, la puissance du dieu qui veille sur la rencontre de la Méditerranée et de la mer Égée. Au loin, c'est la côte puis la mer, la mer, la mer. Des navires, des bateaux, des voiliers témoignent de l'intensité de la vie maritime en Grèce. Je ne sais rien faire d'autre en ce lieu que de choisir une pierre, un bloc de granit, abandonné là quand l'œuvre du temps a commencé à effriter le fronton du monument, pour m'y asseoir et regarder... Me laisser sentir la présence, la puissance, l'immobilité, la stabilité, l'éternité. Je trouve le courage d'éloigner de moi un compagnon de groupe un peu trop attentif à ma solitude... j'en ai besoin de ma solitude. En ce lieu sacré, le seul silence est de mise.

Je reste là, assise sur mon bloc, je ne sais même plus que je suis si loin de chez moi. Je sens seulement que je suis au monde, quelque part et partout à la fois. Je m'enivre de la pureté de l'air. Les miens me semblent proches, l'immensité crée la proximité et l'intimité quand elle est aussi pure. Je ne bouge plus que pour sentir le vent de la mer qui m'emporte. Si seulement j'avais apporté une laine. Une heure vient de passer, le soleil déjà montre des signes de fatigue. Il va se couvrir, je le vois se nicher entre deux colonnes.

Je redescends vers le bar où tous les autres boivent et rigolent paisiblement. Je m'attable avec eux. Je n'ai pas l'âme à parler anglais, je n'ai pas l'âme à ma bière. Je traîne mon cœur comme un melon trop mûr. J'ai un sentiment de plénitude qui transcende ce que je peux contenir. La vie qui circule à l'intérieur de moi est trop pleine, trop dense, trop riche. J'ai besoin d'aller respirer un peu plus loin. Je ne peux pas exprimer cet émoi dans une langue qui n'est pas la mienne. Alors, je m'esquive discrètement. J'ai froid, je guette le prochain car. Je flâne sur la colline d'en face, une petite butte qui offre une vue sur le temple. Dans la bruyère et les arbustes nains, un petit coin de mousse m'appelle. Il y a là un courant d'air chaud qui me réconforte. Un petit vent tiède, un souffle tendre. Je n'en reviens pas, on dirait le respir amoureux d'un dieu qui savait que j'avais froid. Je consens à l'illusion d'avoir été élue, choisie, caressée, et je m'assois dans la mousse. J'ai chaud, d'une chaleur que jamais je n'oublierai. Et sur mon coussin de verdure (on dirait qu'il m'a attendue), je vois le soleil disparaître entre les bras du monument, flamboyant, audacieux, insolent comme un dieu qui proclame de nouveau sa puissance avant de s'évanouir pour la nuit... Sur ma butte, je n'entends rien d'autre que le vol des oiseaux. La lumière vient de changer de ton. Il se met à faire froid. Au bas du chemin, un petit autobus toussote sa misère, mais n'en grimpe pas moins allègrement la colline qui me sert de nid.

XXIV

Infinie douceur des femmes

On voit venir la fin de la session et avec elle l'urgence d'accomplir ce qui doit l'être. Une petite note de mélancolie flotte dans l'air. L'équilibre entre Al, Anna et moi semble rétabli. Je retrouve ma sœur nouvelle avec un plaisir toujours plus grand. J'ai enfin abandonné cette sacrée manie de vouloir en prendre soin. L'une et l'autre nous en trouvons beaucoup mieux.

De plus en plus libre de mes mouvements, moins compulsive dans ma capture des belles pièces de travail de Lowen, je m'invite, en ce dernier matin, chez Anna. J'aime observer la manière des femmes. Anna est naturelle et spontanée, droite et intense. Elle a un regard de femme, un toucher de femme. Je me sens complice avec elle, fière de la voir évoluer dans son élément. La chambre où elle travaille est spacieuse, ouverte sur la mer. Un généreux bouquet de fleurs embaume la délivrance des uns et des autres.

Je suis d'une humeur gaie, encore inspirée par ce lieu sacré qu'est Sounion. Le corps à la relâche, l'âme sans défense, Poséidon veille sur moi. Je me sens d'une confiance au monde à toute épreuve.

Adélaïde demande à travailler. Elle est atteinte d'une maladie du système musculaire, sorte de polio qui la paralyse des quatre membres. Elle se déplace en fauteuil roulant, constamment accompagnée d'une jeune fille. Elle a le visage lisse et souriant de ceux qui ont choisi de vivre intensément, malgré l'épreuve.

Depuis la veille, Adélaïde est envahie par la colère. Une force en elle demande à jaillir, mais se heurte à des barrages. De son bras droit, elle peut frapper, tant bien que mal. Elle se met au travail pour déterrer le NON qui l'habite. Son geste est saccadé, on entend derrière sa voix frêle la puissance d'un refus qui ne date pas d'hier.

Quelle corde vient-elle toucher en moi? Je ne sais pas. Elle n'a pas plus tôt commencé son travail que ma bonne humeur du matin sombre à pic. Je me sens perdue, submergée. Ma mère fait irruption chez moi, elle se répand dans ma poitrine, j'étouffe. Je ne sais pas pourquoi, je ne sais pas comment, je ne cherche pas à savoir. J'ai beau regarder Adélaïde, rien en elle ne me rappelle ma petite mère. Une vague de culpabilité m'envahit comme si j'avais condamné à mort la pauvre femme qui m'a élevée.

Emportée par cette vague, je disparais sur la terrasse. M'agrippant à la rampe de la galerie, j'essaye de contenir le chaos. Une seule rengaine, toujours la même: *Pauvre maman!* Je suis inconsolable. Moi qui venais ici en dilettante, en observatrice, comme une sœur curieuse de voir travailler son aînée. Qu'est-ce qui m'arrive, bon sang, qu'est-ce qui m'arrive? Je suis bien tentée de filer à l'anglaise, de regagner mon bungalow par la rive. Dans la salle derrière moi, le travail d'Adélaïde tire à sa fin, elle en a presque terminé avec sa colère. Mais je ne peux plus m'arrêter de pleurer, les sanglots me secouent… je chavire.

Par la porte ouverte qui donne sur la terrasse, je sais qu'Anna m'a vue. Elle demande à celle qui s'est levée de me laisser une partie de son temps. «Je crois que quelque chose d'important cède chez elle. Ce serait bien de lui donner la chance d'aller jusqu'au bout.» Je n'ai rien à dire, sinon que je suis envahie par la présence de ma mère, une pauvre petite femme qui a fait ce qu'elle a pu, désœuvrée, abandonnée. Je n'ai pas la force d'expliquer ce qui se passe. J'ai un besoin, un seul: pleurer, lâcher la tension, me laisser dériver.

Anna m'a seulement ouvert les bras et j'ai enfoui ma face dans sa poitrine, comme on fait quand on est perdue et qu'on a cinq ans. J'ai relâché mon indéfinissable malaise. Une vraie débâcle! Celle qui m'a cédé sa place est venue s'asseoir dans mon dos, infinie douceur du soutien des femmes. Car c'est bel et bien une histoire de femmes que celle-là.

Anna aussi sait suivre sa piste. Elle sait que mon effondrement doit prendre son sens dans le contexte de ce que nous avons vécu durant la semaine, elle, Al et moi. Et tout s'éclaire quand elle dit: «Ce n'est pas seulement la place de ta grande sœur que tu occupais auprès de ton père. Et ta mère, elle avait encore sa place auprès de lui?»

Non, ma mère n'avait plus de place. Non pas à cause de moi, je le sais maintenant. Ce pauvre couple a tant souffert de ses silences, de ses maladresses, de sa plus grande méprise. Moi, je savais cela, je le sentais. Petite, je les comblais l'un et l'autre en compensation de leur trop grande douleur. Je les voyais, misérables dans la prison de leur chasteté. Je captais tout cela et bien plus encore en me croyant responsable du gâchis. Anna, sans discourir — parce qu'elle ne discourt pas, Anna, elle sent — m'aide à exhumer la culpabilité que cette trop chaude place dans la famille a engendrée en moi.

La face trempée, enfouie sans pudeur dans la poitrine d'Anna, je me sens fondre... comme la croûte de neige au printemps. Mon excessive responsabilité, non! *ma culpabilité* cède sous son propre poids. Les muscles de mon dos démissionnent. Je les entends qui pètent comme des élastiques. Seule une sœur peut comprendre ça.

Une fois le groupe parti, nous restons ensemble, elle et moi. Pour la première fois, nous parlons longuement de bien d'autres choses. Nos histoires d'amour, nos histoires de femmes, nos histoires professionnelles. Anna, elle aussi, est une femme responsable. Ce métier nous expose à recevoir les tensions des autres. En cette fin de matinée, Anna est fatiguée. Parce que les choses sont de plus en plus claires entre nous, cette fois, elle finit par accepter le massage que je lui offre. Une main de femme sur un dos de femme, refuge de leurs peurs et de leurs sempiternelles responsabilités. En m'approchant d'elle comme je le fais en ce moment de grâce, je sens venir la séparation. C'est la Grèce qui fuit sous mes doigts, son soleil, sa douceur, sa chaleur, et ses petits enfants qui s'endorment dans les bras de leur père, à une heure du matin, dans une *taverna* animée, avec des chats partout, des chats et encore des chats, à l'affût du poisson qui reste dans les assiettes.

La session se termine à la piscine dans une liesse sans pareille. Pour se jeter à l'eau, tous les autres avant moi ont utilisé la glissade. Je suis la dernière. J'ai toujours eu une peur morbide de me jeter à l'eau, malheureux héritage de mon père, lui-même traumatisé par un drame familial. Mais aujourd'hui, grâce à la complicité bon enfant des uns et des autres, je n'en finis plus de plonger sans me pincer le nez.

Étendue en étoile sur le dos, en flagrant délit de béatitude, je sens qu'une main tout à coup vient caresser mes pieds. C'est Anna qui me dit que tout va bien entre nous. Cette caresse-là suscite en moi ce qu'il est permis d'appeler, je crois, un regain d'innocence. Et déjà, c'est la fin.

La Bretagne

XXV

La petite maison sur le Golfe

Il faut bien les quitter, Anna et la Grèce. Il est sept heures du matin, elle s'est levée au petit jour pour nous dire au revoir. Al et moi nous envolons pour la France, pour une autre session. Anna restera encore un peu en sa terre natale avant de regagner l'Amérique. Dans le taxi, nous sommes en suspens, déjà étrangers à cette Athènes qui, le lundi matin, se remet lentement au travail, monte ses étalages et relève avec fracas les rideaux de fer de ses boutiques. L'airbus où nous nous entassons comme des sardines file vers la France. Al déteste l'avion. Moi, j'ai froid. On me fait comprendre que la classe touriste dans laquelle je voyage ne me donne pas droit aux couvertures. Je bondis, Al met la main sur mon bras. Pas d'histoires. Le chef de bord qui vient à passer par là corrige le tir et m'apporte deux couvertures. Je me calme. Avec les drachmes qui traînent dans ma poche, je commande du champagne. Je ne consulte pas mon voisin. J'offre à boire et il trinque sans se faire prier. Il est dix heures du matin. Question de transiter dans l'allégresse, de quitter pour arriver ailleurs. Je n'aime pas ces journées de déplacements, lui non plus.

À Orly, c'est la course. Changer les billets de T.G.V., vite un taxi pour Montparnasse, trouver le wagon, changer de siège pour un non-fumeur, descendre les bagages, remonter les bagages, téléphoner à Jean-Marc. Jean-Marc, c'est notre Anna en Bretagne. Comme c'est amusant! On dit d'Anne de Bretagne qu'elle était la duchesse en sabots de bois. Jean-Marc a quelque chose d'un monarque. Un monarque en sabots de bois. Il est rond comme un moine zen. Je l'ai toujours cru responsable de l'importation d'Épicure en Bretagne, de même qu'on lui doit d'avoir introduit l'analyse bioénergétique. C'est chez lui que nous allons.

Je sais qu'il vient nous chercher à la gare, mais j'ai besoin de lui téléphoner du train pour me rassurer. «Comment voulez-vous communiquer par téléphone, nous sommes dans un tunnel?» me dit le contrôleur en haussant les épaules comme pour ajouter: «Pauvre innocente!» Je réponds en feignant un étonnement voulu: «Comment, on communique seulement à ciel ouvert dans ce pays?» Le contrôleur ne répond pas, j'ai marqué un point. Vieux réflexes pour le tac au tac, me voilà bien en France. La joute est commencée, c'est à qui trouvera l'argument sans réplique. Cette petite altercation sans conséquence m'amuse. Je suis fatiguée, mais encore d'attaque.

Quand je regagne ma place, je suis en nage. Al regarde par la fenêtre une France blafarde, bruineuse, nuageuse. Je suis inquiète au sujet de son genou. Nous avons tant cavalé aujourd'hui. Je pousse les valises pour que mon patient étende sa jambe. «Tu me traites commme un infirme.» J'éclate de rire. Cette remarque ne m'étonne pas de lui.

Il piaffe mais obéit. Il ne veut pas voir qu'il ne peut plus tout faire. Ce genou n'a rien d'encourageant... je continue à prendre les devants. J'ai même un malin plaisir à lui tenir tête. Il proteste pour ensuite me laisser faire. C'est pour moi un joyeux mélange de sollicitude et de prise en charge. J'ai conscience du plaisir que je m'offre à en prendre soin. J'en abuse peut-être. Bof!

À Chartres, il dort déjà. J'ai l'œil ouvert. Le Mans... Rennes... Grise en ces premiers jours d'octobre, la Bretagne me glace. Je n'ai pas pris de vêtements chauds. Je vis encore sous le climat méditerranéen que j'ai envie d'emmener avec moi. Mais j'ai beau me pavaner en robe du sud, il fait de plus en plus froid. Nous sommes en queue de train. À Nantes, il bruine, les bagages sont trop lourds. Jean-Marc n'est pas sur le quai. Nous sommes partis depuis bientôt dix heures, et encore loin de Vannes où nous allons. Je porte la fatigue du voyage, la charge d'émotions que j'accumule depuis dix jours est encore bien plus lourde. La relâche est imminente, vivement la chaleur de Jean-Marc!

Avec sa chemise rouge et ses pantalons d'or, nu-pieds dans ses sandales, la queue de chemise au vent, mon Breton débouche au pied d'un escalier. Je perds d'un seul coup une quarantaine d'années. Enfin, mon refuge, mon *teddy bear*! Solide, chaud, moelleux. Tout frais, tout neuf et tout content de nous voir. Faut le

connaître pour savoir qu'il sait accueillir. Avec mes valises qui me
tombent des mains, se répand aussi mon trop-plein. Je me laisse
bercer, j'enfouis mon nez dans sa chemise rouge, il comprend tout
sans rien demander. «Allez, c'est moi qui prends le relais, maintenant.»

Des amis bretons nous ont mitonné un repas qui vous remon-
terait des voyageurs venus d'Indochine. Des vins comme les Français seuls savent les faire vieillir. Des huîtres cueillies la veille, fraîches, généreuses et juteuses. Et avec ça, un «cochon» petit gâteau
qu'on ne trouve que là-bas, chez un tel, de Rennes ou de Quimper.
Ah, les «maudits Français», comme on les aime quand on a faim!

Ma fatigue se dissout dans la convivialité. J'ai la chaude sensation d'être rentrée. J'ai toujours été chez moi dans la maison de
Jean-Marc. Une petite maison comme un œil ouvert sur le golfe du
Morbihan, comme un iris, dont la couleur change avec les marées,
avec les humeurs de la Bretagne. Autour de la table, des blagues,
des chansons, un bon coup... Je délire avec un ravissement que je
ne cherche plus à cacher. Soudain, Al se lève. Il semble avoir pré-
paré le coup de sa vie pour nous épater. Il sort de ses bagages des
cassettes de chansons françaises, de celles qui ont bercé ses études
de médecine en Europe de 1947 à 1951. Jacqueline François le fait
encore rêver, Vicky Authier peut-être encore plus. On se met même
à danser et tant pis pour le genou malade. L'heure est au romantisme et à Saint-Germain-des-Prés, la guerre est finie, la folle est
lâchée, et avec elle, un beau vieux fou qui s'offre une échappée sur
les rengaines de ses quarante ans. Quelle soirée!

XXVI

Marianne et sa sexualité

Berder est une belle petite île à quelques centaines de mètres de la côte. À marée haute, un passeur attend les «pèlerins». Cet homme buriné manipule son aviron comme s'il s'agissait d'une extension de son pouce. Pour traverser d'une rive à l'autre, il manœuvre contre le courant, à contresens du mouvement de l'onde. Il sait composer avec la marée montante, lui parler en silence, l'apprivoiser. Du matin au soir, il passe d'une rive à l'autre. Beau symbole, ce passeur, pour ce que nous sommes venus faire ici. C'est une autre session qui commence, en français celle-là.

Pour se rendre au pavillon central, il faut marcher, son bagage à la main, comme en vieille France, au dix-huitième. Dans un jardin luxuriant poussent encore ici des palmiers. Une longue allée bordée de platanes, des pies, les parfums du varech, des bruits de voix, des cris d'enfants en colonie, puis la maison: un ancien monastère, un refuge... un lieu unique, d'une simplicité qui appelle le dépouillement et la vérité.

Les uns et les autres arrivent par grappes. Je les connais presque tous, ce sont mes amis, mes cousins et cousines d'outre-mer. Nous sommes moins d'une vingtaine, nous parlons notre langue maternelle. Lowen confond «queue» et «cul» mais qu'importe, il aime parler français. Nous nous amusons à lui apprendre les nuances, nous rivalisons de précision et d'expertise. Il nage en pleine nostalgie de son époque française.

De toute évidence, son genou prend du mieux, mais la fatigue du voyage, la surcharge de travail m'inquiètent. Je le surprends parfois en flagrant délit de lassitude. Machinalement, il frotte sa jambe malade. Cela me préoccupe, j'ai du souci. Je sens à quel point cet homme m'est précieux, à quel point j'y tiens. J'ai caché dans ma valise un fond de Metaxa.

Je m'occupe de sa jambe, il apprécie. Ces soins me procurent un peu de l'intimité que j'ai connue avec lui, en Grèce, intimité que la vie de famille d'ici rend presque impossible. Il y a dans l'air une gaieté et une fraternité rares. On n'en finit plus de se reconnaître.

Il parle, ici aussi, de la joie. De la nécessité de s'ouvrir par les pleurs, de respirer dans sa propre douleur pour accéder à la félicité, elle-même ouverture et accueil de ce qui est en nous.

Puis commence le travail. Chacun notre tour, nous allons au milieu de la pièce, souvent en tremblant, et pourtant nous avons tous terminé notre formation de thérapeute, certains depuis quinze ans. C'est pour dire...

Marianne est aux prises avec une solitude qui ne devrait pas être. Elle a de beaux enfants, un mari, une vie professionnelle florissante, elle devrait être heureuse. Et pourtant... Elle se présente avec un mal de dos qui ne la lâche pas, matin et soir. Femme de carrière, femme engagée, préoccupée d'éducation, elle boit son café le matin en préparant le lunch des enfants, trimballe sa tasse dans la salle de bain quand elle va prendre sa douche, en ressort avec une tasse à moitié vide qu'elle remplit au passage en finissant de tout ranger dans la maison, entre deux gorgées s'informe des déplacements de son mari, récapitule à haute voix les horaires des uns et des autres... Bref, Marianne a peu de temps pour elle-même. Elle veut, elle doit garder son indépendance. Ce mal de dos du matin, elle le maîtrise par des exercices. Le mal n'évolue pas, il s'accroche. «Je m'en sors par la colère», dit-elle. Dans l'action, en pleine bataille, elle ne sent plus sa douleur. Dès qu'elle se «tendrifie», aïe! le spasme. Elle a cherché depuis qu'elle est femme à sortir de ce dilemme bien connu: pour combler sa solitude, elle se donne à l'homme; mais à force de se donner, elle se perd à elle-même. Ou bien elle ne se donne pas, mais alors elle reste seule.

Elle en a assez d'être une jolie fille, une mignonne petite femme, gentille et obéissante, conforme avant tout aux attentes de l'homme.

— Les hommes n'en veulent pas d'une femme qui s'affirme. Ils en ont peur, dit-elle.

— Mais tu n'en as rien à faire, des hommes qui ont peur des femmes, dit Lowen. Tu n'as rien à gagner en étant gentille avec eux.

Tu peux les envoyer au diable. Mais s'ils reconnaissent qu'ils ont peur et s'ils sont ouverts, alors ça, c'est autre chose.

Silence. Il s'approche d'elle et lui prend le bras.

— Dis-moi. Ton père, il te demandait d'être une gentille petite fille?

— Mon père? Il ne voulait que ça, que je sois une charmante enfant. Cajoleuse, séductrice, obéissante, féminine et le reste. Mais attention, je n'avais pas le droit de m'en approcher. Et lui, il me regardait de loin. Je savais que j'étais tout pour lui, mais il ne me prenait pas vraiment. Il ne me touchait pas. Tout devait se passer dans le silence, dans la distance. Et maintenant, je sens que j'ai tellement besoin d'amour. Par moments, je suis prête à me perdre pour avoir ça. Pour avoir la chaleur, la plénitude physique. Après, je m'en veux, je suis en colère parce que je me suis perdue. Et c'est très long à rebâtir, quand je me perds de vue. Mais que faire quand on est privée d'amour?

— Tu n'as pas besoin d'autant d'amour, toi non plus. C'est la petite fille en toi qui crie qu'elle a un si grand besoin. On en a tous besoin un peu, on aime tous en avoir beaucoup. On n'en a pas besoin à ce point. Si tu peux exprimer ta colère contre cet homme qui t'a gardée dans ce dilemme, tu seras peut-être libérée du besoin de contact, de la contrainte, de l'obligation du contact.

Il invite Marianne à frapper avec les jambes et à crier aux hommes qui ont peur des femmes d'«aller au diable»! Elle s'exécute avec une ferveur qui ne ment pas. «Va te faire foutre, va te faire voir, je t'emmerde», et j'en passe. Elle a du vocabulaire, la Marianne. De toute évidence, la tension dans le bas de son dos s'est relâchée. Elle est au bout de ses forces. Je le confesse, je ris sous cape, (excuse-moi, Marianne), amusée par tant de volubilité. On trouve ça drôle, on trouve ça irrésistible quand les enjeux des autres recoupent les nôtres. C'est l'anxiété qui file par là. Son ardeur n'est plus celle d'une gamine, c'est celle d'une femme en révolte.

Et derrière cette révolte, il y a une grande tristesse. Pourquoi donc porte-t-elle en elle cette peine, fatalité de sa vie de femme amoureuse?

— Tu peux exprimer ta peine et demander pourquoi. Dis: pourquoi? lui suggère-t-il.

— Pourquoi, pourquoi, pourquoi…

Elle se lamente. C'est chaque fois dans un long sanglot qu'elle laisse échapper ce pourquoi. Marianne s'effondre. Elle se rend à son amère déception de petite fille. Elle repose là, étendue, sans force, mais calme et rose. Sa respiration est libre, elle n'a plus de douleur. Elle est seulement infiniment triste.

Alors, Lowen lui propose de plier les jambes, couchée sur le dos, et de retenir entre ses genoux une serviette roulée qu'il tente, lui, de lui enlever. La consigne: serrer les genoux et garder la proie. Marianne se livre au combat avec une force insoupçonnée. C'est d'abord la rage qui la fait tenir. Elle serre les dents et s'agrippe au matelas. Elle coince la chose entre ses genoux et se démène comme un fauve: elle ne rendra pas sa proie.

— Pousse les fesses dans le matelas, dit-il, tu auras plus de force pour retenir.

Elle mord, la Marianne, elle mord et pas seulement avec la bouche.

— Ouvre la bouche et dis: «C'est à moi.»

Voilà qu'elle se déchaîne et se met à rire en disant:

— Tu ne l'emporteras pas en paradis.

Lui, il serre les dents, puis il se met à rire, il s'amuse. Ils sont forts, tous les deux! Elle, c'est un fauve, une tigresse, une femelle qui a des serres. Lowen nous jette un clin d'œil complice, l'air de dire: *Elle se défend bien, la lionne.* Un peu plus, on se mettait tous à crier comme à la Coupe du Monde, les hommes pour l'encourager, lui, les femmes pour Marianne: *Lâche pas, Marianne! C'est pour nous toutes que tu te bats, lâche pas, Marianne.* Tout cela est d'une ambiguïté qui nous fait rire de bon cœur. Elle se bat bien, notre amie. Elle est loin d'être vaincue, cette femme qui se dit trop gentille.

Et la voilà heureuse, elle sourit de toutes ses dents, laisse s'échapper de grands éclats de rire qui déboulent et résonnent dans cette salle toute vitrée. C'est l'allégresse à pleine gorge. «Ah, si c'était toujours comme ça, ce serait superbe!»

— Mais ça peut être toujours comme ça. Les hommes ont peur de se donner, d'ouvrir leur cœur et leur sexe. Les femmes ont peur de prendre et de garder. C'est la peur qui bloque la sexualité. Regardez les animaux. Croyez-vous que la femelle demande la permission au mâle pour se servir et vice versa? Pas du tout. Les deux se servent l'un à même l'autre. Il est faux de croire que la femme, pour être sexuellement épanouie, doit s'abandonner à l'homme. Quand tu exposes ton sexe vers l'avant, comme une petite fille, tu t'abandonnes, tu n'as pas de prise. Quand tu pousses tes zones génitales vers l'arrière, dans le matelas, ce que tu dis alors, c'est: «Cette sensation-là est pour moi». Vers l'avant, tu laisses aller. Vers l'arrière, tu gardes. Pour qu'une femme puisse avoir un véritable orgasme, elle doit mordre le pénis avec le vagin. Quand les petites lèvres sont gorgées de sang, elles deviennent dures, elles mordent comme des dents. Elles encerclent le pénis et tètent comme un enfant suce le sein. C'est l'orgasme. Et l'enfant est avide de garder le sein et la mère aime qu'il soit avide. C'est une sensation très grande pour elle que de sentir son petit qui se gave. Tu dois d'abord apprendre comment garder la sensation pour toi. Alors seulement, tu peux céder, te laisser aller, consentir à t'abandonner. C'est à toi-même que tu cèdes, pas à l'autre. Les femmes en pleine possession d'elles-mêmes ne se livrent pas. Elles prennent l'homme, et c'est bien différent. L'idée que l'homme doit faire jouir la femme est une croyance fausse et pernicieuse. La nature des choses n'est pas ainsi. L'homme est là pour prendre la femme et la femme est là pour prendre l'homme. En quelque sorte, on peut dire que les deux sont agressifs à ce moment-là. Les deux se donnent du plaisir à se prendre l'un l'autre. C'est ça, une sexualité adulte.

— J'ai déjà dit à mon mari de se servir, mais je me sentais à contre-courant de notre culture, dit l'une d'entre nous.

— Mais pourquoi pas? répond Lowen. Si tu ne te sers pas, tu sers l'autre. On sert un maître. Même la mère n'est pas là pour se donner à son enfant. Elle est là pour elle-même, heureuse d'avoir un petit. Alors, elle lui donne ce dont il a besoin, mais elle ne se donne pas à son enfant. Se donner, combler l'autre, s'abandonner à l'autre, faire jouir l'autre, c'est un message névrotique de la culture moderne. La question n'est pas d'être là contre l'autre, ni pour l'autre. La vie, c'est d'être là pour soi-même.

XXVII

Bernard en silicone

Assez d'enjeux de femmes... Un homme se lève. Il s'appelle Bernard. Des biceps terribles, des pectoraux en silicone, des épaules si développées que les bras, ballants, ne peuvent plus toucher les côtes. Les poings sont fermés.

Le bas du corps donne une autre impression. Le sexe est bien protégé par deux cuissots de sanglier, non moins musclés que le reste. Comme s'il y avait là une petite fragilité. Les mollets rivalisent de volume avec les cuisses de mon voisin, pourtant très bien constitué. On dirait Atlas avec une tête d'enfant. Des cheveux bouclés qui tombent sur le front, des yeux inquiets, souvent durs, froids, à moitié fermés. Quand il s'avance vers quelqu'un, Bernard a l'air de dire: *Veux-tu te battre?* même si c'est pour l'étreindre.

Il raconte qu'il a été battu par son père. Chaque jour il a été battu, la plupart du temps sans savoir pourquoi. Le père arrivait à l'improviste, souvent par derrière. Quand il lui faisait face, Bernard se tenait droit comme un petit homme, froid, les yeux fixes, et ne bronchait pas. Il encaissait le coup, se relevait et se replantait sur son socle, impassible, inatteignable. Hors de lui, le père ne s'arrêtait qu'au moment de porter le coup qui aurait été fatal à son fils, qui l'aurait conduit, lui, l'agresseur, devant les tribunaux. Le petit demeurait de pierre, vide et seul, seulement satisfait de n'avoir pas courbé l'échine. Et le jour suivant, tout recommençait.

Voilà pour l'enfance.

— Qu'est-ce que tu ressens par rapport à tout ça? attaque Lowen.

— J'ai peur...

— Peur de quoi?

— Peur d'être battu par mon père.

— Très bien. Plie un peu les genoux pour sentir tes jambes, avance le bassin, oui, comme ça. Tu vas prendre appui sur la chaise derrière toi pour arquer ton dos et avancer le bassin[1]. Comme ça, tu peux garder ton équilibre et charger les jambes. C'est ça, soulève les talons, il y aura encore plus de charge.

Sur la pointe des pieds, Bernard est totalement vulnérable. Il offre son abdomen aux coups du premier venu. Il tient du bout des doigts la chaise derrière lui, il ne peut en aucune façon se défendre. C'est une évidence pour tous: dans cette position, Bernard devrait trembler de peur. S'il recevait un coup, il ne pourrait qu'encaisser et s'effondrer. Se tenir debout comme une pierre, pas possible maintenant. Son système de défense est mis hors de service. Sur le plan corporel, du moins.

— Je ne sens rien, dit l'homme.

— Tu as peur de moi? demande Lowen.

— Je ne sais pas... peut-être... oui, je crois...

— Soulève encore un peu plus les talons, plie davantage les genoux...

— Je ne sens rien dans les jambes... j'ai peur de toi, j'ai peur que tu me fasses mal.

— C'est vrai que tu as peur. Mais tu n'as pas peur de moi. Tu as peur de ME battre, ce n'est pas la même chose.

Lowen fait souvent le pari que ce qui est exprimé au sujet de notre peur de l'autre s'applique en réalité à la peur que nous inspire notre propre agressivité envers l'autre. Quand un enfant a été battu, il est inévitable qu'il pense à battre l'autre. Et quand on a la force de Bernard, on sait qu'on peut tuer. Cette peur-là est tellement grande que toutes les défenses sont mobilisées pour la contrer, en particulier la dénégation.

— Ce n'est pas du tout ce que je sens, je n'ai pas envie de te battre.

S'installe alors dans la salle un grand silence. Bernard a l'air furieux. Il serre la chaise qui est derrière lui et ses doigts sont blancs. Il grince des dents. Il est immobile, on dirait une sculpture de pierre. Lowen est assis, balance le pied négligemment et réflé-

---

1. Voir figure III, p. 257.

chit. Il regarde par terre, jette un coup d'œil sur Bernard, puis tout à coup, s'adressant à nous:

— Vous voyez, il va résister. Il doit résister. Si moi, je veux qu'il sente ses jambes, il ne les sentira pas. Si moi, je veux qu'il pleure, il ne pleurera pas. Résister, c'est le seul moyen qu'il connaisse pour sauver un petit peu de lui-même. C'est ce qu'il a fait avec son père, il a résisté. Alors, il ne peut plus faire autre chose que de se poser contre l'autre, d'abord contre. Ce qu'il dit en agissant ainsi, c'est: «Tu ne peux pas me détruire complètement.» Heureusement qu'il a fait ça quand il était petit. Cela lui a sauvé la vie.

Durant ce discours qui n'a pas l'air de s'adresser à lui, Bernard est atteint. Ses jambes se mettent à vibrer et des soubresauts assez spectaculaires le secouent de la tête aux pieds. Les jambes sont gonflées comme des outres qui vont éclater. Sur son visage, une grimace qui en dit long sur sa douleur.

Il siffle entre les dents:

— Je vais lâcher...

Et Lowen de lui ordonner, autoritaire:

— Non, tu ne vas pas lâcher. Résiste encore... encore.

Il est debout à côté de lui, le doigt pointé, le regard menaçant, il a décidé de poursuivre dans la résistance, jusqu'au point de cassure. Le pauvre Bernard tient le coup, s'essouffle, suffoque. On dirait qu'il va se fendre. Nous voilà revenus trente ans en arrière dans l'histoire de cet enfant.

— Je ne peux plus tenir.

— Mais oui, tu peux tenir encore, l'exhorte Lowen.

Poussé à bout, hors de lui, Bernard s'écrie:

— Je ne veux pas plier, je ne plierai pas.

Tout son corps bandé est pris de violentes convulsions. Nous avons tous les épaules tendues et les mains moites. Si seulement il pouvait lâcher, me dit ma nuque épuisée. Lowen ne fait rien, il le regarde se débattre, il attend que le corps cède. Il amplifie la tension.

Cette danse infernale me paraît durer des heures. À bout de muscles, le corps finit par fendre au niveau des genoux. Les jambes ont lâché d'elles-mêmes.

Maintenant par terre à genoux, Bernard s'appuie au sol sur un poing; de l'autre poing, il frappe sa cuisse. Cela n'a rien d'un effondrement. Atlas est tout simplement vaincu. Quant à sa mâchoire de fer, c'est à peine si elle laisse s'échapper un *Merde* qui en dit long. Humilié, il reprend convulsivement son souffle.

— Ça, c'est la folie. Il a peur, il fait face, mais il est vaincu. Son père gagne, lui, il perd. Il devient fou.

Bernard écoute tout ça en faisant non de la tête. Péniblement, il se relève et commence à remettre sa chemise. De toute évidence, Bernard a décidé qu'il en avait assez. Lowen proteste.

— Hé, viens ici un moment. Installe-toi sur le tabouret.

Il hésite un peu, lance la chemise dans un coin de mauvais gré et s'exécute. Il couche l'acier de son dos sur le banc, tend les bras vers l'arrière et s'arc-boute en enfonçant ses pieds dans le sol. (Voir figure I: p. 257.) On croirait que des agrafes servant à retenir côte à côte les pectoraux vont sauter. Il respire avec peine, comme si chaque soulèvement de sa poitrine était le dernier. Survivre dans cet état est un labeur de forcené. Cette image est pénible... *Si seulement tu lâchais...* souhaitent sans le dire ceux qui sont là. Mais il a du ressort, notre ami.

— Ça fait mal, crache-t-il entre deux râles. Ça fait terriblement mal dans la poitrine.

— Mais bien sûr que ça fait mal... qu'est-ce qu'il pourrait faire maintenant? dit Lowen en s'adressant à nous. Et je réponds d'un ton presque suppliant:

— Pleurer, grand Dieu, pleurer.

— Mais oui, c'est la seule chose qu'il pourrait faire pour se soulager: pleurer, céder à sa douleur, à sa souffrance. Vous ne pouvez pas tenir le coup éternellement, même si cela vous a sauvé la vie quand vous étiez petit. Vient un jour où vous devez céder, abandonner la lutte.

Bernard se débat toujours.

— Pourquoi ne pleures-tu pas? demande Lowen d'un air innocent.

— Mais je ne peux pas.

— Mais pourquoi?

— Mais parce que ça fait trop mal, bon Dieu!

Bernard est enragé, il souffle, il souffre, mais il garde la position. Du pied, il donne des coups par terre.

— Ça fait mal, que je te dis, tu ne comprends rien, ça fait mal, je me tue à te dire que ça fait mal. Tu es sourd?

Voilà qui est étonnant. Lowen intervient en réfutant énergiquement cet argument.

— Non, non, ça, c'est de la colère contre moi, tu n'arriveras nulle part si tu prends cette voie-là. Quand on a mal comme tu le dis, on pleure.

— Je voudrais bien pleurer, mais je ne peux pas.

Bernard a changé de ton. Il a effectivement abandonné la voie de l'opposition. Alors, Lowen modifie, lui aussi, son approche. D'un ton ferme mais compatissant, il lui dit:

— O.K. Dis seulement je ne peux pas, sans colère contre moi, juste parce que tu constates que tu ne peux pas.

Et Bernard, cet édifice de muscles et de tendons, chuchote d'une voix presque enfantine:

— Je ne peux pas... je ne peux pas...

Lowen s'approche et lui met la main sur le bras, une main ferme, sans aucune condescendance, une main qui indique qu'il a compris à quelle lutte sans merci Bernard occupe ses jours et ses nuits.

— C'est juste, tu ne peux pas, dit-il.

Bernard ne pleurera pas aujourd'hui. Il ne pleurera pas parce que sa gorge nouée et sa poitrine blindée ne lui permettront pas de laisser passer les sanglots. Il faudra pétrir la mécanique pour que le souffle puisse trouver sa voix.

À voir ainsi Lowen ajourner la bataille donne à penser que la reconnaissance de l'impuissance est parfois capitale. Quelques années plus tôt, je crois qu'il aurait fait monter la pression jusqu'à ce que l'autre cède. Aujourd'hui, il abdique. Au lieu de continuer à lutter pour que cesse la lutte (c'était, naguère, un beau paradoxe), il plonge, il accepte ce «je ne peux pas». Je crois bien qu'il dirait lui-même qu'il a changé à cet égard.

— Écoute! dit-il à Bernard. Si tu ne peux pas sortir de ta prison, ne fais rien au lieu de te débattre. Ce qui t'épuise, ce n'est pas tant ton histoire que ta lutte. Tu te bats contre toi-même, tu te bats pour ne pas te laisser aller. De sorte que tu ne peux pas te donner. Tu ne peux pas t'ouvrir, pour ne pas être vaincu. C'était nécessaire quand tu étais petit. C'était capital pour ne pas te laisser détruire. Aujourd'hui, tu continues à tenir le coup. Et tu ne peux ni te reposer, ni t'abandonner à toi-même, ni t'ouvrir à ce qui arrive. Et s'ouvrir, cela veut dire accepter tout ce qui est en toi, le bon et le mauvais. Tu ne peux pas t'ouvrir juste à ce qui est bon. On s'ouvre ou on ne s'ouvre pas. On ne peut pas le faire à moitié. Si tu ne t'ouvres pas, tu ne peux pas aimer et tu ne peux pas te laisser porter par ta joie. Arrive un moment où l'on se connaît, on comprend comment et pourquoi on se débat tant. Alors, on peut continuer à lutter, bien sûr, ou bien on s'accepte tel quel. Quand on cède à soi-même, on se guérit. Céder à soi-même, cela veut dire reconnaître que l'on souffre, qu'on ne peut plus lutter, que notre corps est au bout de ses forces. Alors, on peut pleurer sa douleur. Si tu veux, on va essayer encore demain.

Bernard a repris son souffle, il respire beaucoup mieux maintenant. Songeur, il regagne sa place. Il s'assoit, le corps penché sur lui-même, les coudes appuyés sur les genoux; les gros pectoraux et les biceps détonnent dans cette pose de rêveur. Il tient sa tête entre les mains. Il souffre.

XXVIII

Raphaël, l'homme du monde

La séquence de travail qui suit est incomplète. J'avais stoppé mon magnétophone durant le travail de Bernard. Le processus était long et fastidieux. J'en avais conclu que Lowen tâtonnait. J'avais prévu qu'il n'atteindrait pas sa cible, alors, j'ai coupé. C'est l'inconscient qui tranche. Dans ces cas-là, je me laisse divaguer, j'attends la prochaine belle séquence. C'est une erreur, je le sais. Je donne l'impression que le «Maître» transforme tout ce qui bouge. Que quiconque se présente devant lui sera délesté d'un lot de défenses... C'est inconscient, je l'ai déjà dit! Car Lowen n'est pas un magicien. La réalité est que je n'ai pas de quoi témoigner de l'«ordinaire». Je prends congé quand il ne m'épate pas. Parfois à tort, car je ne saisis pas toujours l'enjeu du travail. Quelquefois à juste titre. Même Lowen rate parfois sa cible. Avec Bernard, je crois qu'il a visé juste. Quand j'ai enfin compris ce qui se passait, j'ai tenté de reprendre le temps perdu. À la hâte, j'ai griffonné les bribes qui étaient encore fraîches à ma mémoire. Mais aussitôt après, il a fallu que je fasse de grandes enjambées pour rattraper la conversation qui était engagée entre Lowen et Raphaël. Cela donne un récit un peu décousu, j'en conviens, mais le thème traité est si cher à Lowen que... voici quand même.

— Alors, tu es contre la lutte. Il faut pourtant lutter dans la vie. Si on veut réussir, on doit lutter. C'est Raphaël qui parle.

Raphaël est bel homme. Classique dans sa tenue, il a toujours le ton juste. Il a le sens des affaires, sans être un affairiste. Il a des manières, il est séduisant, toujours agréable à fréquenter. Raphaël n'a rien d'un parvenu, il a de la classe, c'est un homme du monde.

— Pour réussir quoi? demande Lowen.

— Pour arriver dans la vie, faire des choses, écrire des livres, obtenir une certaine reconnaissance publique...

— Ça ne donne jamais la joie, ça.

— Comment, ça ne donne pas la joie! On est satisfait quand on réussit, on se sent plus gai.

— La satisfaction n'est pas la joie.

— Alors, pour toi, c'est toujours mauvais, la lutte...

— Non, je ne dis pas ça. Quand il y a un ennemi, on doit se battre. Souvent, on dit que l'on se bat. Avec la volonté, on dit ça, mais intérieurement on se résigne. Certains malades, quand ils apprennent qu'ils sont atteints du cancer, perdent toute possession d'eux-mêmes. Ils disent: «Docteur, faites de moi ce que vous voulez.» Et ils suivent à la lettre la prescription du médecin. Ils croient qu'ils se battent. Ils ne font qu'obéir. Au fond d'eux-mêmes, ils sont résignés. La résignation, ce n'est pas le choix de ce que l'on est. C'est souvent la face cachée d'une volonté de vivre[1]. Non pas d'un désir de vivre. La volonté et le désir, ce n'est pas la même chose. Tout comme la résignation et l'acceptation, ce n'est pas la même chose. De même, se livrer au médecin, au thérapeute, à un autre, ce n'est pas se rendre à soi-même. C'est s'abandonner à un autre, ce qui ne veut pas dire que l'on doive renoncer à toute lutte. On doit se battre contre un ennemi identifié qui menace notre intégrité, notre identité. Certaines personnes sont parfois des ennemis à combattre. Alors, il faut mener la lutte si vraiment c'est notre intégrité qui est en jeu. Lutter contre un ennemi réel, c'est fatigant, c'est décourageant, c'est enrageant. On peut reconnaître sa fatigue. À cela, on doit se rendre. Dans cette acceptation de nos limites, on peut s'effondrer et alors se recharger et reprendre la vraie lutte si c'est nécessaire, si notre intégrité est réellement menacée. Mais dans la vie, les circonstances où l'on doit lutter contre un ennemi réel sont plutôt rares. Pourtant, on ne cesse de lutter. C'est ça, le drame. Contre qui te bats-tu quand tu veux réussir?

— Je me bats contre la privation d'une satisfaction, enfin, je ne sais pas... il me manque quelque chose si je ne réussis pas.

— Il te manque la reconnaissance des autres.

— Oui! mais c'est important, ça.

---

1. Lowen, A., *Le cœur passionnément*, Tchou, Paris, 1989 (chapitre IX: «La volonté de vivre le désir de la mort»).

— Bof, ça ne te convaincra jamais que tu es quelqu'un. Cette satisfaction-là est toujours à conquérir, toujours à reconstruire si elle n'est pas à l'intérieur de toi. Tu peux passer ta vie à courir après la reconnaissance des autres. *Good luck!* Mais tu n'as pas répondu à ma question. Qui est ton ennemi véritable?

Raphaël semble savoir sans oser se commettre.

— C'est moi, risque-t-il enfin.

— Voilà! C'est toi. C'est contre toi que tu luttes. C'est ton ego qui lutte contre ton corps. Tu dois te vaincre pour réussir. Moi je te dis que tu dois te rendre à toi-même si tu veux connaître la joie. Et tu cesseras d'être un ennemi pour toi-même.

Apparemment fatigué de discourir, Lowen se lève et propose à Raphaël de se renverser sur le tabouret.

— Vous voyez la rigidité chez lui? Voilà un homme habitué à se débattre. Il est fort et bien constitué, mais raide: il se tient de partout.

Invité à respirer, Raphaël respire. Invité à frapper, Raphaël frappe. Invité à dire «non», Raphaël dit «non». Il fait tous les mouvements comme ils doivent être faits, il s'exécute quasiment à la perfection, il est bon patient et il tient le coup comme il fait tout le reste: très bien.

— Regardez. Raphaël réussit à tout faire très bien, mais il ne se rend pas. Il peut obéir, mais intérieurement, il ne cède pas. Il faut exprimer le non avec ton cœur, plutôt que d'ÊTRE le non.

— Mais je fais ce que je peux... je mets toute ma bonne volonté.

Et c'est là le drame de Raphaël. Il ne fait rien sans sa volonté. Il essaye, par un acte de volonté, de ne plus avoir de volonté.

— Qu'est-ce que ça te fait de voir que tu ne peux plus te passer de ta volonté pour agir?

— Ça me désespère...

Las de se battre, las de l'aveu, Raphaël se cache la tête dans les mains: un sanglot vient de lui échapper.

— C'est bien, mon vieux, laisse aller... pleurer, c'est se libérer de l'emprise de la volonté... c'est cesser de lutter. La vraie force de ton corps est dans sa souplesse. Tu ne peux pas aimer avec ta volonté, tu ne peux pas avoir d'orgasme avec ta volonté. Les hommes qui luttent tout le temps grimacent quand ils ont un orgasme. Comme s'ils gagnaient. Il essayent de se vaincre. Ceux qui se rendent à eux-mêmes vivent une sorte d'extase, d'ouverture. C'est la relâche. Pleurer c'est la relâche et tu en as bien besoin. Pleure, mon vieux!

Se tournant alors vers nous, Lowen dit encore:

— Vous voyez, tout ce que vous pouvez faire en thérapie pour aider votre patient, c'est de l'amener à constater comment il s'y prend pour se battre contre lui-même. Cela doit lui paraître évident à un certain moment. Vous ne pouvez rien faire d'autre que de lui donner des moyens de cesser ce combat inutile. Il doit avoir l'énergie nécessaire pour abandonner ses vieux réflexes de survie. C'est par la respiration qu'il renouvellera son énergie, par ses pleurs, par sa voix qui ouvrira et ventilera son intérieur, par ses mouvements qui seront de plus en plus efficaces, de plus en plus expressifs. C'est alors seulement qu'il aura le choix de se servir de ses défenses au bon moment contre ses vrais ennemis, pas contre lui-même.

Plusieurs d'entre vous connaissez la lutte intestine qui eut lieu à l'Institut International. À ce moment-là, j'ai senti que l'intégrité de l'analyse bioénergétique et que ma propre intégrité étaient menacées. J'ai lutté. Mais je ne luttais pas toujours de la bonne façon. Je me battais avec trop de rigidité. Je n'arrivais pas encore à m'abandonner à mon corps, de telle sorte que je ne pouvais pas faire les gestes appropriés, qui auraient pu restaurer mon intégrité. Durant cette période, j'ai développé une douleur terrible dans une jambe, une sciatique vraiment très sévère. Je faisais des exercices, je me soignais, rien n'y faisait. Un jour, j'étais dans mon bureau et j'ai reçu un coup de téléphone d'une personne qui me demandait quelle était dorénavant sa place dans l'Institut. C'était la personne qui menaçait le plus activement la nature de l'analyse bioénergétique. À ce moment-là, j'ai senti que ma colère était limpide. Elle était claire et nette. J'ai pu lui dire sans aucune ambiguïté: «Il n'y a pas de place pour toi.» C'était, symboliquement, le mettre à la porte avec un bon coup de pied au derrière. Eh bien, croyez-le ou non, dès le lendemain, ma douleur dans la jambe avait disparu. Le coup de pied que je retenais depuis quelques mois, parce que je n'osais pas le faire, j'avais pu le lui donner. Et après, je me suis senti très bien.

Assise dans mon coin, je souris, parce que je me rappelle très bien cette période où Lowen — à l'époque, je le voyais régulièrement — se plaignait et pestait contre sa douleur à la jambe. Puis, un jour, je l'avais trouvé le teint frais, le pas alerte. «Votre jambe, que lui est-il arrivé?» «Guérie», avait-il répondu en rigolant, mais sans en dire davantage.

Drôle de coïncidence, je souffrais, moi aussi, depuis quelques semaines d'une douleur lancinante qui partait de la cuisse et descendait jusqu'à la cheville en suivant le trajet du nerf sciatique. Ce jour-là, j'étais arrivée chez lui en boitant, au bord des larmes, tant la douleur était insupportable. Je ne savais pas à quoi attribuer cette recrudescence du mal, peut-être à la trop longue route, à la tension permanente de la jambe droite sur l'accélérateur, à moins qu'un faux mouvement... bref je ne savais pas. Je vis son œil s'allumer. «Tu retiens un coup, me dit-il. Un coup de pied au cul.» Je me mis à rire. Non vraiment, je n'avais aucune envie de ruer dans les brancards, et j'en aurais été d'ailleurs bien incapable. J'avais mal, un point c'est tout. Et je ne pensais qu'à une chose, mais alors là, une seule: les huit autres heures de route qui m'attendaient après l'avoir quitté. Mais je l'ai déjà dit: quand il en trouve une, Lowen suit sa piste jusqu'au bout.

Il me fit asseoir sur le bord de ma chaise en m'agrippant des deux mains au siège, puis il me dit de plier la jambe en ramenant le genou vers ma poitrine, le talon pointé vers le haut. Il me proposa alors de donner un coup de pied en l'air de toutes mes forces. J'étais abasourdie.

Comment arriver à le faire avec une telle douleur? C'était absurde. Mais à vrai dire, j'étais tellement mal en point, j'avais si mal que j'étais prête à tout essayer, je n'avais rien à perdre. Alors, j'attaquai. Au début, ce fut une plainte, des larmes et des gémissements à n'en plus finir. Puis, allez savoir pourquoi, comment, je me suis prise au jeu. Une sorte de malin plaisir se frayait un chemin à travers la douleur et les élancements. Je me suis mise à me battre. Contre quoi au juste? Je ne sais pas. Je sais seulement que c'était la dernière séance avant ses vacances et que cela me contrariait. Quoi qu'il en soit, je n'ai pas vraiment exploré les tenants et les aboutissants de mon mal. D'une ruade à l'autre, ma douleur virait à la jouissance. Comme il l'avait prédit, le fait d'envoyer promener le monde entier, de donner un bon coup de pied au cul dans je-ne-sais-quoi qui m'emmerdait me procurait une sensation des plus agréables. Jusqu'à aujourd'hui, je n'ai jamais eu le plaisir de donner un vrai coup de pied dans un vrai cul. Ça viendra sûrement. Mais j'ai une petite idée de la gaieté qui s'ensuit. Inutile de dire que cette séance prit fin dans un grand éclat de rire qui tenait autant de l'étonnement que du soulagement.

Quand je me suis relevée, je n'avais aucune douleur. J'ai vraiment cru au miracle. Je ne comprenais absolument rien à ce qui venait de se passer. Lui rigolait dans son coin, mordait sa lèvre inférieure et se tapait sur la cuisse. Je me disais: *Tout de même... quelle perspicacité.* Quand j'y repense aujourd'hui, en faisant le recoupement, je me rends compte que cela se passait une semaine après le fameux coup-de-téléphone-coup-de-pied-au-cul!

Je ne sais plus très bien ce qui s'est passé autour de moi. Raphaël est toujours debout, la tête entre les mains. Je me sens tout à fait déplacée, avec mon sourire sur les lèvres. Tout le monde est fatigué. Raphaël, lui, a perdu toute sa superbe. Il est debout sans panache, sans prestance; il a maintenant l'air calme, enfin détendu. Il me vient à l'idée que sa femme ne lui a peut-être jamais vu cet air-là. De quoi je me mêle... Et il me vient aussi à l'idée qu'elle l'aimerait infiniment, avec ce regard simple, cet abandon qui le «tendrifie». Et mon mari... m'a-t-il seulement déjà vue en ces états de vérité?

XXIX

Tiens-toi debout, bon Dieu!

La session de Bretagne va se terminer. Je suis saturée. Huit jours presque ininterrompus de travail bioénergétique, c'est ma limite. D'autant plus que le soleil, plutôt discret ces derniers jours, risque aujourd'hui quelques audaces. Michel vient me rejoindre, le petit hôtel romantique est réservé depuis hier, j'ai le cœur et le corps en espérance, en avidité et en fringales... bref, je ne suis plus guère attentive à ce qui se passe ici. J'attends avec une impatience qui manque de pudeur que quelqu'un parmi nous se lève le premier. Mais Lowen, lui, n'est pas si pressé. Il n'a pas oublié Bernard, Bernard qui est silencieux, qui ne demande rien. Bernard qui a l'air fatigué.

— Tu viens?

Bernard se lève lentement, dit qu'il n'a pas dormi, qu'il est infiniment triste et en colère à la fois. Il n'y voit plus clair.

— Alors, frappe, tu y verras plus clair.

Bernard est puissant et fort comme un bœuf, je l'ai déjà dit. Il se met à frapper encore et encore. Lowen nous demande de compter les coups, Bernard en donne une soixantaine – incroyable! – avant que quelque chose ne se passe. Il a des larmes dans les yeux. On ne sait pas où Lowen veut en venir, pourquoi il le laisse s'épuiser comme ça sur un matelas. Chaque fois que Bernard reprend son souffle, Lowen lui dit:

— Continue!

Et sans discuter, Bernard continue: 85, 86...

— Je frappe sur un enfant, dit-il soudain. Nous sommes stupéfiés. Et il ajoute:

— Tiens-toi debout, bon Dieu, tiens-toi debout, chiffe molle!
Il redouble de vigueur, il se déchaîne. Sa rage n'a pas de bornes.
Et Lowen de dire:
— Continue.
Cela me fait mal de voir un petit maltraité de la sorte, déchiqueté. Je sais bien qu'il s'agit de lui.

Bernard frappe et pleure en même temps. Des sanglots? Non.
De la rage. Mort de fatigue, il s'écroule et sanglote comme un petit animal, recroquevillé sur lui-même comme s'il avait honte. Lowen s'approche, lui met la main sur l'épaule:
— Tu as bien fait.
Et Bernard s'agrippe à la main noueuse du vieil homme. Il est secoué de la tête aux pieds.

L'une d'entre nous qui assistait à la tuerie en faisant constamment non de la tête, va intervenir. De toute évidence, elle désapprouve le travail de Lowen dans la forme qu'il prend présentement.
— On ne laisse pas un patient se mutiler de la sorte, dit-elle.
C'est très destructeur, ce qu'il vient de faire et tu le laisses faire. Tu lui dis même de frapper sur l'enfant. On sait bien qu'il frappe sur lui-même.
— Moi, je lui ai dit de frapper sur l'enfant? questionne Lowen.
Non, je lui ai dit: *Continue*. C'est bien différent. C'est vrai qu'il frappe sur lui-même. Mais c'est en lui. Ce n'est pas moi qui ai mis ça en lui. Il vit avec cette impulsion depuis des années. Il doit y faire face, la regarder, l'accepter. La seule façon d'y faire face, c'est de l'exprimer. C'est de reconnaître qu'il se détruit, que c'est douloureux de se détruire comme ça et qu'il doit pleurer sur cette misère-là. Ensuite, il pourra résoudre ça autrement.

Je ne sais pas si Bernard suit cette polémique d'analystes. Je sais seulement que maintenant il ne rage plus; il pleure vraiment comme un petit qui n'en peut plus. La collègue demeure sceptique, la bouche pincée…

Les uns et les autres sortent discrètement. Jean-Marc est déjà au bar en train de «boire un coup». Les autres le rejoignent. Lowen, lui, est assailli. C'est le départ, la fin. Bernard est seul dans la salle. Il a besoin d'un temps de recueillement, de retour en lui-même.

XXX

Le voilà, l'homme!

Il est dix-sept heures. Le soleil perce les nuages, mais le fond de l'air reste chaud et humide. Pour moi, le temps est à l'imminence. Mon homme va bientôt surgir. Je ne compte plus les fois où je suis allée vers le passeur pour voir si une tête frisée... Déjà, à l'heure du déjeuner, j'avais commencé mon manège.

— Tu attends quelqu'un? me dit d'un air affectueux Ernesto, un «ancien» de la Bio. Je croyais qu'il arrivait seulement ce soir...

Il se moque un peu, c'est évident. Je suis prise la main dans le sac, alors, je joue la décontractée:

— On ne sait jamais..., et je retourne vers le grand pavillon, l'air détaché.

C'est vrai, depuis midi, je piétine comme à la colonie de vacances le jour de la visite des parents. Ce jour-là, dès le matin je faisais le guet, à la porte de clôture, «au cas où». J'essayais de ne pas attirer l'attention.

J'ai enfilé une blouse de soie, mis mon nouveau collier, souvenir d'Hydra la belle île grecque, un peu de rose aux lèvres. J'attends. Les autres me taquinent, disent que mon impatience frôle l'indécence. Je ne me justifie même pas. Je fais les cent pas devant la porte. J'en profite pour respirer. Puis tout à coup, à bout portant, un étau autour de ma poitrine, une main fermée sur ma gorge. Je ne respire plus, j'ai mal à en mourir. Je n'ai pas vu venir le coup. Al va partir. Je vois les autres qui lui disent adieu, qui l'embrassent, qui l'étreignent. Moi, j'ai profité de la cohue pour lui dire au revoir du bout des lèvres. J'ai insisté sur le «à bientôt». Mais c'est fini, c'est la fin de mon équipée, c'est fini pour moi aussi. Il s'en va dans l'allée, il disparaît dans la barque du passeur. Quinze jours pleins, je ne l'ai pas quitté. Et je me suis gavée sans pudeur de tout ce qu'il avait à m'offrir. Un défilé d'images, des réflexions, des gestes, des tons de voix, des ambiances heureuses, l'Acropole, le ciel de Grèce, Anna et sa nature, le transit, la folle soirée, quinze jours seulement: j'étouffe.

Maryse est là, belle Maryse, intuitive Maryse. Encore un bras de femme pour prendre mon émoi. Ce fut bref, comme une giclée de sucre, un bonbon au cœur mou. On n'a plus rien d'une grande personne dans un univers comme celui-là. On a juste un gros cœur, le cœur gros, et on porte des salopettes, un tee-shirt de Mickey Mouse, et on renifle en faisant du bruit, beaucoup de bruit. On mouche son chagrin dans le tablier d'une mère, non, encore mieux, d'une grand-mère gâteau. La grand-mère ne demande rien, elle sort ses menthes, les grosses, les blanches poudreuses, qu'elle garde dans une vieille boîte de biscuits anglais en métal blanc. Elle tire de sa manche un mouchoir fin, repassé comme un col de dentelle et elle vous mouche la gamine comme si la douleur venait de là. Maryse n'a rien d'une grand-mère, sauf la discrétion, la tendresse, l'accueil.

Un coup d'eau fraîche à la figure, recommencer le maquillage, juste ce qu'il faut pour me redonner figure de femme. Reprendre mon souffle et mon beau collier, regagner l'allée qui mène au passeur, une fois encore, deux fois, pour finalement m'arrimer au bar avec les copains.

Je jette, bien sûr, un coup d'œil sur la porte, mine de rien. Je n'ai pas le temps de répondre à celui qui me parle, je renverse un peu de mon kir sur le comptoir: voilà l'homme! Il est beau, il est frais, plus grand qu'avant. Il vient de débarquer. Lui aussi porte sa belle chemise, le costume que nous avons acheté ensemble avant mon départ; sa belle tête grise me manquait. Que c'est beau un mari qui enfourche la soixantaine! Je l'emmène comme un trophée. Les copains se sont placés en demi-lune dans le hall, ils ont la mine solennelle, ils ne disent rien.

Dès que nous mettons le pied dans la porte, Ernesto donne le signal d'une salve d'applaudissements. C'est comme une marche nuptiale, un *Hymne à la joie*, un *Alleluia*.

Avec les copains, on a levé le verre, fait des présentations, jeté un coup d'œil sur le domaine. Puis on s'est sauvés comme des voleurs dans le village voisin. Un petit hôtel avec vue sur la mer nous attendait depuis la veille...

Pawling, New York

XXXI

Je n'en peux plus!

Des lapins, des clowns, des fantômes et des squelettes frappent à ma porte pour me demander la charité. Ils ont de la chance cette année, le 31 octobre est chaud et sec. C'est jour d'Halloween, en Amérique. Ce rituel m'a toujours émerveillée. J'ai déguisé mes enfants quand ils étaient petits, maintenant j'accueille ceux des voisins. J'ai beau préparer deux centaines de sacs de bonbons chaque année, il m'en manque toujours quelques-uns. Je ferme boutique aux trois quarts du défilé. Et chaque année, je voudrais offrir autre chose que des bonbons. J'envie mon voisin dentiste qui, au lieu des friandises, remet à chacun une brosse à dents. Eh oui, je suis bel et bien rentrée à la maison. Je n'ai pas vu le fond de mes valises, pas encore. Je classe mes cassettes, mes carnets de notes et j'attends en piétinant qu'on ait fini de développer mes photos. La première étape de mon safari est accomplie.

Novembre est cinglant, humide et froid. Enfermée dans ma maison, je subis le contrecoup de ces semaines envoûtantes. Je m'accroche à mes enregistrements, je transcris, compose et classifie. Je suis dépassée par l'ampleur de la tâche. Je suis comme les enfants qui font le tri de leurs bonbons au lendemain de l'Halloween. Ils étalent tout sur la table et tentent d'évaluer leur trésor. Mais ils savent bien que tous ces bonbons finiraient par les rendre malades. Ils devront en sacrifier, doser les plaisirs. Je n'ai jamais su trier.

Insidieusement, un pénible sentiment s'infiltre en moi. Que puis-je dire que cet homme n'a pas déjà écrit? Le réveil est brutal, les portes se ferment une à une, d'une bobine à l'autre. Après la transe du voyage, les exigences de l'écriture me donnent un vertige que je n'imaginais pas le moins du monde. C'est ça, prétendre écrire quand on n'est pas écrivain.

Certains matins, je passe trois heures à écrire avec passion. Je me relis pour constater que je ne parle que de moi. À tout prix, je veux éviter l'étalage de viscères. Je veux écrire sur Lowen, pas sur moi. Il m'a dit : «Tu n'y échapperas pas. Parle de toi, il n'y a que cela de vrai.» Je me dis que je vais y échapper, que c'est facile à camoufler. On peut inventer un personnage, lui prêter un nom, faire œuvre de fiction, quoi! Je passe deux semaines à chercher un prénom qui me convienne. Je ne le trouve pas. Je cherche même dans la mythologie. L'astuce suprême. J'achète une encyclopédie des prénoms à quarante-cinq dollars, 6000 prénoms avec origine, étymologie et auréole. Je devrais pourtant pouvoir me trouver là-dedans une identité de remplacement? J'hésite entre Électre et Jocaste. Le ridicule me donne des coliques. Je change de style pour verser dans l'essai. C'est encore pire.

Ma stérilité dans l'écriture m'est de plus en plus intolérable. Quand j'ai le courage de revenir sur ce que j'ai écrit, je me désole en constatant mon immense talent pour la banalité. Je dis à ma façon, et moins bien que les autres, ce que tout le monde connaît déjà. Des révélations qui n'en sont plus, qui sont devenues des évidences, ou bien des lieux communs, des platitudes. Et en prime, les pompes désuètes d'un style littéraire qui date de mon cours classique. Ma petite histoire, si singulière et banale, n'intéresse que moi. Je n'ose plus lire les auteurs que j'aime: c'est à chaque page une claque au visage.

Jean-Marc, notre Jean-Marc de Bretagne, a eu l'idée de m'envoyer *Tous les matins du monde*[1]. Extase, puis effondrement. Devant une telle méditation, une intériorité aussi pure, je suis sans âme, vidée de ma substance, fragile et prête à m'abandonner. Je dépéris. Je suis en mal de densité, en manque de profondeur. Je suis trop mince pour avoir quelque chose à dire.

L'envoûtement connu dans «les vieux pays» a complètement disparu. J'ai le teint terne, le pas mal assuré, il n'y a que le tabouret de bioénergie pour me faire respirer un peu mieux. Infatigablement, je m'assois devant ma machine chaque matin. Quand la sécheresse m'est trop intolérable, je pleure mon vide sur le banc d'exercices.

---

1. Quignard P., *Tous les matins du monde*, Gallimard, Paris, 1991.

Puis, courageusement, rageusement devrais-je dire, je regagne mon fauteuil, mon clavier et mes lunettes. J'ai un brin d'espoir et encore un peu de foi. Une session d'un week-end, près de New York, va m'achever. Il a neigé à Montréal; là-bas c'est encore l'automne. Il fait froid. J'ai une chambre surchauffée. Seules les outardes, paresseuses sur le lac, me réconfortent. Je suis contente de revoir Al. Je feins une bonne humeur factice pour camoufler mon désarroi. Je ne veux pas lui montrer ça. C'est un aveu d'impuissance, bien plus, un risque de rupture. C'est du moins ce que je crois!

Je suis là, une parmi d'autres, encore en groupe. Je n'ai pas définitivement renoncé à mon magnétophone ni à mon carnet. Je note le principal. Je suis comme une automate, je fais mon temps, j'accomplis mon programme. Ma sœur de Grèce devait être ici. Anna a dû renoncer à venir à la dernière minute. Déception. Grande déception. À elle, j'aurais tout dit.

Lowen n'a pas plutôt fini d'ouvrir la séance de travail qu'une femme se précipite; elle ne connaît pas la bioénergie, elle est novice. Elle vient voir. Ce qui reste d'innocence en elle est aussi ce qui rend possible cette ouverture sans laquelle Lowen ne lui serait d'aucun secours. Il questionne un peu, débusque la petite fille derrière la femme qui se tient droite sur ses jambes comme un petit soldat. Il dénonce sa docilité, son extrême obéissance, et l'exhorte finalement à envoyer tout le monde au diable, principalement son mari qu'elle s'efforce de ne jamais décevoir et qui est juste là, derrière elle.

C'est une beauté de voir cet organisme retenu prendre soudainement de l'expansion. C'est une belle terre meuble, prête à être labourée. Elle respire comme elle ne l'a jamais fait, se met à vibrer de la tête aux pieds, elle était mûre depuis longtemps pour profiter de ce travail. Lorsqu'elle se relève, elle est rose, jeune, son œil brille et promet bien d'autres ouvertures. Je l'envie.

Je suis là, nostalgique du temps de mes premières percées en bioénergie. De l'époque où, novice et innocente, je me laissais étonner, moi aussi; et j'étais ensuite revitalisée pour des semaines entières, éblouie par autant de promesses et d'espoirs. Non, je n'ai plus l'étonnement des novices. J'ai trop de culture en thérapie maintenant. Je cherche la relâche, elle ne me prend plus d'assaut. Ça n'est plus un miracle, c'est seulement un bienfait lorsque la percée se produit. Devant l'ingénuité de cette femme, c'est ma tristesse qui m'emporte. J'essaye de prendre des notes sur ce que je viens de voir. C'est un travail tellement classique, je n'ai pas grand-chose de

nouveau à écrire. Et pourtant... je suis bouleversée. Je laisse en
suspens mes devoirs. Je cuve ma mélancolie. Je m'ennuie du temps
où j'étais patiente.

Alors, Lowen dit qu'il voudrait travailler avec de gros bâtiments.
Des beaux monuments qui ont du mal à fléchir. Des forteresses.
Cette femme était remarquablement douée pour l'analyse bioéner-
gétique. L'ouverture qu'elle vient de faire est assez exceptionnelle.
Ça ne se passe pas toujours ainsi.

— Qui, ici, se considère comme particulièrement coriace?

Un homme se lève, c'est le mari de la première, celui qui a été
voir le diable et qui s'en porte très bien merci, en tout cas à première vue. Il trouve même que c'est très sain pour sa petite femme,
cette décharge de colère. Il est fort, massif, combatif. Une belle
pièce de granit. Gibraltar! Inébranlable, intouchable. Il ne bougera
pas. Il essaye, fait ce qu'il peut... rien à faire. Je ne sais plus le détail
de son travail. Je sais seulement qu'il se plaint que rien ne se passe
jamais en lui et qu'il est fatigué.

— Alors, dis que tu es fatigué, fatigué de lutter, fatigué de te
montrer fort, fatigué d'être à la hauteur, fatigué de te protéger, pour
ne pas sentir ta faiblesse.

Et l'homme dit qu'il est fatigué, qu'il n'en peut plus, qu'il va
céder, qu'il arrive au bout de sa force. Moi, je ne note plus rien, j'ai
laissé tomber mon carnet, ma plume aussi, mon magnétophone
roule à vide.

Moi aussi, je suis fatiguée: je n'en peux plus. Je n'en peux plus
d'autant d'émotions, je n'en peux plus d'essayer d'écrire, je n'en peux
plus de me dépasser, d'extraire de moi ce qui vient à peine d'y ger-
mer. Je n'en peux plus de m'essorer. Je n'en peux plus de me dire, de
me croire à la hauteur. Je m'épuise à donner la réplique à un homme
qui a quarante ans d'avance sur moi. À un géant. Lowen va finir par se
rendre compte que je suis une novice qui ne pourra jamais le traduire,
jamais le saisir. Je n'ai pas le calibre. Je n'en peux plus de lui montrer
que je suis une femme qui a du ressort. Je m'essouffle à lui faire
croire que je suis une femme capable d'écrire un livre sur lui sans le
trahir, une femme qui a compris la vie, qui a intégré son œuvre, une
femme qui a vu que, et puis que... je-n'en-peux-plus!

Cette femme naïve qui a travaillé ce matin, innocente et naturelle,
m'a donné une claque au visage. J'ai déjà connu la même innocence. Je
ne l'ai plus. J'ai parfois l'impression de jouer un rôle. Lorsque je travaille avec Lowen, il m'arrive de ne plus savoir si je me glisse dans la

peau d'un personnage ou si vraiment je me livre, moi, telle quelle à ma douleur vraie. Où est-il le naturel que j'ai reconnu ce matin? Je me revois en transe, trop consciente de mon cri, de ma sueur. Je sais d'avance où le travail doit me mener, je devine l'enjeu et l'intention. Il m'arrive même de précéder le geste de Lowen, plus ou moins pour l'épater. J'arrive même à croire que je suis moi-même épatée de tant de lucidité, de la sienne, de la mienne... je ne sais plus. Aujourd'hui, j'ai les yeux baissés, un repentir au fond du cœur. C'est moi que je piège de la sorte. Je sens couler sur moi les dégoulinades du déshonneur. Je me tords à l'intérieur, je me dégonfle.

Je cache mon effondrement du mieux que je peux, mais quelqu'un m'a vu qui s'approche et me dit: «Je suis là, seulement là, si tu as besoin...» Je respire, je ne le regarde pas. Je n'ai plus d'amour-propre. Je grimace et j'écume dans ma manche, je m'en fous, je fous le camp. Je fuis de partout, trop fatiguée pour me contenir.

Nous sommes en fin d'avant-midi, Lowen propose un exercice de groupe. Tous étendus sur le dos, respiration, petit «tantrum» que je déteste. Battre des pieds et des poings en criant «non», chacun pour soi, mais bien haut. Chaque fois, j'ai la nausée, je ne marche jamais, je sais que je ne marcherai pas. Mais me coucher sur le dos me fait du bien. J'en ai besoin, mes lombaires me font hurler tant je suis tendue.

Je bouche mes oreilles et continue de fuir, de partout, de partout. Je pleure pour moi, mais avec fracas. Les autres, occupés à leurs affaires, n'en font pas de cas. C'est ce que je veux, passer inaperçue, me vider, laisser filer ma fatigue sur le tapis. Accalmie dans la salle... Lowen s'approche de moi:

— Tu viendras me voir à deux heures trente.

Sa main tendue m'apaise.

J'ai la mine renfrognée, le visage étiré. Le repas avec les autres est une torture. Je sais que tous autour de la table voient l'état de décomposition dans lequel je suis. Personne n'en parle. J'ai l'estomac tordu. J'ai peur. Cette invitation, qui tout à l'heure m'apaisait, me terrifie maintenant. En m'ouvrant sa porte, Lowen a l'air grave, son regard m'interroge.

— Qu'est-ce qui t'arrive? Il faut que tu me dises pour que je comprenne.

— Il m'arrive que je lâche tout. Je n'ai pas vu venir ça. Je suis la première étonnée. Le travail que vous avez fait ce matin avec

cette femme... puis ensuite son mari, si fatigué de tenir le coup...
Ça m'a bouleversée. C'est comme un assaut. Je n'ai plus de tonus. Je
suis toute mêlée. J'ai le malin sentiment que je me leurre sur moi-
même. Sur ce que j'appelle ma «croissance». Ma belle maturité, mon
changement... parlons-en! Je me raconte des histoires. Je fais beaucoup de bruit, je me paye des transes pour me faire croire que moi,
j'ouvre mes tensions. Je fais ce que vous me demandez de faire, je
vous donne un bon spectacle. Quand il y a du public, c'est encore
mieux, mais au fond de moi-même, je ne suis plus si sûre que je
change. J'essaye de vous épater, de me faire aimer. Quand je suis
seule avec moi-même, quand j'essaye d'aligner deux mots pour
exprimer ce qui me reste du travail que je fais avec vous, je me bute
à mon insignifiance. Je n'ai rien à dire. Je ne suis plus convaincue de
rien. J'ai peur de ne pas pouvoir mener ce projet de livre à terme. Je
me raconte des histoires. Vous m'entendez? Je vous dis que je me
raconte des histoires. Je m'invente une conscience, une lucidité, un
passé, un avenir... je ne sais plus où j'en suis.

Il ne fait rien. Il écoute. Il me laisse la place. Et moi, il me semble que je m'étale de tout mon long. Je me répands. Comme si mon
corps ne pouvait plus me contenir. C'est une inondation de bave,
c'est le «méchant», comme disait grand-maman, qui coule par une
plaie ouverte. Lowen n'intervient pas. Quelque chose dans son attitude m'invite à continuer, comme s'il savait par expérience à quelle
amère constatation je me livre. D'un aveu à l'autre, mon dos a fini
par lâcher, comme un corset dont les agrafes se mettent à céder. Je
les entends, je les ressens. Elles claquent, une après l'autre.

Et c'est chaque fois un gémissement qui m'échappe, suivi de
soubresauts et de hoquets. Ma débandade jure avec l'éclaboussante
maturité dont j'essaye, habituellement, de me convaincre, de le
convaincre. Tous mes muscles deviennent si lâches que j'en arrive à
sentir que je n'ai plus rien à perdre. Et puisque je n'ai rien à perdre,
je continue:

— Même vous, je vous ai eu. Vous m'accordez une attention
particulière. Vous m'offrez votre aide sans que je ne vous la
demande. Comme si votre faveur pouvait garantir ma maturité.
Comme si elle était le sceau de mon changement. Une reconnaissance officielle. Une griffe. Mais c'est un leurre, le plus beau leurre.
J'ai beau être comblée, quand je rentre chez moi, je me heurte au
vide. Quand je dois me mobiliser pour travailler ou pour interagir
avec les autres, je retrouve une certaine énergie. Je me remets en

piste, je bouge et je souris. Et je n'en peux plus de sourire, je vais mourir dans une grimace.

Je n'ai plus rien à lui cacher. Je ne cache même pas ma face. Mes deux mains sont lourdes, comme de vieux chiffons effilochés, détrempés. Je n'ai plus aucune prise. Je crache à visage découvert. Je me sens laide, je me sais laide. Au creux de moi, ça fait le même bruit de succion qu'une baignoire qui se vide. La sensation d'être rien. Être d'une platitude, d'une insignifiance qui frôle la vacuité. Ça sonne vide en dedans... il n'y a même plus d'écho, c'est plat, plat, plat.

Me montrer comme ça devant lui, me répandre à sa vue, sans maquillage ni dentelle, sans contenance, déposée à plat à même ma petite consistance, ma pauvre consistance... Dieu que le risque est grand!

Il ne dit toujours rien, il regarde se dégonfler la masse, couler l'hémorragie. Il reste en retrait pour que la chose se déverse et prenne toute la place pour s'étaler. Je ne sais plus depuis combien de temps je suis là à glisser dans l'effondrement. Comme un abcès qui crève, le pus s'écoule, l'ulcère se vide. Je reste là, comme une gisante dans la crypte froide d'une cathédrale vide, une cathédrale qui a connu ses pompes et ses heures de gloire.

Je finis par trouver la force de m'asseoir sur le bord du lit. Je suis penchée sur moi, je me sens malgré tout plus légère, délestée d'une partie de ma misère.

Les boues et les vases se sont écoulées. Lentement, oh! si lentement, l'eau claire commence à faire surface. L'eau claire pour moi, c'est un brin d'indulgence, comme une promesse de réconciliation avec moi-même. Et pourquoi pas, être si peu de chose? Je suis défaite, décoiffée et boursouflée. Mais mon pouls se fait entendre. Tranquillement, il est calme... il bat. Sa cadence régulière me dit que je suis seulement qui je suis. Seulement ÇA. Une pauvre femme, mais une femme tout de même. Alors seulement, j'ai le courage de regarder Lowen qui n'a pas bougé. Je le regarde longuement, comme jamais je n'ai osé le regarder. Je ne sais plus s'il peut encore m'aimer.

Il est paisible, son regard bleu est d'une qualité que je ne lui connais pas. On dirait qu'il m'a devinée. Avec une grande bonté, il me dit:

— Bien sûr que je t'aime!

Cette douceur-là m'est peu habituelle. Et moi, j'ai le réflexe de baisser les yeux.

— Non! Ne baisse pas les yeux. Tu es bien plus digne dans ton affaissement que dans ta prestance. C'est ça, l'humilité. L'humilité, c'est la beauté. Tu es belle comme ça. On a tant de misère en soi, tant de douleur. Mieux vaut le reconnaître que de se composer une beauté. En ce moment, tu es belle parce que tu es totalement vraie.

Et je crois que nous n'avons plus rien dit.

Je suis rentrée dans ma chambre, plus légère, plus spacieuse au-dedans de moi. Je viens de muer, comme les bêtes qui perdent leur fourrure au printemps, sans avoir honte de montrer comme elles sont fragiles en dessous. On est toujours étonnés de les découvrir si petites quand elles se dépouillent. Entre mes côtes, il y a du vent, mon ventre flasque obéit docilement aux mouvements de ma respiration, les muscles de mes bras, de mes jambes et de mon dos me paraissent tendres. Ma tête repose comme une bille, au creux de l'oreiller. Encore à l'étonnement de ces sensations nouvelles, je m'endors. Je dors comme on s'affaisse, comme on lâche, comme on meurt.

XXXII

I'm sorry!

Retour chez moi, je pars avant la fin du week-end. Je n'aime pas rouler de nuit. Des heures et des heures d'une longue route que j'ai parcourue tant de fois à l'envers et à l'endroit, par neige et par dégel, durant les trois années qu'a duré ma thérapie. J'en connais par cœur tous les coins et recoins, toutes les caches de police et tous les panneaux indicateurs. Sur le terre-plein du Taconic Parkway, cinq chevreuils abattus par les voitures, le ventre en l'air, encore chauds, fauchés au petit matin. Je ne m'habitue pas. Chaque fois, je ralentis.

«Jamais je n'arriverai à changer, lui ai-je dit. Tout ce bruit est mon leurre.» Et pourtant... Comme j'ai changé! Au même rythme que les lignes blanches qui défilent sous mon siège, je vois aussi défiler des images encore tellement vivantes de mon histoire avec lui. Des images de ma thérapie en particulier, des sons de chez lui, des airs que je ne lui vois plus, une façon d'être, d'agir, une envie de pousser sur son patient qui semble s'être atténuée. «C'est la sagesse», me dit-il parfois. Lui aussi a changé.

J'ai coupé la radio. Je ne suis plus sur l'autoroute; je suis dans son petit bureau. Un lit, deux chaises, le tabouret. C'était en 87. Il n'avait pas encore le détachement que je lui connais maintenant. Quand je l'ai connu, il était différent.

Quand je l'ai connu, il suivait tant et si bien sa piste que le travail prenait parfois l'allure d'un combat. Il pouvait s'acharner sur une résistance jusqu'à épuisement. Cela portait fruit parfois. Pas toujours.

Je me souviens de cette séance éprouvante. C'était au printemps, les crocus étaient en fleurs. Ce jour-là, je sentais à quel point ma respiration, en particulier au niveau de la cage thoracique, était étriquée. Sans le savoir, depuis que j'avais l'âge de m'habiller toute seule comme une grande, j'enfilais chaque jour une armure. Un son pour forcer l'ouverture, un effort pour maintenir le son. Aïe! que ça fait mal! Ensuite, recommencer. C'était à la fois douloureux et libérateur. Constater à quel point je vivais tassée dans mes petites dimensions, dans mes petites défenses, dans mes lacets bien noués... mais pressentir en même temps plus de liberté, plus d'espace intérieur... un rêve, un espoir! Sentir la différence, c'était déjà pour moi un très grand pas. À chaque cran, un spasme, et à chaque spasme, la menace de ne jamais en revenir. Récupération, puis nouvelle contraction. Un véritable accouchement. Ça fait mal, accoucher. Il arrive, même entre les mains de Lowen, que la délivrance tourne à l'avortement. Au bout d'un certain temps, épuisée, je me suis rendue. Et il disait:

— Continue, un peu plus fort le son, encore, encore, un peu plus fort...

Il avait vu quelque chose. Un léger mouvement de la tête et du bassin qui s'était amorcé quand ma respiration avait pris de l'ampleur. Comme une onde qui était née d'elle-même dans cet organisme empesé, habitué à la rigidité. Une sorte de balancement, d'ondulation.

Lowen avait vu ça. Alors, il a essayé de pousser un peu plus. Il a appuyé sur le bassin pour amplifier le mouvement, pour forcer une relâche complète, une débâcle. Pour moi, qui étais encore nouvelle dans ces eaux-là, la charge était trop forte. Du coup, je me suis figée, je n'ai plus rien senti. Silence, contraction, paralysie, stop! J'ai tout lâché et me suis laissée tomber par terre.

— Vous m'en demandez trop, je suis à bout de souffle.

— Mais tu y étais presque, dit-il avec un brin d'irritation.

— Où ça?

— C'est ça que Reich appelle le réflexe orgasmique, cette ondulation involontaire du corps.

C'était donc ça! Et j'y étais presque... J'étais déçue. J'aurais bien voulu connaître cette fabuleuse expérience dont on parle tant dans les livres. Une liberté de l'organisme qui n'est pas un orgasme, entendons-nous. Un orgasme ne se produit pas comme ça, chez le thérapeute, par suite d'un travail «dirigé» dans ce sens. Mais cette relâche parfaite de l'organisme qui rend possible l'ultime abandon de soi dans les bras de l'être aimé, eh bien oui, cette relâche peut se produire dans le bureau du thérapeute. Ça n'est pas un orgasme, c'est seulement l'ouverture de la voie grâce à la respiration; c'est l'air même qu'on respire, pour peu qu'il soit autorisé à circuler librement, qui imprime une ondulation gratuite au corps. Ah, que j'étais déçue!

Lowen aussi était déçu. C'était bien évident. Et cette déception m'était étrangement familière. Ma mère a toujours tellement exigé de moi, tellement espéré de mes talents. Me surpasser, aller au-delà de mes capacités, je connais. La décevoir, encaisser son mépris, je connais aussi. J'étais prise dans le même piège. Assise par terre, effondrée, honteuse, je ne trouvais à dire qu'une chose:

— Vous m'en demandez trop, je suis fatiguée.

Lui ne disait rien. Il mordillait son index et regardait par terre. Le contexte dans lequel cet «échec» se produisait, il le connaissait bien. Il savait que je m'étais toujours sentie dans l'obligation de donner plus. Puis il m'a regardée longuement. Il avait l'air de réfléchir. Une autre piste, pensais-je, à bout de force, il cherche une autre piste. J'attendais, méfiante. Alors, il s'est approché, s'est assis près de moi:

— Écoute! Tu sais que j'ai un grand défaut, je mesure mal ce que je peux demander. Ici, je me suis trompé, j'aurais dû arrêter. C'était trop pour toi. Tu dois prendre le temps d'habituer ton corps, à ton rythme. Et moi, je t'ai perdue de vue, j'ai essayé de réussir mon coup. C'est mon problème à moi, pas le tien. Tu dois me le dire quand je t'en demande trop. Je vais t'attendre. *I'm sorry!*

Je me suis mise à respirer. *I'm sorry, I'm sorry,* c'était comme un psaume, c'était un baume. Toujours assise par terre, j'ai mis mes bras autour de mes genoux et j'ai laissé tomber ma tête dans le creux de mon coude. J'ai laissé filer mes efforts, ceux que je cherche toujours à faire pour ne pas décevoir. Accepter de l'avoir déçu, c'est déchirant. Admettre que ses attentes ne sont pas les miennes, c'est encore plus étonnant pour une enfant qui n'a jamais entendu même un semblant d'excuse. Reconnaître mon rythme, les limites de ma structure, ma lenteur, et ne plus souffrir qu'on me bouscule, c'est apaisant, c'est reposant. C'est comme une réconciliation après une longue dispute. Je retrouvais mes dimensions, mon 1,53 mètre, ma stature... telle quelle! Je sentais dans l'aveu de son trop grand appétit, l'acceptation de ma nature, si petite soit-elle. Ah, que je l'ai aimé ce jour-là!

Les plus anciens pourront en juger mieux que moi. Il me semble avoir vu Lowen céder, se rendre à lui-même et à la vie, ces dernières années. Sans doute, en premier lieu, s'est-il rendu à ses propres limites, mais ça n'est pas mon affaire d'en juger. Je crois pouvoir sans le trahir raconter un événement dont il m'a déjà parlé, une sensation fugitive qui a eu une influence durable sur lui. Un matin, au lever, il a senti que son corps était enduit de miel et d'une légèreté incroyable. Une voix lui répétait:

— Si tu te rends à ton corps, tu n'auras jamais peur de la mort.

C'est la phrase dont je me souvenais, mais j'ai vérifié depuis et la voix disait plutôt:

— Si tu es vrai envers toi-même, tu n'auras jamais peur de mourir.

— Mais c'est la même chose, me dit-il.

— Pour être vrai à soi-même, il faut se rendre à son corps. Et pour se rendre à son corps, il faut accepter d'être vrai envers soi. Le corps n'a pas peur de la mort. C'est l'ego qui a peur.

Depuis ce temps-là, je l'ai vu changer profondément. J'ai constaté plusieurs fois une humilité nouvelle chez lui, une paix étonnante et sans contredit une grande bonté. Je ne peux rien dire de plus. Par pudeur, sans doute. Quand il lui arrive de me révéler un peu de son intérieur, je ne trouve jamais rien d'autre que le silence pour lui répondre.

Comme un écrin qui se referme sur un précieux héritage.

C'est sans doute la même pudeur qui me confine au «vous» auquel je tiens tant avec lui, alors que tous, autour de moi, ont facilement adopté le «tu». Je n'ai pas besoin de cette familiarité. Elle me gêne plutôt. Ici, quand j'écris, je ne m'autorise à l'appeler Al qu'en ces moments où il n'est plus le thérapeute. Je tiens à ce respect qu'il m'inspire. Respect d'un autre âge, d'une autre culture, d'un autre temps? Peut-être; mais quand je pense à ce bond prodigieux que je l'ai vu faire de mes yeux et qui représente, je suppose, le passage de la maturité à la sagesse, quand je pense à la vie qui a passé quatre-vingts ans et un peu plus dans ce corps qui bat toujours avec autant de force et d'espoir en la vie, je me tais.

Ce week-end a été important pour moi. Songeuse depuis un long moment, je suis surprise de me voir déjà à la frontière Canada-États-Unis. Je me sens bien. Un petit goût de relâche plane au cœur de moi. J'ai l'âme à la bénédiction. Je mets la radio qui me parle dans ma langue. Je retrouve les sons de chez moi, l'accent de mon pays. À la douane, je dis que je n'ai rien à déclarer. J'ai avalé toute la route sans éprouver de fatigue. Il fait nuit sur Montréal maintenant.

La neige n'a pas fondu. Demain, c'est décembre. On dirait que je viens d'entrer dans l'avent, bien que je ne pratique plus depuis des années. C'était dans ma jeunesse, période de jeûne. Et c'est déjà l'hiver!

XXXIII

Les poches d'air

Décembre s'est égrené comme un chapelet qu'on récite sans âme. Je trébuche toujours sur mon texte, je fouille, j'écris des «capsules», je transcris tout à l'imparfait pour voir. Non, je reviens au présent et à la première personne. Je parle en mon nom, je déchire tout ça et j'invente une femme qui ne me convient pas. Je jongle, je n'ai pas beaucoup de plaisir. La stérilité, la grande, la totale, me guette. J'ai un vertige que je n'arrive plus à nommer. L'effondrement que j'ai connu au dernier week-end, je veux bien, mais pour un temps seulement. Il me semble que le temps écoulé est largement suffisant.

Noël, que j'aime parfois, ne réussit pas à distraire mon âme. Le sapin, choisi avec soin, n'embaume déjà plus notre salon et les cadeaux sont trop vite déballés. Il fait froid et il neige avec parcimonie. On attend encore la première vraie tempête, celle qui assourdit le pas des gens sur le béton, celle qui ouatine la chaussée comme si on marchait au paradis, celle qui fait sortir l'arsenal des souffleuses et des chenillettes. Elles sont bruyantes, les machines, et, trois bordées sur quatre, c'est pendant la nuit qu'elles dévorent leur butin. Elles me réveillent, mais me rassurent. C'est l'hiver généreux que j'aime. Le gel et le saupoudrage, comme le sucre en poudre sur les beignes, ça fait amateur. Ça ne vaut pas la peine.

Mais mon safari continue. Je refais mes bagages et je m'envole pour le Sud cette fois, Sainte-Lucie, la belle des Caraïbes! (Lowen choisit ses lieux pour travailler. Moi, je l'accompagne, travail oblige!) J'emballe pêle-mêle les tenues légères que j'avais achetées pour la Grèce. Je n'ai pas beaucoup de cœur à ce voyage. Je pars déçue de la minceur de ma productivité, terrifiée à l'idée d'avoir plongé dans un projet qui me conduira au plus amer aveu d'incapacité jamais fait. Secrètement, j'ai espoir que l'obstacle qui m'empêche de créer sera bientôt franchi. Je n'en parle pas de cet espoir, sauf à mon mari. L'errance dans la création, il connaît, lui aussi. Chaque fois qu'il s'attaque à un film, il cherche, il tâtonne. Il croit trouver la trame, il tourne tout ça dans l'ordre, puis sur la table de montage, il coupe, prend la séquence de la fin pour ouvrir l'œuvre. Mon mari est un vrai «gars des vues».

À ceux qui me demandent où j'en suis, je dis que je poursuis ma chasse. La chasse à qui, à quoi? Je crois encore que je pars à la recherche de belles pièces de travail de Lowen. À tout hasard, j'emporte l'aveu de ma stérilité dans ma valise, avec le projet bien arrêté d'ouvrir le sac si l'occasion se présente.

Mon avion pour Sainte-Lucie décolle à six heures du matin; je décide de coucher à l'hôtel de l'aéroport. Pour célébrer ce nouveau départ, je m'amuse à inviter mon mari dans ma chambre, comme si, touristes du bout du monde, amants de nulle part, on célébrait en tête-à-tête l'année qui commence. Pour me donner du courage, Michel a fait des folies: une Veuve Clicquot avec saumon fumé et toasts… c'est presque le Sud à moins vingt degrés. Cette complicité avec mon homme me fait du bien. Comme un visiteur clandestin, il repart seul dans la froidure, avec mon manteau d'hiver.

Déjà, dans l'avion, on est en pleine dissonance. Mes compagnons de bord, en short et chapeau de paille, se dirigent allègrement et bruyamment vers le Club Méditerranée. Les hommes exigent de boire du rhum, alors qu'ils n'en boivent jamais chez eux; les mères en mal d'exotisme commencent déjà à natter les cheveux blonds de leurs enfants, comme font les indigènes des îles. Les petites tresses qui se terminent par des perles au bout font hurler, l'une après l'autre, les fillettes. Mon voisin d'à côté se tortille entre les sièges pour s'extirper des jeans trop serrés qui étaient censés camoufler ses bourrelets de bière qui ne datent pas d'hier. Il réussit, après maintes contorsions, à les remplacer par un short de type *boxer* orné de palmiers. Misère! C'est à la limite du supportable. Grave, le nez collé sur mon hublot, je trime dur pour saisir le sens de ma présence dans cette galère. Et, par-dessus le marché, cinq heures de turbulences qui n'arrangent pas mon humeur.

J'ai le cœur au bord des lèvres, dans ce vaisseau ivre, je détonne. Je ne sais plus très bien si j'ai raison de m'acharner sur ce projet de livre. J'ai envie d'emprunter les accents de mes voisins. Je pourrais bien m'offrir une semaine de vacances. Endormir mon doute, masquer ma stérilité, pourquoi pas?

Une poche d'air, puis encore une autre. Autour de moi, on ne rit plus. On attend que ça finisse en s'agrippant aux bras de son fauteuil. Un silence tassé qui appelle le respect. Je m'enferme en moi, mon passeport entre les mains, je rêve à la route sur la terre ferme. Je me souviens qu'étant enfant, j'étais allée avec ma famille à Sainte-Lucie. Non, pas la Sainte-Lucie des Caraïbes. Il s'agit d'un petit village des «pays d'en haut», dans les Laurentides. La route, ravinée par des pluies particulièrement abondantes de l'été, était terrible. Ma mère priait; il ne pouvait rien nous arriver, il y avait un curé dans la voiture. Les roues glissaient, patinaient sur la glaise délavée et mon père qui conduisait nous demandait de garder le silence. Le pauvre homme avait charge d'âmes. Et moi, petite, assise entre lui et ce curé qui nous bénissait de sa présence, je rêvais à la cuisine. Je rêvais à ma place à table, à ma chambre, à mon sac d'école. J'aurais voulu être «chez nous».

Dans cet avion fragile, je pense à ma maison, au désordre vivant dans la cuisine, j'entends rire ma plus jeune et mon homme de fils qui découvre Ionesco... La main de mon mari me manque... On ne vieillit donc jamais!

Les turbulences ont cessé. Depuis quelques minutes, mes voisins s'agitent, se ragaillardissent, se lancent des avions en papier. C'est la Martinique, la voisine de Sainte-Lucie, qui s'étire maintenant sous un ciel découvert. Les manœuvres d'atterrissage sont amorcées. Comme les autres, je respire mieux maintenant. Je range mes affaires, et pour un peu j'applaudirais comme les autres le pilote grâce à qui nous sommes finalement arrivés à bon port. J'abandonne sur mon siège un magazine que je n'ai pas lu et je regrette déjà d'avoir laissé chez moi mon chapeau de paille.

Sainte-Lucie

XXXIV

À *hue* et à *dia*

Le charme de la belle antillaise balaye la plus tenace morosité. Mon premier pas sur l'île me jette dans un état second. Ici, le temps prend le temps de s'arrêter et une femme du nord qui débarque pour la première fois, seule, doit s'en remettre à la grâce de Dieu. Je n'ai pas un dollar des Caraïbes sur moi. Je n'avais pas imaginé l'aéroport aussi petit. Je cherche en vain un bureau de change. Je suis à une heure et demie de route de mon hôtel. Que faire? Dieu a inscrit mon nom sur la liste des taxis. Je suis éblouie! Me voici installée sur la banquette arrière d'une vieille Pontiac, dont les sièges sont recouverts de similifourrure rouge, les planchers retapés avec des retailles de prélart et la portière arrière, dont la poignée est arrachée, ne s'ouvre que de l'extérieur.

Mon chauffeur est affable plus qu'il le faut. Aimable au point de m'inviter à prendre place sur le siège avant, à côté de lui. «Pour profiter d'une meilleure vue», dit-il. Je décline l'invitation et confie à la Providence ma vertu et ma sécurité. La conduite à gauche n'a rien de rassurant pour moi. Sur cette route, on semble tenir pour acquis que celui qui vient vous a vu et va se ranger. Au bout de cinq minutes, je remets encore une fois mon âme à Dieu. Il y a longtemps que je n'ai pas autant prié. Seigneur!

Les cabanes qui longent la grand-route m'impressionnent. Imprudents, plantés au milieu de la voie, des enfants nus regardent passer le taxi qui amène la dame blanche avec ses valises à l'autre bout de l'île. Ça me donne un choc. Ils sont là par grappes, à guetter les voitures qui passent. Des hommes maigres et longs sur pattes transportent des régimes de bananes vertes sur leurs épaules. Des femmes ondoyantes et courageuses les rangent dans des boîtes. On voit au loin un gros bateau. Mon ange gardien m'explique que c'est le *Banana Boat* qui va emporter tout ça vers le Royaume-Uni.

Au passage, mon dévoué chauffeur de taxi me signale un quartier célèbre de l'île.

— On ne reste pas seule longtemps ici, ma petite dame. Où il est ton mari?

Il propose de me faciliter les choses et d'organiser pour moi une rencontre avec un ami distingué, «pas n'importe qui», si cela peut me rendre service, bien sûr. Je remercie poliment et je sors mes lunettes. Mes lunettes, c'est un rempart, un garde-fou, un condom... ça ne rate jamais.

Les cabanes se font de plus en plus rares. Quelques villas ici et là entre les palmiers. Au loin, la mer, belle, généreuse. Des cahots nous obligent à réduire la vitesse. D'autres taxis reviennent de leur course, des saluts, des petits coups de klaxon. Tous ici ont l'air de connaître mon chauffeur. Ils regardent d'un air complice la dame blanche toute seule sur son siège, derrière. Ils se tapent la cuisse en clignant de l'œil. Je ne sais plus si l'on se paye ma tête ou celle de mon chauffeur. À moins que mes lunettes... Les autres touristes, débarqués du même appareil que moi, ont tous été orientés vers les minibus. Je suis la seule à profiter de ce traitement de faveur. Je n'ai plus de doutes, mon chauffeur avait fondé sur cette course des espérances qui n'ont pas été comblées. Je mesure par là sa civilité que je récompense par un généreux pourboire. Dans les circonstances, il s'est fort convenablement conduit. Il n'aura pas tout perdu, le pauvre homme!

À la porte de l'hôtel, un majordome en habit blanc galonné d'or me reçoit en m'appelant par mon nom. Il ne lâche pas un énorme sifflet attaché à ses galons dorés. C'est lui qui est responsable des taxis; j'apprendrai plus tard qu'il ne faut pas lui usurper ses attributions.

Ma chambre est d'un luxe que je ne m'offre jamais. Sur un lit immense, un peignoir de coton ouvert en éventail et une fleur d'hibiscus toute fraîche, posée à la taille. Un magnifique bouquet de fleurs sur la table et d'immenses portes-patios qui donnent sur la terrasse. Une terrasse avec vue sur la mer: à quelques centaines de mètres, deux îlots de palmiers baignent en pleine eau chaude comme une femme allongée sur le dos, un sein pointé vers le ciel. C'est le paradis! De belles filles, poitrine au vent, cuivrées, bien taillées, s'étirent sur la plage. Elles me paraissent avoir été placées là exprès pour faire affront à la peau blanche des gens du nord. Des valets noirs comme du fusain ondulent en trimballant d'énormes plateaux chargés de cocktails de toutes sortes. Le jardin regorge d'hibiscus, de poinsettias, de glycines et de roses: des fleurs, il y en a partout! Pour vrai, c'est le paradis!

J'en suis là de mes observations quand on frappe à la porte en m'appelant, encore une fois, par mon nom. Je serais déjà connue? J'ai le vague sentiment qu'on me prend pour quelqu'un d'autre, une quelconque V.I.P. Mais non, c'est la coutume ici, on personnalise le service, on prend le client en main dès son premier pas sur l'île.

Un petit groom m'apporte un panier de fruits exotiques: des ananas, des pamplemousses, des raisins et des melons... de quoi me nourrir pour une semaine. L'hôtesse qui l'accompagne me confie fièrement, comme un bébé que l'on met dans les bras d'une nouvelle accouchée, une bouteille de Moët et Chandon bien frappée. Je dis que je n'ai rien commandé, que ce doit être une erreur. Les deux rient à gorge déployée en me disant que c'est une gracieuseté de l'hôtel. Ailleurs, on vous honore d'une bouteille d'Évian, ici c'est au Moët et Chandon qu'on vous souhaite la bienvenue! Je suis plus estomaquée que ravie, je perds le sens d'une certaine réalité.

Plus ou moins désaxée, je décide de visiter les lieux, j'erre et découvre une enfilade de trois salles à manger qui longent la plage; autant de bars qui répondent à votre humeur du moment; des salles de services «gratuits»: massages, bains d'algue, soins du visage, etc. Attention, c'est sérieux: prise de tension artérielle, fiche d'antécédents médicaux requis. On met une bonne heure à faire votre bilan. Une petite boutique propose des huiles solaires et protections de toutes sortes, chapeaux de paille et maillots de bains fluo super érotiques, plein, plein, plein de cache-sexe brésiliens aussi appelés «soies dentaires» chez nous... Ouf! je ne sais plus où je suis.

Depuis que j'ai mis le pied sur cette île, j'emmagasine les impressions sans trop savoir comment elles opèrent en moi. Je sens qu'on me tire à hue et à dia. Entre la pauvreté que j'ai aperçue en chemin et l'environnement capitonné dans lequel je flotte, j'ai un malin sentiment d'irréalité, de vulnérabilité. Ce monde jure avec l'expérience de stérilité et d'austérité que je transporte dans mes bagages. J'ai besoin d'un arrimage quelque part, d'un point d'ancrage dans le connu, d'un trait d'union avec moi-même. Je vais plonger dans la mer, question de me ressaisir, de revenir à la réalité.

XXXV

La main de mon père

Me déchausser et plonger mes pieds dans le sable chaud, en plein mois de janvier, alors qu'il neige sur ma maison, je ne fais pas ça n'importe comment. Je prends le temps. Je marche le long du rivage, mes sandales entre deux doigts, je choisis ma place. Lentement, selon un certain rituel, je m'avance jusqu'à mi-mollet. Chaque fois c'est la même chose, je n'en reviens pas de la chaleur de l'eau. Je déguste... je me «métabolise». C'est jeter l'ancre ailleurs que dans la froidure de mon pays. Pendant un moment, je suis transportée de joie, j'exulte comme une enfant, volupté à laquelle je n'avais pas touché depuis bien des années.

Je ne vois pas que tout près de moi, seul et songeur, Al se repose sur une chaise longue. Le voilà, mon point de repère dans cet univers étrange, mon pilier, mon trait d'union. Lorsque je l'aperçois, il me fait signe. Je suis comblée; on dirait qu'il a senti mon décalage intérieur. En un-coup-d'œil-une-main-tendue, nous retrouvons le contact laissé en suspens quelques semaines plus tôt.

Je perçois aussitôt son air soucieux. On échange quelques mots, des banalités d'usage, puis il retourne en lui-même. Il regarde au loin, l'index recourbé dans la bouche, il a l'air grave. Sa jambe repose sur la chaise, à demi fléchie, le genou violacé et enflé n'annonce rien de bon. Une cicatrice est encore fraîche.

— Ça ne va pas mieux, à ce que je vois...

— Oh non, c'est pire depuis quinze jours. Je n'aurais pas dû subir cette opération.

Il pince les lèvres dans une moue de contrariété. Il n'a pas l'air gai que je lui connais quand il arrive dans un univers qui attise sa curiosité.

— Qu'est-ce que vous faites pour vous soulager?

Il rigole...

— Je devrais faire quelque chose, bien sûr, de la glace, des massages, des anti-inflammatoires... mais je suis négligent... c'est une épreuve, ce genou. Tu vois, j'en demande trop à mes jambes. J'ai toujours voulu me tenir debout, tenir le coup... ça, c'est le résultat. C'est mon problème à moi, c'est mon caractère, tu le sais bien.

De la main, il chasse un moustique, un brin de dépit et d'amertume au bord des lèvres.

Je le vois souffrir, son mal m'atteint. Je sais que je peux faire quelque chose pour lui. Je l'ai déjà fait en Grèce. Après quelques jours, il allait beaucoup mieux. Prendre soin tendrement d'un père qui se repose sur la génération suivante me comble d'une joie profonde. Un juste retour des choses. De tout temps, j'ai voulu m'approcher de celui qui m'a engendrée. Je me souviens...

Pendant un temps, quand mon père me conduisait au collège, j'avais pris le parti de l'embrasser en sortant de la voiture le matin. J'avais quatorze ans. Il me repoussait en disant: «Ben voyons, qu'est-ce qui te prend, ma fille?» Le lendemain, je tentais ma chance de nouveau. Il était toujours aussi gauche. Puis il prit l'habitude de me dire, avant de stopper la voiture: «Dépêche-toi, tu vas être en retard.» La main droite sur le volant, il levait le coude pour me repousser. Je me sentais dangereuse. Après quelques semaines de tentatives, j'ai cessé de m'approcher de lui. Je regardais les autres filles qui embrassaient leur père avant de le quitter. Je les enviais.

Cachée derrière mon envie, il y avait la nostalgie d'un moment béni, oh! un tout petit moment, un seul moment, que j'avais connu avec lui. J'avais sept ans, pas plus. Ce moment-là, j'ai toujours cherché à le retrouver.

C'était un jour d'été, Papa était à la maison. Il lisait les journaux. C'était l'une de ces rares pauses, vraiment très rares occasions où il occupait son temps autrement qu'à construire un mur, à en défoncer un autre, à réparer un piano, un harmonium, ou à tondre la pelouse. Il était là, silencieux et détendu, en vacances. Moi, j'avais mal. Je venais de quitter un grand jeu dont je raffolais. La migraine, ce jour-là, était insupportable. En pleurs, la main sur ma tempe gauche, j'écoutais battre mon cœur dans mon oreille. Pour maîtriser la nausée, je ne bougeais pas. Il faisait beau, les enfants de ma rue jouaient bruyamment, j'étais le chef de gang. Rare moment d'appartenance. Une enfant de sept ans ne se retire pas sans motif d'un grand jeu dont elle est la meneuse. Incapable de cacher mon mal, je m'étais blottie sur le divan. Mon père lisait son journal dans la berceuse. À chaque mouvement, le même grincement du plancher. Un gémissement. Tout à coup, le grincement se tut. Je savais que Papa me regardait. Il regardait, malheureux, sa fille si jeune déjà blessée. Il déposa son journal, puis vint vers moi. Il mit seulement sa main, sa grosse main noueuse de travailleur, sur mon front moite. Elle était fraîche sa grosse main calleuse. Ses doigts étaient courts et l'index, habitué à frapper mille fois sur les touches d'un piano, était irrémédiablement recourbé vers l'intérieur. Sa main avait tout juste la dimension de mon front. On aurait dit qu'elle était faite pour guérir. Il était agenouillé près de moi, tendre, seulement présent, silencieux. J'ai le souvenir d'avoir pleuré plus doucement à partir de ce moment. La migraine s'échappait de ma tempe et coulait comme du sable dans le creux de sa main. Une petite brise, un répit, une rémission. Mon père était un homme bon. Ce toucher-là était chargé de tout l'amour du monde, de toute la souffrance du monde, de toutes les larmes des enfants de sept ans forcés de renoncer à un jeu palpitant pour cause de douleur. Cette main tendre sur mon front, c'est sa souffrance à lui qui rencontrait la mienne. Je crois que j'ai toujours su que c'est sur ce plan-là que nous étions vraiment complices dans une même humanité. La tendresse qui passait dans ce geste simple se répandait comme une pluie douce jusque dans mon ventre. C'était la relâche, l'intimité, enfin l'exclusivité! Cette main fraîche sur mon front, c'était presque rien, mais c'était tout ça. Et c'était si rare.

Puis, subitement, il s'est levé et a retiré sa main. Et moi, j'ai dit: «Reste encore un peu.» Il a dit: «Une compresse fraîche fera encore mieux» et je n'ai rien demandé. J'ai cessé de pleurer. La compresse ne faisait pas mieux. Il a repris son journal et sa berceuse. C'était déjà fini! Le grincement des planches a repris, comme une horloge qui se fout du temps qui passe. Dans ma tempe, le bombardement a recommencé.

Aujourd'hui encore, la main de l'homme que j'aime sur mon front, c'est la félicité, la connivence, la complicité, c'est tout l'amour du monde, et j'en voudrais indéfiniment. Je ne peux pas m'en lasser. Je ne peux pas m'en passer, mais je ne le demande jamais... je n'y pense même plus!

Me voilà bien loin des Antilles chaudes et des vagues que je regarde sans les voir depuis un long moment. Je me suis laissée flotter, moi aussi, dans ma jonglerie en regardant au-delà du bout du monde.

C'est maintenant l'heure de dîner. Al marche lentement, péniblement, pendu à mon bras. C'est la première fois que je sens qu'il en a besoin.

— Tu vois, je suis un infirme... j'ai du mal à marcher, je ne fais plus ce que je veux, et c'est un martyre pour moi de me résigner à aller lentement. Ça n'est pas mon rythme, ça.

Il a l'air déchiré. Al Lowen n'est pas le genre d'homme à se présenter comme un infirme. Les longs escaliers et couloirs qu'il doit parcourir pour se rendre à sa chambre représentent un véritable calvaire. Dans son bras glissé sous le mien, je sens la lutte qu'il doit livrer pour freiner son geste, son impulsion naturelle.

De retour dans ma chambre, je n'ai plus de doutes. Je me couche déterminée à prendre soin de lui. Al a du mal à accepter l'aide des autres, je le sais. Le plus terrible qui puisse m'arriver est de l'entendre dire: «Je ne suis pas un infirme... ne te mêle pas de ça.» Je prendrai le risque, et je sais déjà, au fond, qu'il ne va pas me congédier. Je sais aussi que je repars comme en quatorze, comme en Grèce quatre mois plus tôt. Je vois que je m'engage encore dans une relation toute particulière avec Al. J'ai la sensation de marcher sur un fil. Mais c'est plus fort que moi, j'abandonne ma prudence et mes principes et je me laisse séduire par l'illusion d'une réparation possible, inespérée. Je ferme les yeux et je me laisse dériver. J'ai espoir, espoir seulement, de ne pas couler.

Au petit déjeuner du deuxième jour, je demande un seau de glace; il n'a pas pris son médicament, «oublié!» Comme un gamin, il sort la bouteille de sa poche, l'air contrit. Après le repas, petit massage sur la plage. La jambe est tendue, nouée comme une cotte de maille. Le mollet rigide, le genou chaud et enflé. Un toucher, une pression, une palpation, peu à peu les muscles s'assouplissent. Je vois ses épaules se relâcher, la tête s'incliner vers l'arrière, il s'endort. Cela lui arrive souvent.

Chaque jour, nous passons ainsi de longs moments en silence. Par instants, il entrouvre les yeux et me montre sans rien dire à quel point mes gestes lui font du bien. Quelquefois il hoche la tête comme s'il voulait s'en excuser. À d'autres moments, il sourit, reconnaissant:

— Ce que tu fais là est bien précieux pour moi.

Je ne réponds pas, je continue lentement mon travail, avec la foi des guérisseurs quand c'est l'amour qui guide leurs mains. Mes doigts débusquent les barrages musculaires, et les petits nodules, vestiges chez lui aussi des vieilles tensions, se dissipent tranquillement.

L'homme qui me confie ainsi sa jambe malade, c'est Al Lowen souffrant, humble, parfois bien triste. Un homme qui a une histoire. Il est fragile et vaincu. C'est l'homme que j'ai aperçu en Grèce et que je ne me lasse pas de découvrir. Dire que je ne me livre pas à une certaine contemplation, ce serait mentir. Dire que je ne me doute pas de l'impasse dans laquelle je vais me trouver en soignant à m'en rogner les jointures le «grand maître» que des gens du bout du monde sont venus consulter jusqu'ici, ce serait digne d'un arracheur de dents. D'autant que cette histoire de statut particulier, j'en ai déjà écrit le brouillon en Grèce. Faut croire qu'on n'apprend jamais!

Le soir, il a encore oublié sa pilule. Incorrigible et têtu! C'en est presque drôle quand je le rappelle à l'ordre. Piteux, il s'exécute avec une docilité que je ne lui connais pas. Il joue les distraits, ça se voit.

XXXVI

Où es-tu, mon âme?

Le travail va commencer. Nous sommes un peu moins de trente participants. C'est, encore une fois, le monde entier qui s'est donné rendez-vous. Des Allemands, des Suédois, des Américains, des Brésiliens, etc., se placent discrètement en demi-cercle autour de Lowen. Comme d'habitude, on se regarde, on cherche une alliance ou deux. On se demande où on a déjà vu celui-là et d'où peut bien venir celle-là… J'ai tendance à m'isoler. La vie de groupe habituellement ne me pèse pas. Mais au fur et à mesure que j'accumule les sessions, que de nouvelles personnes aux accents que je ne comprends pas m'obligent à d'incessantes adaptations, je sens poindre ma nature sauvage. Je me fabrique un cocon.

L'endroit où nous allons travailler s'appelle l'Oasis. Quarante-deux marches plus haut que l'hôtel où nous logeons. À flanc de colline, c'est un sanctuaire, une place des thermes, un temple du soleil, un sérail, rien de tout cela et tout cela à la fois. C'est un lieu de jouvence étrange et unique. Des petites masseuses en ébène attendent docilement qu'on les appelle, alignées le long du mur comme les perles d'un boulier.

Cet hôtel se veut un établissement de santé. Les habitués se livrent corps et âme à qui veut bien en prendre soin. On vient ici pour «gérer son stress», sentir son karma, s'évaporer dans la musique Nouvel Âge, se mettre en forme à l'aérobic, méditer dans des effluves d'encens, et domestiquer ses bourrelets par le «body-building». Sans doute vient-on aussi y faire bien d'autres choses. On se laisse prendre en charge pour oublier. Oublier la douleur du temps actuel, oublier la stérilité de nos liens, oublier le désespoir que cachent nos agitations, oublier qu'on a peur de la mort, qu'on a peur de l'amour et de la vie. Dans notre vivier (notre salle de travail est entièrement vitrée), nous choisissons au contraire de ne pas oublier. C'est de front que nous abordons nos douleurs, nos angoisses et nos tensions, comme autant d'obstacles à notre vitalité. Dans notre aquarium, nous plongeons dans d'inéluctables abîmes avec l'espoir d'en ramener cette précieuse félicité d'une âme qui se réincarne, d'un corps qui respire et se possède. C'est une question de vision du monde, de rapport à l'existence. C'est une autre philosophie du corps et de la santé.

La pièce où nous travaillons est voisine d'une galerie sur laquelle s'ouvrent aussi les cabines de massage, ce qui nous prive de toute intimité. De la galerie, les touristes peuvent scruter à loisir ce qui se passe dans notre enceinte, et ils ne se gênent pas pour le faire. Cette exposition à tout venant m'indispose terriblement. Je comprends la stupéfaction et les gloussements de ceux qui n'ont jamais touché à notre médecine. Peut-on leur en vouloir? Il faut connaître pour comprendre. Mais cet environnement me scinde en deux: d'une part, je suis tentée de banaliser nos drames qui, ma foi, sont universels; d'autre part, en réaction contre ce voyeurisme dont nous sommes l'objet, je me sens d'une pudeur farouche.

Quand il le peut, Lowen fait un signe impatient de la main pour chasser ces fouineurs, comme on chasse les moustiques du mois d'août, le soir, à la brunante. Cette ambiance particulière m'affecte, on se croirait dans un zoo.

Je m'accroche à mon carnet de notes, non pas pour transcrire les propos échangés, mais pour écrire ce que ces ambiances me suggèrent. C'est un exercice qui me plaît, qui me distrait, qui parfois me donne espoir. Je n'ose plus m'avouer que si j'investis tellement dans cette semaine de travail, c'est pour trouver une issue à ma stérilité. J'en suis toujours au même stade de stagnation dans mon écriture. Cela m'est douloureux. Un obstacle à l'intérieur de moi m'empêche de dire quelque chose. Je suis ici pour faire sauter un bouchon. J'ai peur d'échouer. Mon insignifiance, à laquelle je donne des manières, m'obsède. La considération dont Al me gratifie exacerbe mon sentiment d'imposture. J'ai un vertige fou.

Avant la fin de la première journée de travail, je plonge, advienne que pourra! «Je me sens totalement paralysée dans mon écriture. Je me bute à un obstacle que je n'arrive pas à identifier, j'ai perdu mon inspiration, si seulement j'en ai déjà eu! Une masse à l'intérieur de moi m'empêche d'avancer. C'est comme si j'avais perdu mon âme.»

Une semaine avant de partir pour les îles, je me heurtais toujours à mon infertilité littéraire. Une sensation étrange, mais bien réelle, ne cessait de m'habiter. C'était une sensation cruelle, très vive: celle d'avoir perdu mon âme. J'avais l'impression de l'avoir cédée ou troquée, un jour, quelque part, il y a longtemps. Ce que je décris là n'est pas une abstraction philosophique, une construction de l'esprit, ce n'est pas une idée. C'est une sensation pure, enracinée dans le corps, plus précisément dans la poitrine; une sorte de désespérance ou d'exil. Cela ressemble à la nef d'une cathédrale vide, en plein cœur de soi.

Quand je parle de mon âme, c'est dans le sens étymologique du mot: *anima*, ce qui «anime» la personne, ce qui lui donne son mouvement propre. Perdre son âme, c'est priver un animal de sa mouvance naturelle pour lui apprendre une autre façon de marcher, de courir, de crier, de manger. Sur le coup, ce sentiment me parut tellement curieux, tellement absurde, et j'aurais eu tellement de mal à le décrire, que je décidai de le garder pour moi. Je suis seulement demeurée un peu perdue, suspendue entre ciel et terre, immensément triste.

Michel et moi aimons beaucoup le cimetière de la Côte-des-Neiges pour nous y promener le dimanche. L'endroit est calme, cela va de soi. C'est un lieu sacré, et les saisons s'y succèdent avec une poésie propre aux champs de l'âme. Je n'avais parlé de tout cela ni à Michel ni à personne d'autre. Mais ce jour-là, au cimetière, dernier dimanche avant mon départ pour les îles, je lui ai tout raconté. Il m'a laissé parler sans s'étonner. «On sait si peu de chose», m'a-t-il répondu et Dieu sait que je suis d'accord. Déjà, mon expérience m'apparaissait moins étrange.

Lowen m'écoute avec beaucoup d'intérêt. Je sens qu'il me croit, qu'il existe entre nous une réelle communion de sentiment sur ce point. Peut-être, lui aussi, a-t-il déjà connu la même sensation? Soulagement pour moi qui croyais me raconter des histoires. Quand il fait face à de tels enjeux, c'est dans le corps et non dans l'esprit que Lowen cherche l'issue.

— C'est tout à fait juste de dire que tu as perdu ton âme. Ton âme, c'est ta voix. Il faut consentir à l'entendre, elle cherche à se faire entendre. Tu ne peux plus écrire parce que tu as honte de quelque chose. Tu t'épuises à tout retenir en toi. Tu veux essayer de lâcher ta honte?

Facile à dire! Bien sûr que je veux essayer, mais je ne sais pas que j'ai honte. Oh si, je me doute que j'ai honte! Précisément en ce lieu où mon intimité avec le «Maître» est inacceptable. Cette relation toute spéciale que je m'autorise à vivre n'a rien de «correct». Et cela se passe au vu et au su de tous. Je ne m'en cache pas, lui non plus. Comme si nous répondions tous les deux à un appel du destin. Comme si, précisément pour écrire, j'avais besoin de la transe. Mais quand on vit en groupe, en famille, ces exclusivités sont dommageables. Elles génèrent mille tensions qui nuisent à l'harmonie de la communauté. *L'harmonie à tout prix!* me dit une voix. C'était le slogan chez nous. *Tu devrais savoir ça et garder ta place. Une place pour chaque chose, chaque chose à sa place...* un autre slogan. *Ta mère t'a dit tout ça plutôt mille fois qu'une. Tu devrais savoir, Bon Dieu!* Mais une autre voix me dit : *Mais quoi? Il s'agit de bonté, de soins, de tendresse. Peut-on, doit-on en avoir honte? Allons, donc! Elle est là, la perversion, s'il en est une. Transformer en vice le meilleur de moi.*

Je garde pour moi ce discours intérieur. J'essaye d'oublier ce doute qui n'a d'autre effet que de ternir le plus beau. Mais je n'ai pas oublié la Grèce et je me sens glisser, impuissante sur ce chemin périlleux que je connais trop bien.

Lowen me propose, bien sûr, le tabouret. Renversée sur le banc, laisser passer ma voix, l'accompagner de ma respiration et la laisser se casser dans les sanglots s'il y en a, et masser de la sorte ce diaphragme qui joue si bien son rôle de sourdine. Il se contracte et se rétrécit, il veille à la contenance. Étiré comme il l'est dans cette position, il peut lâcher, il doit lâcher. Aujourd'hui, il ne lâche pas. Ma voix est frêle, une vraie pitié! Mais elle ne casse pas, elle s'effiloche. Ce n'est pas un sanglot, c'est un hoquet tout au mieux, une toux sèche.

— Élève un peu la voix, comme un enfant. Fais: «Ahhh!»

C'est encore pire. On dirait une mauviette. C'est insupportable.

Fatiguée, je change de posture; repliée sur moi-même, mains par terre, en «arc inversé», j'étire ce dos qui fait tant d'efforts pour conserver sa rigidité. C'est souvent dans cette position que surgit l'émotion. C'est une charge un peu diffuse, une sorte de désespérance en face des misères, des entraves, des fantômes et des bâillons avec lesquels on est encore et toujours aux prises.

Lowen revient sur sa piste, moins découragé que je ne le suis. Le corps peut libérer la voix, quand il s'affaisse, quand il prend le risque de tout perdre... J'ai soudain devant les yeux l'image de mon fils tout petit qui, le soir à mon retour du travail, se jetait éperdument dans mes bras du haut de l'escalier. Chaque fois, c'était pour moi une sorte d'extase de recevoir une pleine brassée de ce petit bonhomme confiant qui exultait en gigotant dans mes bras. Il n'avait aucune peur de la chute. Il risquait sa vie avec une béatitude infinie, mon noiraud!

— Tu sens que tu as honte?

— Mais je vous dis que je n'ai pas honte. J'ai un obstacle en moi, c'est tout. C'est une masse ici, dans le ventre, dans la poitrine. Si j'ai honte, je ne sais pas de quoi j'ai honte.

— Allons bon! On va voir.

Il me propose de me tenir sur la pointe des pieds en prenant appui sur le tabouret qui est derrière moi, mais seulement du bout des doigts pour garder l'équilibre[1]. Avancer le bassin et maintenir le corps tout entier en état de tension. Cela semble être un jeu d'enfant au début. Un exercice de chute. Une posture sans conséquence. Puis, à bout de résistance, l'organisme se met à vibrer. Le bassin pivote sur lui-même balance d'avant en arrière, les jambes vont céder. La tête, la volonté, dirait-on en langage commun, dit: *Non, tu vas tenir, tu ne tomberas pas si facilement.* Alors s'engage la lutte, la vraie, celle qu'on doit livrer devant la page blanche. Le poste de contrôle dit: *Tu ne te révéleras pas, tu ne lâcheras pas, tu peux tenir le coup, garde la face, tu l'as toujours fait. Ne montre pas ce bassin qui danse, arrête tout ça! Tout de suite, tu m'entends?*

— Dis: «Je ne peux plus tenir», me propose Lowen.

— Mais ce n'est pas vrai, je peux tenir encore. Justement, je m'épuise à tenir.

— Alors, dis: «Je ne peux pas lâcher.»

Une fois, deux fois, trois fois, j'ai avoué mon impuissance à lâcher prise. La chute me faisait si peur que j'ai dû atteindre le point de rupture avant de céder. Ah, que le corps est bien armé!

Les genoux ont cédé. Je suis tombée. À bout de tension, à bout de forces, à bout de souffle. Et dans la chute, les sanglots profonds de l'effondrement. Encore une fois! Étrange sentiment de ne plus rien posséder, d'être livrée sans défense au destin. Extrême nudité!

---

1. Voir figure III, p. 257.

Lowen est là qui regarde ce corps respirer. Il a l'air de chercher, puis il a une idée.

— Tu peux nous parler de ta relation avec ton père? Parle-
nous du petit dessin.

Flagrant délit de fuite. J'ai tout fait pour me cacher. Pour tromper tout le monde, même mon lecteur. C'était cousu de fil blanc, je
l'ai toujours su! Eh bien oui, la Mathilde de Grèce, celle qui avait
dessiné un petit bonhomme avec un pénis rouge quand elle avait six
ans, eh bien c'était moi! Je le confesse, je n'ai pas pu raconter cet
épisode en mon nom jusqu'à maintenant. Même aujourd'hui, j'hésite
à dire «je» en racontant cette anecdote *sans conséquence*, souvenir
d'enfance. Un geste du cœur et du corps qui a provoqué la fin d'une
histoire d'amour. Un aveu, puis un grand silence. Une passion avor-
tée. Pourquoi ai-je eu besoin de me déguiser? Je le saurai bientôt.

Alors, je raconte, encore une fois:

— Une petite fille de six ans, en cachette, fait pour son père,
pour lui seul, le dessin d'un bonhomme, une bonne femme peut-
être... elle ne sait pas trop, bref un personnage doté d'un gros
pénis. Elle soigne le détail, la couleur des cheveux, les talons des
souliers et la couleur vermillon de la «chose», dont elle ne connaît
pas encore le nom. C'est victorieuse et généreuse qu'elle apporte
l'œuvre à son père. Stupéfaction générale de la famille attablée.

J'ai déjà raconté ça... est-ce important de le redire? Je me tais.

— Continue, dit-il.

— Horreur de la mère qui suffoque en guettant la réaction du
père, ricanements des sœurs qui pointent le ridicule du tableau.
Solennellement, devant témoins, le père déchire avec dégoût le
petit bout de papier qui se voulait une lettre d'amour, la première, la
dernière à tout jamais. Il dit que c'est très laid, que c'est péché, que
le vice, c'est ça, que... je n'entends plus le reste. Le monde vient de
s'écrouler en dedans de moi. Je ne sais que faire pour tenir le coup,
je m'avale tout entière, je souris comme les autres, comme toujours,
je souris!

C'est une petite histoire banale, même pas un drame, seulement la face visible d'un hiver qui dure toujours. C'est le seul souvenir conscient d'une longue série de fuites et d'abstinences, de
regrets ressentis en voyant les autres filles du collège qui, sans
pudeur, embrassaient leur père le matin.

— Elle aimait beaucoup son père, dit-il aux autres. Et lui aussi
probablement l'aimait beaucoup. Mais il avait trop peur de cet

amour. Il a préféré l'humilier. Elle est restée fixée à ce rejet-là. Ce fut un choc. Elle est encore sous le choc. Comme si l'organisme entier s'était congelé par suite de ce traumatisme. Un mouvement du cœur, une ouverture innocente à la passion, l'amour d'une petite fille pour son père. Puis le coup. Inattendu, inconcevable. Elle reste là, incrédule, elle se demande ce qui lui arrive. Elle a honte d'un mouvement pourtant tout à fait innocent et généreux, mais elle doit sauver la face. Elle va se tenir debout. Alors, elle lutte toujours, elle se bat encore aujourd'hui contre les impulsions qui sont en elle. C'est à cela que se heurte son écriture. Prendre le risque de révéler l'intérieur, en toute générosité, en toute passion, en toute innocence.

J'entends ce qu'il vient de dire comme une agonisante qui voit défiler sa vie. À l'entendre dire avec autant de précision ce qui devrait sortir de moi, mon corps finit par lâcher. Mes pleurs ont un goût de libération.

Lowen sait que dans cette respiration de l'âme, qui se faufile crue, à vif, non blanchie, il y a relevailles. C'est un cran de plus dans l'ouverture, c'est un centimètre de dilatation dans la mise au monde. Un centimètre seulement, mais un de plus. Lowen est toujours à côté de moi, mais il ne dit rien maintenant. Je prends le temps de récupérer, de me dilater jusqu'au bout de ma «parturition». Je retrouve mon souffle et je refais mes forces.

Alors, il me propose d'aller un peu plus loin. Au point d'abandon où j'en suis, je suis prête à tout. Je n'ai plus aucun goût pour la résistance. Couchée sur le dos, il me fait plier les jambes, les pieds à plat sur le matelas, et il glisse entre mes genoux une serviette enroulée. Pour garder symboliquement la «chose», je pousse les fesses dans le matelas. Il avait fait cela avec Marianne, en Bretagne. C'est un jeu revigorant. J'y prends goût. Lui, il tire sur la «chose» pour me l'enlever. Moi, je garde, je serre et je tiens bon. Il ne lâche pas et je m'épuise à tirer ainsi sur mon dû. Je continue de m'agripper. Je ne lui en ferai pas cadeau, non Monsieur! C'est un instinct animal qui me pousse, une âme endormie qui se réveille. La lutte dure, dure, et je vais céder. Je ne veux pas céder.

Et je ris et plus je ris, plus je risque de lâcher. En même temps que les rires fusent, s'insinue une sensation très vive de possession de soi. Non pas de contrôle, non! je dis bien de «possession». Comme si l'abandon dont je parlais plus tôt s'était changé en une joie sans pareille, en une amplitude intérieure qui prend chair dans la sexualité.

— Le voilà, ton petit bonhomme, celui de ton dessin, me dit-il en riant. Tu avais le droit de l'offrir, de le créer, de le montrer. La voilà, ton œuvre, ton écriture. C'était ton petit bonhomme déchiré. Tu as le droit de le raconter, tu as le droit de lui donner la vie.

C'était donc ça! J'avais honte de ÇA! Voilà pourquoi je cherchais à me déguiser, à me cacher derrière Mathilde. Cette interprétation me redonne vie. Elle m'insuffle une énergie terrible: me libérer du silence, déterrer mon «âme» comme on fait sauter un bouchon et voir mon écriture jaillir. Mon gribouillis était donc déjà, à six ans, mon œuvre à venir? Avec ses disproportions et son impudeur, elle tenait tout entière dans ma voix d'enfant. Celui à qui elle s'adressait me l'a fait ravaler. Elle est toujours là, en travers de ma gorge. Se pourrait-il que cette voix muselée par la honte et l'humiliation arrive enfin à se faire entendre?

Je redouble d'énergie et je tire en riant à pleine gorge sur le petit bonhomme. J'en redemande et récupère. Lowen ne lâche pas encore, il me met à l'épreuve. Je serre plus fort, le bonheur augmente, la fierté aussi. Il rit de me voir aussi déterminée, et c'est tout mon corps qui se déroule. Et j'exulte, et je me dilate, et je connais une grande joie. Alors, il dit:

— Voilà la véritable ré-incarnation.

Moi, je me sens en état de béatitude, je baigne dans la grâce. La ride sur mon front a disparu, et un sourire intérieur se répand jusque dans mon ventre avant de refluer sur mon visage comme une ondée. Je ne le dis pas, je n'ose pas, je ne veux pas manquer de modestie, mais je crois que c'est une giclée de beauté immanente qui m'éclabousse de joie.

XXXVII

Quand l'extase fait place au doute

Sur la plage, c'est la félicité absolue. Détendus sur nos chaises longues, nous guettons le «rayon vert» qu'Éric Rohmer a si bien décrit. Cet éclair qui parfois traverse la ligne d'horizon au moment précis où le soleil finit de s'engloutir dans la mer du sud. À condition que le ciel soit sans nuages. J'ai l'absolue certitude que ce soir, le phénomène va se produire pour moi. Effet d'optique ou effet complice de la nature, je vois le fameux rayon vert! Non, ce n'est pas le rhumpunch. J'admettrais, au mieux, que la légèreté de mon corps, après la transe qu'il vient de vivre, me procure une certaine clairvoyance. Je garde pour moi ce clin d'œil à mon inconscient. J'ai un sentiment d'éternité, de transcendance, de toute-puissance, et je donne congé à ma rigueur.

Même le genou de mon «patient» paraît prendre du mieux. Je ne m'en cache pas, je m'en attribue une partie du mérite. Je ne suis pas dupe de mon inflation, mais ce soir, j'ai dans ce crépuscule des dieux, le cœur à l'échange, aux soins réciproques, et c'est sans arrière-pensée que j'essaye de rendre à Al un peu de la renaissance que je lui dois. Je laisse courir mes doigts. Je ne sais pas très bien si je fais ce qu'il faut. Au-delà des risques et des rivalités que ma situation provoque, je sonde mon bonheur. J'explore l'amplitude de mon cœur qui respire autrement. Je suis mon instinct qui ne m'a jamais paru si proche de l'innocence. Je fais mon travail en naviguant dans mes entrailles. J'aime!

Je prends conscience tout à coup que je n'ai pas levé les yeux sur Al depuis un long moment. Trop grisée par l'espace de moi. Trop absorbée dans la contemplation d'un cœur qui aboutit. C'est *mon* cœur après tout. Comme un bourgeon trop mature qui s'autorise à éclater. C'est presque instantané, c'est le fruit d'une trop longue attente. Quand j'ose enfin lever les yeux, il me semble apercevoir sur son visage un rayonnement qui me laisse bouche bée. Dans le regard qu'il pose sur moi, je vois une infinie douceur. Je sens que j'y suis pour quelque chose dans cette douceur. Comment oser dire ce genre d'expérience quand on participe à la grandeur des choses? Comment ne pas entendre ce refrain connu: *Pour qui te prends-tu?* Je bats en retraite et je dis que je tairai ce que j'ai vu de lui, ce que j'ai senti de moi. Oui, je me tairai, mais je crois que ce que j'ai vu sur son visage, c'était quelque chose qui ressemble à un état de grâce.

On a beau s'enivrer de bonheur, se griser de la chaleur des îles et de la beauté du monde, la réalité finit toujours par vous rattraper. La faim, l'agitation de la salle à manger, le parfum des épices, l'odeur des grillades qui ce soir vont nous distraire des générosités de la mer, voilà qui a du bon! Le repas est joyeux, le sommeil profond. J'entreprends la journée du lendemain d'un pied agile.

Ce matin-là, Al décide de prendre son petit déjeuner à l'écart des autres. Par rapport à l'espace ordinairement réservé à notre groupe, le buffet est servi à l'autre extrémité du patio, dans la troisième salle à manger.

— Installons-nous plus près du buffet, ce sera moins long à marcher, me dit-il.

Bien sûr, c'est l'évidence même. Mais cette évidence a pour effet de nous séparer des autres. Sur le coup, je ne m'en rends même pas compte, contente d'être avec lui. Nous échangeons nos vues sur la création et le rôle de la fiction dans la réalité. Nous causons d'écriture, de la place qu'elle occupe dans sa vie, dans la mienne; nous parlons des auteurs que nous aimons, de Giono qu'il a lu abondamment, qu'il aime autant que moi. Je soutiens que «l'homme qui plantait des arbres» a bel et bien existé; il prétend le contraire. Je tiens à ma conviction. Il me dit que je m'accroche à une espérance. Je dis que cet homme doit avoir vécu, que j'ai besoin d'y croire. Il me dit:

— C'est très bien, si tu en as besoin, faut le croire alors.

Nous ne voyons pas passer le temps, l'heure de la séance vient de sonner et nous sommes à une quinzaine de minutes de l'Oasis.

À cause du genou qui boite, pas question d'aller à pied comme les autres, un taxi nous attend *ex officio*. Puisque je veille aux soins, j'ai aussi droit au taxi. C'est comme cela que je justifie à mes propres yeux une place qui devient, de jour en jour, très spéciale. À la hâte, j'attrape un seau de glace. Durant le travail, je m'occupe des compresses; discrètement, je renouvelle la glace, je joue à la nurse.

La séance de travail terminée, c'est moi qui hèle la voiture, qui réserve une table près du buffet. Le rappel des médicaments, c'est moi. Al accepte ces attentions avec une gratitude qui ne peut que m'encourager à continuer. J'ai le vague sentiment de devenir indispensable.

Parce que cette position particulière, comme en marge du groupe, m'autorise à l'entourer de soins, je suis comblée. J'y vois la possibilité d'un retour inespéré sur mon histoire. Je ferme les yeux quand je peux sur ce que ce statut d'exception peut avoir de choquant pour les autres. Il y a des regards sévères qui ne m'échappent pas et me laissent perplexe. Je n'aime pas, mais je glisse par-dessus. D'autant que, de façon générale, c'est Al qui me fait une place à sa table.

Trop absorbée dans ma félicité, je ne prends conscience de notre isolement que quand le vide se fait autour de nous. Je ne veux pas voir que nous faisons bande à part. Sournoisement, se faufile en moi un pénible sentiment de culpabilité. Autant d'exclusivité n'est pas chose normale. J'ai l'impression d'usurper aux autres une place qui devrait leur revenir, mais à laquelle je ne peux absolument pas renoncer. C'est de survie qu'il s'agit. Sentiment connu, j'ai une certaine expérience dans ces eaux-là. J'essaye de chasser le malaise. Il reflue. Je me répète que tout cela est du déjà-vu et que je joue avec le feu, rien n'y fait. Je préfère le vertige. Je vais comprendre bientôt que ce trouble est fondé, que ma culpabilité n'est pas gratuite.

XXXVIII

Le «big bang»

C'est le soir même que le choc s'est produit. À table, je saisis des bribes de conversation entre Al et une femme. Pas grand-chose, on parle devant moi, mais en anglais et trop vite pour que je comprenne. Je pige hors de tout doute qu'il est question de moi, de lui, du groupe. Au cours d'un autre échange fortuit, j'entends une autre femme dénoncer cette trop grande intimité qui existe entre Al et moi. L'impression d'avoir vidé la question avec Anna, en Grèce, n'était donc qu'une illusion. Je suis de nouveau prise au piège, j'ai couru après, la bulle crève. Mais l'histoire diffère un peu cette fois: tout en comprenant la dénonciation, je suis furieuse. J'en veux à toutes celles qui se mêlent de «ça».

L'attitude d'Al me laisse perplexe. Il paraît acquiescer aux accusations qui lui sont adressées. Il proteste parfois, mais sans plus. Je ne comprends plus ce qui se passe. Je l'entends dire que je n'y suis pour rien, que c'est à lui de corriger la situation. Une grande peur me coule dans le dos. J'ai froid. Je me sens seule comme si j'avais commis un crime: j'ai affiché mon attachement. Aux yeux des autres, je sens que je dois avoir l'air ridicule, prise en flagrant délit de jubilation. Je voudrais disparaître. Bref, j'ai honte, c'est vrai, c'est clair.

Sans m'en rendre compte, j'ai soigneusement remis en scène un drame connu. Bien sûr que je me trouvais à l'étroit dans cette situation de trop grande intimité. J'avais le malin sentiment d'occuper une place volée. Malgré la réédition, je n'ai rien fait pour m'en détacher. Au contraire!

Son genou le fait souffrir, c'est bien sûr le prétexte, la belle affaire. La porte est grande ouverte. Je me précipite. Bras ouverts ou main tendue, c'est selon. Et voilà qu'il dit: «Oui, viens!» Je le découvre, lui, l'homme puissant qui n'a besoin de personne, je le vois s'ouvrir; il montre sa bonté et sa vulnérabilité. Ce qui me retient auprès de lui, c'est la prédilection, la complicité, la faveur, bien sûr! C'est néanmoins un consentement, un grand OUI à l'amour. C'est le recouvrement d'une certaine innocence. C'est aussi la tristesse de son regard qui m'attire et son infinie reconnaissance quand j'apaise sa douleur. Je sais que cette tristesse-là a toujours existé. Je la vois bien dans ses yeux, je l'ai déjà vue dans les yeux pâles de mon père. C'était la même. Et je sais qu'elle est mon piège. Si j'avais pu sauver mon petit père de sa souffrance, j'aurais connu l'intimité dont j'avais besoin avec lui. Celle qui me faisait réclamer ce baiser du matin lorsqu'il m'emmenait au collège. Celle qui aurait prolongé la caresse de sa main sur mon front. Aujourd'hui, je me rattrape.

Le lendemain matin, au petit déjeuner, je me dirige vers une table libre quand une main de femme s'agrippe fermement à mon coude. Cette main volontaire m'oriente vers une autre table que celle que j'avais choisie. Je n'avais pas vu qu'Al, seul lui aussi, se dirigeait vers la même table que moi. Devant l'imminence de l'accusation publique, je cède. Ce geste confirme le malaise du groupe. Je me vois battre en retraite. Rien ne m'autorise à cette place spéciale auprès de Lowen. Je décide sur-le-champ de garder mes distances et de cesser les soins. Les tête-à-tête me sont devenus trop précieux. Je me raisonne et me convainc que cette intimité est malsaine. Je ronchonne en silence: *À partir de maintenant, les invitations, tu les refuses. Chercher à partager sa table, pas nécessaire. Les soins? Il peut s'en passer. Ta place est dans le groupe, avec le groupe, pas ailleurs. Tout rentrera dans l'ordre. Ni vue ni connue... tu n'en mourras pas, blablabla...* Et ce discours, je le tiens quand je sors de la douche, quand je vais d'une salle à l'autre, quand je range mes affaires, quand je fais quelque chose, quand je suis occupée.

Dès que je suis seule sur ma terrasse, les yeux rivés sur la mer des Caraïbes, je suis déchirée. J'ai le cœur fendu.

L'avant-veille, au cours de mon travail avec lui, j'ai connu une ouverture inestimable. Je me suis autorisée à reconnaître mes besoins, mes enfantillages sans en avoir honte. Une sorte d'infinie permission. Et me voilà engagée dans le sens inverse, je remballe tout, je m'assagis, je me raisonne. Comment concilier tout ça? Je nage dans la plus grande confusion.

Nostalgique, je rejoins les autres. Je suis gênée de ne pas savoir où se trouve le sentier qui mène à l'Oasis. Depuis quatre jours, je n'ai jamais pris le chemin que prennent les autres. J'avais ma place dans le «taxi du doc». Du bout des lèvres, je rigole, mais c'est les yeux baissés, piteuse, que je demande où sont les quarante-deux marches.

Lui, je le vois partir lentement vers le taxi, son seau de glace à la main.

Pendant le travail, je reprends mon cahier. J'ai besoin d'écrire. Divin refuge! Des bouts de phrases, des images, des impressions plus que des idées, de la révolte, de l'impuissance, mille contradictions. Al se lève pour prendre de la glace, il se débrouille tant bien que mal et fait vite pour ne pas interrompre indûment le travail en cours. Moi, je reste là sur ma chaise à retenir les gestes affectueux que je ne m'offre plus.

Je suis triste, infiniment triste et distante. À l'heure du déjeuner, Al m'invite à descendre avec lui. Je lui réponds que je vais avec les autres. La vérité, c'est que je ne vais pas manger du tout. Je rentre dans ma chambre. Mon retrait est évident. Tous ici peuvent constater que je suis capable de me passer d'Al Lowen.

Au moment de regagner l'Oasis au début de l'après-midi, je croise une femme du groupe avec laquelle je n'ai guère échangé qu'une phrase ou deux depuis le début de la session. Elle me dit d'un air compatissant:

— Je suis sincèrement très heureuse pour vous de voir que vous vous êtes libérée d'Al Lowen.

Je demeure figée sur place. Je réponds une insignifiance du genre *C'est la vie!* puis je continue mon chemin, franchement contrariée. Grand Dieu que cela m'irrite! On n'a pas idée du goût acide que cette «compassion» me laisse en bouche. Je fronce les sourcils. Quelque chose me dit que je ne dois pas avaler cette aigreur. Fort heureusement pour moi, cette «bonne pensée» sera le déclencheur d'un processus qui va maintenant déterminer tout le reste de mon histoire. Mon irritation m'apparaît comme un ferment de vie. Je ne laisserai pas passer ça. Non, madame!

XXXIX

L'insurrection contre les femmes

De retour dans la salle de travail, je reprends mon cahier, ma plume et ma chaise. Je me renfrogne. Al a renoncé aux compresses. Je vois la glace qui fond dans le seau. Quand il s'assoit, il masse son genou. J'ai le nez dans mon écriture et n'en ressors pas. Comme une aiguille qui saute sur un vieux disque et retombe toujours dans le même sillon, j'entends sans cesse la même ritournelle... *Je suis très heureuse pour vous... libérée d'Al Lowen... Sincèrement très heureuse... votre liberté...*

Il me faudra une heure de cette lancination avant d'exploser, non pas simplement de colère, mais d'une fureur sans nom. Je suis hors de moi, une véritable enragée. De ma vie, je n'ai jamais ressenti d'impulsion aussi violente. Je suis propulsée au milieu de la place, un fauve sans aucune pudeur, sans aucune conscience du jugement des autres, avec une envie démoniaque de crier, de frapper, de tuer. Je réclame mon temps. C'est sans discussion. Un temps court. Non, je ne vais pas prendre indéfiniment celui des autres.

— Tu sais contre qui tu es en colère? me dit Lowen.

— Oh oui, je sais!

— Écoute, tu peux y aller, même s'il s'agit de moi.

— Quoi, de vous? Non, il ne s'agit pas de vous.

Il fait la moue, sceptique. J'aurais dû dire: *Il ne s'agit pas encore de vous.* Ce chapitre-là viendra plus tard.

Aujourd'hui, j'ai une chose à dire, une chose à marteler, une chose à crier : «Merde aux femmes qui se sentent lésées!» Ma fureur n'a plus de bornes. Seule la difficulté à m'exprimer en anglais m'oblige à modifier mon emportement. J'ai la sensation qu'à la place des yeux, j'ai des barils de poudre, des grenades dégoupillées, et je m'acharne sur le matelas qui se trouve à mes pieds. Je passe mon temps — pourquoi diable? — à tirer sur le sale drap qui le recouvre et à lui donner des coups de pieds. Je tire et je tire encore, enragée contre ce maudit drap, et je frappe de plus belle. Je suis totalement inconsciente du comique de la situation tant la colère m'aveugle. *Suis sincèrement heureuse pour vous...* un coup de pied... un autre maudit coup de pied... et ce regard... ah! ce regard qui veille au maintien de la moralité! Merde, merde et merde! Dix autres coups de pied.

Elles ne veulent pas me voir là, à cette place unique, ces femmes qui se disent sincèrement heureuses pour moi. Au nom de tous les principes, au nom de ma liberté, elles souhaitent me voir ailleurs qu'auprès de lui. Déjà entendu ça quelque part. Une vieille rengaine rééditée sur du papier recyclé. J'ai un vieux compte à régler et je n'ai pas à faire la part des choses.

En ce dernier jour de session, c'est moi qui dirige le déroulement de mon travail. J'ai besoin de frapper. Je ramasse un coussin par terre et j'ordonne à Al:

— Vous allez tenir ça là-dessus.

Il ne discute pas et pose le coussin sur le tabouret. Je frappe et je frappe comme une défoncée, de mes deux poings. Je crie, je sacre, je jure, je tue mère et femmes qui veulent mon bien. Au bout de mon souffle, mes poings et mon dos lâchent: je suis épuisée. Je pleure enfin tout mon soûl sur cette abstention cruelle entre mon père et moi, cette tranchée en plein cœur de moi, cet exil dont je ne me suis jamais guérie.

La tourmente passée, je regarde Al dans les yeux.

— Écoutez bien ce que je vais vous dire. Depuis deux jours, j'ai totalement cessé de prendre soin de vous. Je l'ai fait pour toutes sortes de raisons, entre autres pour ne pas être jugée par les femmes qui sont ici et qui trouvent que mon intimité avec vous est déplacée. En m'abstenant de vous soigner, je me prive d'un grand plaisir, de beaux gestes, d'une grande affection qui me comble de joie. Je veux retrouver mes gestes, je veux le faire en toute liberté, au grand jour. À partir de maintenant, je vais faire ce que je veux, seulement ce que je veux, strictement ce que je veux. Compris?

Il se tient droit sur sa chaise, fait signe de la tête qu'il a compris. Maintenant, je peux reprendre ma place. En passant devant la glace, je vois que j'ai la tignasse en «épouvante», les joues rouges et l'œil vif. Je me sens forte, puissante comme une lionne qui vient de chasser le prédateur qui en voulait à son petit. Long silence. Je suis en moi, au sommet de ma véhémence, et je profite de cette vue nouvelle sur mon paysage intérieur.

— Avez-vous besoin de glace sur votre genou?

Sans réfléchir, il dit:

— Non, ça va bien.

Cette réponse ne m'étonne pas. Lui aussi a repris ses «perma plis». Difficile d'accepter les soins! Son refus ne me blesse pas du moment que moi, je fais ouvertement ce que j'ai envie de faire. Long silence. Il mordille son index. Il attend que quelqu'un d'autre se présente pour travailler.

Puis brusquement, il se retourne vers moi en me tendant la compresse:

— Tu peux?

Il a l'air heureux comme si nous sortions tous les deux d'une tourmente qui aurait pu finir mal. Nous venons d'échapper à un naufrage. Il reste dans le bac une dizaine de petits glaçons qui flottent sur un litre d'eau. C'est suffisant pour apaiser l'enflure du moment. Tremper mes mains dans l'eau glacée, étendre les petites choses sur la serviette, nouer les extrémités et retrouver ces gestes tendres qui me ravissaient, j'émerge de ma tranchée.

Je n'ose pas encore lever les yeux sur les femmes qui ont assisté à mon soulèvement. L'une d'elles vient s'asseoir près de moi et met sa main sur mon bras. Précieuse solidarité des femmes. Puis je croise le regard d'une autre, belle et puissante. Sans l'ombre d'un doute, elle me regarde avec connivence, plus que ça: avec fierté.

Non, toutes les femmes du monde ne sont pas contre moi. Toutes les femmes du monde ne se sentent pas lésées. Mais elles sont toutes un danger pour moi, depuis que j'ai l'âge d'être un danger pour l'homme. Ne suis-je pas celle par qui le malheur arrive? Je l'ai toujours craint.

S'il se trouvait aujourd'hui que je sois aussi celle par qui le bonheur arrive? Inouïe prétention. Impossible destinée. C'est plus fort que moi, quelque chose dans mon corps a cédé et je suis séduite par cette idée. Être une source de joie pour l'autre! Belle tentation... On dirait un flirt avec moi-même. Le bonheur me courtise et j'ai tendance à baisser les yeux, à hausser les épaules. Je pense à mon mari qui me dit parfois à quel point il tient à moi. Je suis tentée d'y croire, je le laisse en dire un peu plus. Je souris. Il m'arrive encore trop souvent de lui répondre d'un air détaché: *Oui, oui, oui... bien sûr!* Derrière cet air blasé, j'attends qu'il continue. J'ai envie de me laisser convaincre, mais on dirait qu'au centre de moi, il y a un clapet qui se ferme. La rivière chaude se tarit. C'est la peur. La peur d'être aimée, la peur de se voir bonne et généreuse. La peur de s'en mordre les doigts par la suite si on cède à se vivre aussi belle. Pour me prémunir contre le ressac, je *fais* celle qui en a vu d'autres. J'étouffe, du même coup, le ferment de mes passions. Une pitié! Une vraie pitié!

Aujourd'hui, après que cette débâcle eut ébréché ma contenance, je n'arrive plus à résister à la tentation d'être aussi source de joie.

Je me dis que je m'offre une métamorphose: celle-par-qui-le-malheur-arrive pourrait bien se permettre, pour une fois, d'être celle-par-qui-le-bonheur-arrive. C'est comme une ivresse, presque un vertige. Dans cette migration, j'emballe mon cahier, ma plume et mes affaires... je quitte pour toujours l'Oasis. Pour moi, la session de travail est terminée. Je pars demain matin. Et je suis tentée, combien tentée! de partir avec cette humeur-là!

Al m'invite à le rejoindre à la plage. Je dis: «Oui, je viens.» Avec tous les autres qui se trouvent là, nous élargissons le cercle, rapprochons les chaises. Un splendide coucher de soleil donne une certaine majesté à cette dernière heure.

Spontanément, Al étend la jambe malade. Je n'ai plus d'hésitation à le soigner. Avec un plaisir non dissimulé, il accepte que je lui offre ce que j'ai de bon.

Nous n'avons plus grand-chose à nous dire, maintenant. Le ciel est violacé, la soirée chaude, malgré la nuit qui tombe. Lentement, parce que c'est la dernière fois, je fais mon travail comme si c'était une œuvre sacrée. La jambe est beaucoup plus souple; j'arrive à palper doucement la partie malade sans réveiller la douleur. Les gestes viennent d'eux-mêmes. Je n'ai presque rien à faire pour trouver les derniers points de résistance. Mes doigts devinent les nœuds.

Tout cela se passe dans un silence absolu. Al a la tête renversée, la bouche ouverte, les mains et les épaules relâchées. Il dort. Les autres se sont silencieusement éloignés.

Moi, j'ai le sentiment de le veiller. Deux parties de moi-même viennent de se réconcilier, de se consoler l'une l'autre. Je me prélasse dans ma nouvelle unité.

Depuis un bon moment, le massage est terminé. Je le regarde se reposer. Je tente d'imaginer ma vie, à quatre-vingts ans passés. Qu'en sera-t-il de ma vitalité, de mon cœur, de mes passions? Qu'en était-il de celles de mon père que je n'ai jamais touché, que j'ai approché du bout des doigts sur sa dernière civière? C'était le jour de sa mort. Entre lui et moi, le rendez-vous a été raté, remplacé par une interminable abstention.

Je ne bouge plus, je médite, je contemple. Al ouvre les yeux. Il sourit d'un air penaud. Il n'a pas l'habitude de se confier aux autres. Entre l'excuse et la reconnaissance, il hésite, en passe de s'abandonner.

— Je crois que j'ai dormi.

Il rit, embarrassé.

— Oui, vous dormiez et ce moment-là était bon pour moi. C'était si réconfortant de retrouver ma place. Je suis sortie de ma tranchée.

— Oui, j'ai bien vu que tu te retirais. Mais il fallait le faire. Moi aussi, j'ai été plus vigilant. Autant d'intimité entre nous était inapproprié. Je le reconnais. Je veux que tu saches que ça ne change rien au fait que ce que tu as fait pour moi cette semaine est unique. Et je ne peux pas le renier. Tu m'as fait beaucoup de bien. Tu sais que tu m'as fait beaucoup de bien?

Fidèle à moi-même, quelle pitié, je ne réponds pas. Le clapet est sur le point de s'abaisser. Au moins, je ne dis pas: *Oui, oui, oui... bien sûr!* Alors, il poursuit:

— Je voudrais, moi aussi, t'avoir apporté un peu de bonté.

Trop émue, je n'arrive plus à parler. Mes yeux s'embrouillent. J'essaye de dire que... puis que... Comme un oiseau blessé qui vient de retrouver l'usage d'une patte, je ne sais pas encore si je peux aller loin comme ça. Je choisis de me taire. Je ne sais rien dire qui puisse traduire le moindrement mon état d'âme. Al n'insiste pas, je crois qu'il sait.

Tout est trop rapide, trop intense, trop, trop, trop... J'ai déjà connu deux fois un tel débordement. Quand j'ai mis au monde mon unique fils, puis, dix ans plus tard, ma fille adorée. Je ne trouvais rien d'autre à dire que: *C'est trop, c'est trop, c'est trop...* Et les deux fois, des jours et des semaines après la rupture des eaux, j'étais encore tout à l'émoi d'avoir été source de vie.

Si j'ose un aveu encore plus difficile, j'ai aussi le sentiment — me pardonnera-t-il de le dire à haute voix? — d'avoir redonné un nouveau souffle de vie à cet homme fier et debout qui s'est abandonné à mes soins durant quelques heures. Qu'il est difficile de dire...

Seule et encore fébrile après tous ces bouleversements, je refais mes bagages. J'empile pêle-mêle les signes de ma nouvelle abondance, mes carnets noircis du meilleur et du pire. Je n'oublie pas la bouteille de Moët et Chandon que j'ai gardée au frais. Je me réserve ces gorgées d'allégresse pour quand je retrouverai les miens, la réalité de ma maison, la neige de janvier, la solitude de mon bureau, mes patients que je n'ai pas vus depuis avant Noël et qui me manquent. Il me reste à vivre la germination. Demain matin, je rentre chez moi.

Et après

XL

La rupture des eaux

Vu des airs, le Québec semble s'être figé dans un silence de glace. Le sable chaud, les rhum-punchs et les crépuscules violacés, c'est fini. À l'aéroport, l'homme que j'aime porte sur son bras mon manteau d'hiver. Sa belle tête frisée me dit de loin que la maison est toute chaude. Peu importe le froid qu'il fait au dehors!

Chez moi, c'est janvier comme on le connaît depuis toujours. Les voitures n'arrivent plus à démarrer le matin. Sur le pavé, les pneus crissent. Ma fille rentre de l'école, les joues rouges et les cils givrés. La nuit est déjà tombée lorsqu'on se met à table pour dîner. Mais déjà les jours rallongent, et l'espoir nous fait passer l'hiver. Il n'est pas dix-sept heures qu'on met le feu aux bûches. On se terre chacun chez soi, toutes portes hermétiquement fermées. On n'ose pas ouvrir. Le nordet ne pardonne pas.

Je sors peu, je rumine, je laisse déposer le trop-plein que je rapporte des îles. Cette capsule d'enfance revisitée se développe lentement, très lentement. Comme si l'une des enfants gigognes que je portais en moi ayant changé de couleur, toutes les autres devaient changer aussi. C'est un long et lent processus, une transformation chimique qui doit s'opérer en douceur. C'est ça, l'intégration.

Je me soude à mon clavier, je retrouve une certaine parole, une voix rauque. Mon jardinage intérieur occupe mes jours et mes nuits. Je suis seule, infiniment seule. Mon tabouret est ma recharge, je respire ma mutation. Mon corps est ma seule valeur sûre en ce moment.

Je passe des heures dans mon bureau. Je vois les enfants des voisins prendre l'autobus scolaire le matin. Je les vois revenir déjeuner, puis repartir. À l'abri des bordées de neige, je n'en sens pas moins les bourrasques qui bousculent mon histoire. Je suis en déséquilibre. J'écris. Je me sens malgré tout féconde. Ballottée entre les nausées et les béatitudes comme une femme en état de grossesse. Je me pelotonne dans ma feuille de chou. Je cherche mon sol et mes racines. Je retrouve, ô miracle, ma créativité.

À ces turbulences, succèdent deux, trois semaines d'un amour infini envers Al. Une sorte de consentement intérieur, de l'attachement, de la gratitude peut-être, c'est selon l'heure. Pour quelques semaines, je retrouve un éclat depuis longtemps disparu. Je me roule dans la félicité de celle qui a été choisie. Un rêve! J'ai la joue rose, la peau rajeunie et l'œil brillant. Ceux qui me rencontrent ne tarissent pas d'éloges sur ma bonne mine. Ma transhumance éclabousse autour d'elle.

Indécente, je ne me prive de rien. Je dis à tout venant que je vis une année de rêve, que jamais je n'aurais cru pouvoir accéder un jour à une telle intensité. Je suis transportée. Cet emballement a un caractère d'irréalité qui ne m'échappe pas. Je sais que je m'offre un sursis. Je n'en saurais dire plus. *On verra demain* devient une devise. J'écris, je pousse ma machine, elle a des ratés, ne m'obéit plus, je ne la lâche pas. J'achète un énième cahier, des disquettes en abondance. Je me lève tôt pour allumer mon écran, car c'est bien d'un écran qu'il s'agit.

Je n'ose pas me relire. Je crache. C'est le trop-plein qui sort. Laisser passer la surcharge, me délester si je peux, rien d'autre à faire: écrire et laisser vivre l'euphorie. Laisser couler mon sang à l'envers, plus vite que les mots qui s'échappent de mes doigts, ne pas me relire, surtout ne pas freiner le débit. Laisser dire, épuiser le délire. Laisser gonfler la poche des eaux.

Depuis quelques semaines que j'écris comme une folle, je ne sais plus où j'en suis. J'ai tant de plaisir. Je suis essoufflée. Faire une halte s'impose. C'est décidé, aujourd'hui, je relis les derniers chapitres, ceux qui racontent Sainte-Lucie.

Le texte est bien parfait, l'histoire finit bien. Ce sera un beau roman. Mais non, c'est un journal, un témoignage, une observation, un compte rendu. Mais ça ressemble à un roman, à une fiction. On dirait que j'ai inventé une trame dramatique. Je ne sais plus où est la frontière de la réalité. Bof, peu importe, la création permet de telles libertés. J'ai un petit malaise. Oh presque rien… Oui, tout est bien qui finit bien. C'est trop beau, c'est comme le récit d'un miracle.

Comment on appelle ça, déjà? Oh oui, une «guérison de transfert[1]».
«Le thérapeute accepte de jouer le rôle d'une certaine figure passée, réelle ou fantasmée, et satisfait un souhait infantile du patient... le patient aura alors le sentiment d'une amélioration temporaire, ou même se sentira complètement "guéri". Mais ces "guérisons" sont éphémères...» C'est Greenson qui parle[2].

Qu'est-ce qu'on peut être tordu en psychanalyse! Je passe par-dessus ce paragraphe qui m'irrite.

Lors d'un déjeuner où je parle de mon projet, une réflexion d'un collègue me chatouille: «Tu es vraiment séduite, hein?» Bah, bah, bah, personne ne peut comprendre. Je parcours un texte sur le «transfert et contre-transfert». Je grimace. C'est trop classique, c'est dépassé. Un article de journal traitant la question des limites à respecter entre thérapeute et patient fait le reste. J'ai beau me dire que ça ne me concerne pas, que je ne suis plus patiente... Trois fois par jour, je cite Lowen. «Lowen dit... Lowen croit... Lowen prétend...» L'envoûtement commence à me contrarier sérieusement. Je me sens devenir une adepte. Je relis ses propos à l'ouverture de la session en Grèce. Il dénonce l'abus de pouvoir des psy. Peut bien parler... Mon mari me laisse entendre que je pourrais par moments manquer de discernement. Je me tais, irritée. Je le répète, personne ne peut comprendre. J'ai l'humeur qui grisonne. Je me ratatine.

«L'attitude idolâtre cache un mépris refoulé, qui recouvre lui-même une haine primitive.» Décidément, Greenson me dérange, mais je ne puis m'en détacher. Compulsivement, je me heurte trois fois par jour à l'une ou à l'autre de ces déclarations sur le transfert et le contre-transfert, déclarations que je m'empresse d'ignorer. Je me console en disant qu'il n'était pas à l'abri, le monsieur...

J'ai noirci plus de pages en ces quelques semaines de janvier que durant toute la période suivant mon retour de Bretagne, soit entre octobre et décembre. Ma frénésie me paraît suspecte, même si je reconnais l'immense libération que m'a procuré le travail de Sainte-Lucie. Je me vautre dans ma parole comme si j'en avais été

---

1. On trouvera une description accessible du transfert dans le très beau chapitre IX de: Lowen, A., *Le cœur passionnément*, Tchou, Paris, 1989.

2. Greenson, R. R., *Technique et pratique de la psychanalyse*, PUF, 1977.

privée depuis dix ans. Et j'ai conscience, quand j'y pense, de tracer de l'homme un portrait héroïque. Je le réinvente à ma manière; je lui fais dire ce que j'aime entendre et je tais les petits irritants qui, ma foi, ne changent rien à l'essentiel. J'ai assez d'arguments pour me maintenir encore quelques jours dans une belle utopie, une chimère qui fait mon affaire. Je ne fais que retarder une échéance redoutée.

Ce matin-là, je suis terriblement irritable. J'ai rêvé, je crois. Je ne sais plus de quoi. L'écriture, loin de me venir en aide m'agresse. Je bats en retraite et décide d'aller marcher. C'est le bruit de mon pas et mon rythme qui me saisissent. Mon pas sur le trottoir sonne comme celui d'une enragée. Je marche vite pour aller nulle part et j'ai les dents serrées. Mes deux poings défoncent les poches de mon manteau. Mais qu'est-ce que j'ai? Qu'est-ce qui me prend? Ce doit être ce rêve, mais je ne m'en souviens plus. J'ai beau chercher, il m'échappe. Sacrée censure!

Et si tout cela n'était qu'illusion? Si tout cela n'était que le sauvetage désespéré de deux personnes en dérive qui se sont arrimées l'une à l'autre? C'est plus fort que moi, je revois la tristesse des yeux de mon père, la tristesse d'Al qui lui ressemble tant, la mienne qui lui résiste. «Je n'ai pas pu vaincre ta tristesse, m'a-t-il dit là-bas. Parfois, je crois que tu t'en libères, puis le moment d'après, tu retrouves ton visage aussi grave. J'aurais bien aimé te libérer de ça.» Je sens un filet qui s'enroule autour de moi. Cette sollicitude devrait me toucher. Elle me rend captive. Je sens que je suis sous son emprise, en son pouvoir. Comme s'il pouvait faire de moi ce qu'il veut.

Le vertige! Je ne pourrai plus jamais me passer de cet homme. J'ai peur. Cette effrayante sensation d'attachement ne vient pas seule. Loin d'être un réconfort, elle réveille une colère terrible. Depuis ma sortie contre les femmes, je sais ce que veut dire être emportée par la colère. Ce que je ressens aujourd'hui ressemble étrangement à ce qui m'a propulsée au milieu de la place, la veille de mon départ de Sainte-Lucie. Bon Dieu! me serais-je trompée de cible? J'avais cru me libérer de mes liens, gagner en liberté... la belle affaire. Me voici encore mieux ficelée, paralysée.

Je me serais fait piéger, moi, dans la trappe du transfert? Oh non, c'est pas vrai... et je serais la dernière à m'en rendre compte? Elle était pourtant finie, ma thérapie. Ça se voit même dans mon écriture: je tais mes irritations, je passe sous silence les critiques que j'adresse à Lowen, je réussis toujours à le disculper, j'en fais un

dieu. Si c'est pas du transfert, ça! Ça vaut la peine d'avoir un doctorat en psychologie! Régresser à bride abattue comme je l'ai fait, pas
de quoi s'en vanter, surtout quand on fait mon métier!

Oui, j'ai fermé les yeux sur ma propre irritation une fois, deux
fois, trois fois! J'ai tellement besoin de me créer un maître parfait
que j'en perds toute lucidité. Je me dis que tel geste qui m'a heurtée
n'a rien de grave, que l'essentiel n'est pas là. La vérité est que j'ai
peur de l'affronter. J'ai peut-être raison d'avoir peur. C'est bien
connu, il n'est pas facile d'affronter un homme comme Al Lowen. Il
réagit plutôt mal à la critique. Je m'y suis frottée une fois. J'ai osé le
questionner; il m'a bafouée. Non, Lowen n'est pas un dieu, et je l'ai
toujours su. Ce qui est grave, c'est que je ne veux pas savoir que je
sais.

C'était lors d'un week-end de groupe. Lowen voulait illustrer
son propos d'une démonstration. J'ai été gênée par son travail.
J'avais l'impression que sa patiente était piégée (tiens, tiens!), tan-
dis qu'il voulait, lui, réussir son coup. Alors, je lui ai dit à la sortie
que je ne l'avais pas suivi là-dedans.

J'aurais voulu discuter avec lui, l'entendre dire qu'il lui arrive
d'aller trop loin. J'aurais voulu lui dire que je le trouve trop narcissique quand il a un public. J'aurais voulu avoir le courage de lui dire
ça, comme ça, simplement, directement.

J'en étais encore aux préliminaires quand il m'a répondu
sèchement:

— Il y a quelque chose que tu ne comprends pas dans l'analyse
bioénergétique.

Et vlan! Retournée comme une crêpe. Que pouvais-je répondre
moi, au fondateur de l'analyse bioénergétique? J'avais l'impression
de parler à un mur. Je voulais revenir à la charge, insister, m'y prendre d'une autre façon pour me faire comprendre, quand une femme
du groupe s'amena, une de plus pâmée par sa démonstration.
«C'était fa-bu-leux», lui dit-elle en se tortillant.

— Tu vois, me dit-il.

Plus irritée que jamais, je tournai les talons. Tant pis. Je le laissai avec cette femme qui bavait d'admiration devant lui. Elle me rap-
pelait certaines de mes grimaces du temps où j'espérais m'approcher
de l'Homme. J'étais épatée, volontairement éblouie. Ma fascination
faisait un peu trop de bruit. Je ne peux pas nier cela. Douloureuse
réminiscence. Je ne suis pas fière de moi et je rejette quiconque me
rappelle ces contorsions-là.

Curieux tout de même que je n'aie pas osé, avant aujourd'hui, faire le récit de cet épisode qui m'a tant gênée! Rapidement, j'ai cherché à l'excuser. Je l'ai même défendu auprès d'un autre «spectateur» qui avait éprouvé le même malaise. De toute évidence, je ne pouvais pas avant aujourd'hui voir le côté sombre de mon modèle. Je ne devais pas le voir, j'avais besoin de me sentir choisie par un dieu. Encore une fois, oh honte, quand tu nous tiens!

Seule chez moi, je nage dans ces eaux-là. De jour en jour, d'heure en heure, je sens monter la colère. En prime, je suis humiliée par mon aveuglement. J'ai investi Al Lowen des rôles de père, de maître, de dieu. Je ne m'en étais pas tant permis en cours de thérapie. J'étais bien trop vigilante. Je savais que cela pouvait se produire. Alors, je veillais au grain. L'attachement puéril, non merci! Je maintenais le transfert à l'intérieur de limites que je jugeais raisonnables. J'ai tout fait pour échapper à l'envoûtement et, ma foi, je n'y étais pas trop mal arrivée. Et maintenant, profitant de la place ambiguë qu'il me fait à ses côtés, j'y plonge la tête la première dans le fameux transfert.

Ce qui m'arrive n'a rien d'original: je suis en pleine névrose. Et je lui en veux. Bon sang que je lui en veux de n'avoir rien fait pour m'épargner ça. Bien pire, lui aussi s'est laissé piéger. Je le prends en flagrant délit de contre-transfert. À cause de son histoire propre, il n'a pas su résister à ma sollicitude, à mon dévouement et à ma vulnérabilité. Ah non, pas lui! Et moi qui croyais avoir gagné en liberté. On en reparlera de la liberté!

Certains jours, j'y vois un peu plus clair. J'arrive à situer le sens de ma fureur dans un contexte plus réel. Je ne peux pas réduire la précieuse expérience que j'ai vécue avec Al à une simple histoire de régression. La belle tendresse pour lui que j'ai connue dans les îles, je ne peux pas la nier. Elle est réelle. L'ouverture toute chaude que j'ai sentie, oui, elle s'est produite et je ne suis plus la même. Ce que j'ai vu chez lui, ce n'est pas un mirage, je ne pourrai jamais l'oublier. C'était vrai, tellement vrai et tellement rare. Mais ce qui se passe en moi en ce moment est d'un tout autre ordre. On dirait que je suis autorisée à vivre LA colère des colères, *l'unique, la capitale, l'originale*. Celle qui risque le tout pour le tout. Celle qui mise sur l'Amour ou rien. J'ai besoin d'aller voir si cet attachement inestimable peut résister aux rafales. Je savais, dans ma sagesse d'enfant, qu'une telle déflagration aurait tout tué. J'ai fait la morte. Aujourd'hui, la morte se réveille. C'est un besoin qui vient des entrailles. Je n'ai jamais pu me permettre une telle colère. Je n'ai jamais osé. À s'attacher raisonnablement, on risque raisonnablement. Mon affection pour Al n'est pas raisonnable. Je le vois bien. La qualité de contact que j'ai avec lui non plus. Ce qui s'est passé entre nous n'est pas dans l'ordre normal des choses. Je suis tentée de croire au destin. J'ai toujours eu l'intime conviction que ce qui m'arrivait avec Al Lowen *devait* m'arriver, que je ne pouvais pas y échapper. Risquer de perdre sa considération, c'est risquer gros. Mais je sais que mon histoire attendait ce moment-là, cet enjeu-là.

C'est comme une flèche que je me rendrai chez Lowen. L'arc est bandé depuis quarante ans, depuis ce jour où l'homme que j'aimais a refusé mon dessin d'enfant. Ce jour-là, il m'a ordonné de rester bien tranquille. Mais la vie n'est pas tranquille. C'est debout sur le tas de mes compromis que je vais tirer la flèche.

XLI

Le grand débarquement

Début mars, deux mois déjà depuis mon retour de Sainte-Lucie, à peine dix jours après ce premier bouillon de colère. J'ai pris le temps de le laisser déposer. Ça n'y change rien. Je *dois* débarquer chez Lowen. Les giboulées de fin d'hiver sont dangereuses, mais qu'importe, je réclame un entretien. Au téléphone, il entend ma détermination. Je me dis qu'il va reculer, me bafouer peut-être. Tant pis, je suis prête à attaquer. Il me suggère un meilleur moment, lors d'une session de groupe en avril. Je dis: «Non, c'est maintenant.» Il dit: «Bon, si c'est comme ça, alors viens samedi.»

J'ai mal dormi, sept heures de route, la crampe au ventre: j'ai peur. Je file prudemment, je dérape. J'ai mauvaise mine, la bouche crispée plus que de coutume, l'œil creux, triste et menaçant. C'est exactement la face qu'il trouve suspecte, celle qui lui fait dire que ma tristesse est insondable. C'est mon vrai visage que, de ce pas, je vais déclarer. Finis les sourires et l'air épanoui. Je ne lui ferai pas cadeau d'une bonne mine *consécutive à une pseudo-guérison*. Mon visage froid, triste et fermé, c'est à prendre ou à laisser. Je sais, dans le fond, que ce sera à laisser. La mort dans l'âme, je vomirai cette route en sens inverse. Je vais seulement constater de visu l'ampleur du gâchis, la fin de l'illusion dans laquelle je vivais depuis six mois. Je sais ce que je fais, je connais la douleur à laquelle je m'expose, le rejet, déjà vu, déjà connu, déjà avalé. J'ai besoin d'aller chercher les éclaboussures de la déconfiture. C'est une nécessité. C'est mon ancrage dans la réalité.

D'entrée de jeu, je lui dis que je vais très mal. Le ballon vient de crever, je vois clair maintenant. La belle histoire est finie. «Tout cela n'était qu'un beau leurre auquel je me suis fait prendre.» Et je déballe mon lot. Je lui dis qu'il se fout bien, à présent, de mes contorsions.

— Vous en avez vu passer d'autres, vous en verrez passer d'autres dans votre bureau, dans vos groupes, à vos genoux (jamais si bien dit!). Moi, quand je suis seule dans ma maison, je cherche à me relever de la plus grande déception de ma vie. J'ai cru pouvoir guérir d'une vieille blessure restée ouverte. À la limite, je ne la sentais plus, la blessure, elle ne saignait plus. J'en avais fait mon affaire. Vous n'aviez pas le droit de me donner espoir, vous n'aviez pas le droit de me laisser croire qu'un lien aussi intense se créait entre vous et moi et que ce lien reposait sur la liberté. Que j'avais accès à cette intensité à cause du chemin parcouru. Vous n'aviez pas le droit d'illuminer mon visage, si c'était pour mieux le creuser après. C'est de l'abus. Je m'en mords les doigts d'avoir marché. Vous m'avez vue m'engager dans la trappe d'un transfert fabuleux et vous n'avez rien fait... oh si, vous avez fait quelque chose! Vous y avez répondu! Nom de Dieu! Vous y avez répondu! Vous n'aviez pas le droit d'être aussi néophyte, aussi négligent, aussi inconscient. Grand Dieu! c'est le b.a.-ba de la thérapie d'éviter ça!

— Je suis à bout de souffle, je transpire, je vomis ma rancœur, je règle ma *quittance*. Peut-on en effet quitter plus totalement?

Il reste bouche bée, puis se ressaisit. Il essaye de retracer l'origine de ça dans mon enfance. Je dis:

— Non, ça suffit. C'est à vous que je parle. Laissez mon père et ma mère tranquilles. Ils ont eu leur lot. C'est à Al Lowen que je parle, c'est lui que j'accuse. J'ai vu votre douleur, puis votre tristesse. Je me suis précipitée ventre à terre pour vous sauver, pour prendre soin de vous comme j'aurais tant voulu le faire avec mon père, c'est vrai. Et vous, vous n'avez pas eu la force de me résister. Vous avez accepté que j'entre dans cette relation impossible avec vous. Dans cette illusion dans laquelle je me croyais en voie de définitive guérison. C'était le sursis avant le coup d'assommoir. Bien sûr, cette fois-ci, je n'ai pas été rejetée par un père qui a déchiré mon œuvre. Cette fois-ci, je suis ensorcelée par un père qui me sait acquise et dévouée. À six ans, j'étais sous le choc du rejet. À cinquante ans, je suis sous le choc de l'envoûtement. Vous appelez ça de la liberté, vous? Vous n'êtes qu'un pauvre homme, Al Lowen, un homme qui n'a pas résolu certains de ses problèmes et qui écrit des livres pour essayer de se convaincre qu'il en est sorti.

La dernière phrase, je l'ai sifflée comme un serpent. J'ai la tête qui tourne, je ne vois plus rien. Long silence… Je ne sais plus ce que je fais, je ne sais plus ce que je dis. Qu'est-ce que je fais, moi, avec mon livre? Je prends le temps d'avaler. Je ne pleure pas, je gicle, je crache, je montre les dents et j'affiche le plus triste de moi.

Le temps de reprendre mon souffle, je rebondis:

— Puis ma tristesse, ma bouche grave et fermée, il va bien falloir que vous les preniez telles quelles. Arrêtez de jouer à l'apprenti sorcier, vous ne me sculpterez pas à votre goût. Regardez-la, ma douleur; faites-en votre deuil, c'est irrécupérable. Et surtout, ne me donnez plus d'illusions, plus jamais! Ne me laissez pas croire que je peux triompher de mes souffrances! Tant d'années de travail pour en arriver à ce beau gâchis! Eh bien, bravo!

Je ne le regarde plus, je crève de douleur, je suis à bout de forces. Une angoisse horrible m'étouffe, je sais que je fais tout ce qu'il faut pour qu'il me tourne le dos. Je sais qu'il va se défendre, qu'il n'est pas homme à avaler tout ça sans rien dire. Je sais que lui, il va garder sa dignité. À tout prix, il va se tenir debout, il en crève de se tenir debout. Il va me mépriser, j'en suis sûre. Il va me dire que je le déçois, c'est encore pire. Il m'avait crue plus forte, plus dense, plus riche, il s'est trompé. Il va me dire qu'il a mal évalué mon degré de liberté. Il dira que j'étais consciente de ce qui se passait, que nous en avons parlé. Qu'il croyait avoir affaire à une adulte, pas à une fillette. Je sais déjà ce qu'il pense. Même pas nécessaire d'en parler. Pour le moment, il écoute, il me regarde, il ne dit rien. Et puis qu'importe ce qu'il pense, moi, je devais parler, je devais cracher. C'est fait!

Et ce silence qui n'en finit plus…

— Tu as raison… dit-il enfin. C'est vrai que je suis un pauvre homme. C'est vrai aussi que bien des choses en moi sont encore en suspens. Je m'approche seulement de la sagesse, de la maturité, de la possession de moi. Je n'y serai jamais tout à fait, toi non plus. On ne peut que s'en approcher. La tristesse que tu as vue en moi, elle est réelle. Vois-tu, il y a des choses en moi que je n'aime pas, que je voudrais changer. J'ai du mal à y arriver. Par exemple, ma rigidité. Je n'aime pas cette façon que j'ai de me raidir, de me durcir, de me défendre. J'ai un mal fou à me rendre, à m'abandonner à quelqu'un d'autre. C'est mon caractère, j'ai une histoire en arrière de ça. Et je reconnais que je me suis permis de m'abandonner à tes soins. Et c'était une expérience extraordinaire pour moi. Je me sens plus ouvert maintenant. Mais tu as raison quand tu me dis que j'aurais dû garder de meilleures distances. La situation n'était pas claire entre nous. Ce n'est pas auprès de toi que j'aurais dû chercher l'abandon dont j'ai besoin. C'est tout à fait juste. Tu as raison de m'en vouloir pour cela. Mais lorsque je te dis que tu m'as apporté une plus grande ouverture, c'est vrai aussi. Je ne peux pas nier ça.

Je suis ébranlée. Il confirme la justesse de ma perception. Je sens qu'il m'a entendue. Ce n'est pas ce que j'attendais. Une sorte de calme se répand dans mon ventre. J'ai besoin de temps. Je respire mieux. Je lève les yeux. Je n'ai rien à dire. Je prends le temps. Je reviens d'exil.

Il est maintenant silencieux, comme s'il avait tout dit. Il me regarde avec une insistance toute nouvelle. Ses yeux bleus sont tristes, comme ils sont tristes! Il mord son index, sa bouche tremble. Cet homme-là n'est pas toujours dressé comme un vainqueur. Il est inachevé, lui aussi.

Il ne dit plus rien. Il me regarde toujours sans bouger. Il ne cherche plus à me travailler. Il regarde en lui-même, il laboure son intérieur. Soudain une inspiration crue, sauvage, une douleur brute, un assaut, un gémissement. Je suis saisie. Je sens mon cœur se recroqueviller. Un spasme. Ensuite un sanglot. Il prend sa tête dans sa main, puis se laisse aller à libérer sa peine. C'est une peine profonde, la grande, l'intégrale. Devant moi, il pleure, il sanglote. Le temps qu'il faut. Moi, je le regarde souffrir. Al Lowen souffre aussi! Même lui! Et ce sanglot que j'entends, il ressemble au mien. Il n'a rien d'étrange, c'est le sanglot d'un homme. C'est celui d'un enfant qui a souffert.

C'est un être humain qui pleure, et ses larmes, c'est son humanité. Sa pauvre humanité, puisée à la même source que la mienne. À ce fond d'humanité, je ne peux rien changer. Comme il ne peut rien changer à la mienne. En le voyant ainsi céder à lui-même, je laisse partir les chiens. Sans paroles, nos histoires se rejoignent, des histoires simples, des histoires d'enfants.

Émue, je crois que je suis enfin sur le chemin d'un grand détachement, ou sur la voie d'un libre attachement. Nous venons de communier dans une sphère de notre âme rarement accessible.

Au bout d'un long silence, j'ose encore un peu plus:

— Si j'allais au bout de mon sentiment, je vous dirais qu'à un certain moment, j'ai eu la prétention de croire que je contribuais... le mot est peut-être un peu fort mais... à une certaine résurrection chez vous.

J'ai les yeux baissés. J'ai sur le bout de la langue: *enfin, n'exa-gérons rien...* Je dis seulement:

— Ça m'est très difficile de vous dire cela. Vous pourriez me dire: Pour qui te prends-tu? Mais j'ai besoin d'aller jusque-là.

— Mais c'est très juste ce que tu dis. Tu as raison. J'ai moi aussi eu le sentiment de «ressusciter» en quelque sorte. Je me sens profondément changé dans mes rapports avec les personnes. J'ai vu s'ouvrir ton cœur et cela m'a beaucoup touché. C'était de toute beauté et le mien aussi s'est ouvert par la même occasion.

Je reste silencieuse, encore incrédule. Il dit tout cela avec une intensité que je lui ai rarement vue: ses yeux bleus baignent dans une grande marée. Au fond de ma poitrine, résonne la puissance de l'aveu. Cette fois, je ne peux pas échapper à la vérité de ce qu'il me dit.

— Tu crois au destin? reprend-il lentement. C'est le destin, vois-tu, qui a permis tout ça. C'est vrai que tu as pris soin de moi, c'est vrai que j'en ai profité. Tu sais soigner. C'était un grand risque. L'ouverture que j'ai connue durant ces moments-là, je ne l'oublierai jamais. Je me suis senti fondre. J'ai accepté de ne pas me défendre, de ne pas me tenir... enfin! Ce n'est pas peu dire pour moi, tu sais. Mais je comprends que tu sois en colère. C'était me servir de toi et je ne devais pas faire ça.

Il fait une pause. Il me regarde toujours dans les yeux, songeur. Puis il fait «non» de la tête et mord sa lèvre inférieure:

— Je crois que je t'ai blessée. J'en ai beaucoup de regrets. Tu dois me le dire encore si je t'ai blessée.

La tourmente est passée, la dérive aussi. Non, je ne suis plus blessée. Mais je l'ai été. Il y a parfois des désordres qui engendrent un nouvel ordre. Ce qui se passe ici, je ne l'avais pas prévu. J'étais venue chercher l'écho d'un premier rejet, j'y trouve un visage d'une grande humanité, d'une profonde humilité. Je croyais que seule une catastrophe pouvait couronner une aventure aussi risquée. J'ai cru que la distance allait finir de sceller ma bouche. Il y a au cœur de moi un vent d'air chaud qui dilate mon âme. Je me sens aimante, et libre! Serait-ce, mon Dieu, la joie?

L'homme aux cheveux blancs qui est en face de moi est calme maintenant. C'est un homme simple.

— Tu vois, me dit-il, je dois toujours travailler. Je ne suis pas vraiment libre, mais je le suis plus qu'avant.

Et je suis partie.

J'ai oublié de m'informer de l'état du genou.

Sept heures de route à rembobiner. La radio me gêne. Je m'enferme dans le silence. Je franchis le Taconic Parkway sans le voir. Je ne vois pas passer Saratoga la belle, ni le Lac George qui dégèle. Dans les Adirondacks, la tempête me surprend. La route est mortelle. La giboulée ne lâche pas, ultime retour d'un hiver agonisant. La route est couverte de dix centimètres de glace et les sillons creusés par les camions sont trop espacés pour les roues de ma voiture: j'ai peur. Je m'agrippe au volant. Deux fois dans la même journée à risquer ma vie, c'est beaucoup. À la frontière, le temps s'est adouci. Il pleut maintenant. Les villages modestes de mon pays respirent tranquillement. On veille dans les cuisines. C'est la campagne.

Mon mari est à Natashquan, aux confins du territoire, bien au-delà de la frontière imaginaire à partir de laquelle on ne parle plus du fleuve mais de la mer. Il tourne un film. Ma fille, seule à la maison, est impatiente de me voir arriver. Elle a mis le couvert. Une salade forte en vinaigre m'attend depuis plusieurs heures. Une laitue bien, bien fatiguée! Un verre de vin et cinq bougies devant ma place. Je n'ai pas faim, mais je mange. J'avale l'innocence et la démesure de mon enfant. Ma petite célèbre mon retour. La maison est rangée comme au jour de Noël, la vaisselle bien lavée. Ma plus jeune est comme une belle plante sauvage qui survit à l'hiver. Elle vient d'avoir treize ans. Dans la bibliothèque, traîne le film de sa naissance qu'elle a regardé plusieurs fois durant mon absence. «J'avais des petits cheveux frisés comme papa. Puis j'avais des grosses joues, puis des fossettes sur les mains. Je jouais avec mon frère. Il était mignon. Il ressemblait à un marsupilami. Il était tellement comique, quand il essayait de me donner le biberon. Il a failli m'échapper, puis j'en ai remis partout.» Elle rit. «Mais moi, j'avais l'air d'aimer tellement ça.» Puis elle s'interrompt, ailleurs dans le temps: elle sourit aux anges, comme à l'époque. Elle ajoute, candide: «Tu sais quoi? Ça a l'air drôle à dire, mais quand je serai grande, j'aimerais bien m'avoir comme bébé!» Un goût de miel vient de l'emporter sur la vinaigrette trop amère. Ma belle, belle enfant me comble. Elle ne sait pas encore se renier, elle!

XLII

L'homme qui porte le costume de mon père

C'est le printemps. De la fenêtre de notre chambre, je vois les moineaux qui s'excitent sur le lilas encore tout nu. Nous sommes au début d'avril et j'ai déjà la tentation de déchausser mes rosiers. Dans mon pays, c'est le dégel. Avant-dernière étape de mon safari, il me reste une petite session d'un week-end à Pawling, New York.

À six heures de route de chez moi, les champs sont à découvert partout. Les sentiers sont à sec. Les gens d'ici ont rangé depuis un bon mois leurs manteaux d'hiver. On a beau dire, six heures plus au sud, il y a déjà décalage. Prétendre que je n'ai aucune anxiété à l'idée de revoir Al après ma ruée du mois dernier, ce serait mentir. J'ai quelques appréhensions, encore la sourde inquiétude d'avoir entaché notre histoire, encore l'incrédulité.

Al me semble préoccupé. Il a l'air fatigué. Il est distrait, ailleurs, absorbé dans quelque chose qui le concerne, lui seul. Je le vois tourmenté, je n'y peux rien. J'ai une certaine nostalgie de ces beaux moments de tendresse sur la terrasse de l'hôtel ou sur la plage, lorsque je le soignais en silence, prenant peu à peu conscience, au toucher, du bien que je lui faisais. Ce temps-là est passé, il cavale sur son genou comme un jeune homme.

Aujourd'hui, je l'observe de loin, je le regarde évoluer auprès des autres, je me soumets à l'épreuve de la distance. J'aime ce nouvel espace séparé du sien. Comme si, de ma place, j'appréciais encore mieux l'incomparable relation que j'ai connue avec lui. Je m'en donne à cœur joie en retrouvant Anna, ma sœur grecque que je n'ai plus revue depuis six mois. Je n'ai pas oublié le Metaxa; sur mon bureau traîne une bouteille non entamée, sept étoiles bien sûr!

La soirée est gaie. Sans nous lasser, nous regardons encore et encore les photos que j'ai prises dans son pays. Nous rêvons, commençons les phrases sans les finir... nostalgie... petite mélancolie. Le cognac se laisse boire, la bouteille se vide à vue d'œil. Anna élit domicile dans ma chambre. Nous causons une partie de la nuit. Cette amitié me ravit de plus en plus.

Le deuxième jour de session, il fait beau. Mon aptitude pour la vie de groupe a atteint ses limites. Je me néglige; pendant que les autres travaillent, je flâne autour de cet étang si charmant où les outardes qui migrent vers le nord viennent faire escale. Je me dilate les narines en aspirant le vent du sud qui n'a pas encore traversé la frontière. Je le rapporterai chez moi. Sans pudeur, je goûte ma désertion du travail. Je me sens en fin de course. Tous ici travaillent, sauf moi. On dirait une ruche, un atelier ou un chantier. Pendant que les petits groupes sont à l'œuvre, Al jette sur le papier quelques notes pour Miami, prochaine conférence internationale, dans un mois. Je le vois par la fenêtre du salon. Je me demande comment il arrive à se concentrer dans ce contexte où les uns et les autres le réclament. En me voyant rentrer de promenade, il s'étire, il en a assez d'écrire.

— Un petit Metaxa? dit-il. Le Metaxa est maintenant une plaisanterie entre nous.

C'est vrai qu'il est soucieux, me dit-il. Il me parle un peu de lui, des choses de sa vie, de ses embûches, de ses angoisses et irritations.

— J'ai encore tant de freins, dit-il avec impatience.

J'écoute sans rien dire. Sentir qu'il est en mouvement me réconforte toujours. Cela me donne espoir en mon propre changement. Chaque fois qu'il m'offre un peu de son espérance, quelque chose en moi se détend.

Je parle de mon livre, de la pudeur que j'ai à me servir autant de lui, à révéler une face de lui que j'ai vue, que bien d'autres autour de lui ne semblent pas connaître. Dans cette écriture, je marche sur un fil, j'avance avec prudence.

— File droit devant toi. Fais ce que tu as à faire. Moi, je n'ai plus rien à sauver, personne à convaincre. Je fais ce que j'ai à faire. Écris ce que tu dois écrire. Quoi qu'il en soit, écrire ne sert qu'à une chose: se découvrir à chaque page un peu plus. C'est mon expérience. On dit que c'est pour communiquer quelque chose. Oui, bien sûr. Mais ce n'est pas l'essentiel. On écrit pour soi, pour découvrir qui l'on est. Alors, écris, et ne te soucie pas de moi.

Il dit tout cela avec une conviction qui ne tolère aucun «oui, mais»… Une collègue m'a demandé la veille ce que j'écrivais.

— Et tu as l'intention de montrer tout ça à Al?

— Mais bien sûr! ai-je répondu.

— Alors, *good luck*!

J'ai haussé les épaules. Non, je ne peux pas croire tout ce qu'on me dit. Une telle remarque aurait pu m'ébranler sérieusement, je la sens qui glisse sur moi. Et j'en suis ravie!

En cette fin d'après-midi d'avril, c'est un beau moment qui nous est offert. Quand nous nous quittons pour manger, il met la main sur ma bosse, la bosse de bison dans le haut de mon dos.

— Elle est encore là.

— Oui c'est vrai, mais elle ne me gêne plus.

Il sourit d'un air entendu.

Le lendemain midi, je le croise dans le couloir. J'allais justement le saluer avant de partir. Il prend ma tête dans ses deux mains et m'embrasse sur la joue:

— Sois prudente sur la route.

Ce geste spontané qui semble lui avoir échappé, c'est comme un rite sacré… c'est ma confirmation.

Oui, je l'ai affronté, je l'ai défié. Je l'ai même dénoncé, accablé… et après tout ce remue-ménage, l'amour survit toujours. Nous n'avons pas rompu le contact. De ma colère est née une relation plus pure et plus vraie. Si le miracle existe, c'est là qu'il se trouve. Et je suis partie sur ce geste, bienheureuse.

De retour chez moi, cette nuit-là, j'ai rêvé.

Je suis en voyage, je cherche une maison. Dans le pays que je visite, des maisons sont ouvertes à qui veut bien les occuper. Je choisis un lieu qui me convient. On dirait une usine, un entrepôt, un très grand espace où sont entreposées des marchandises et où des gens s'affairent à travailler. L'espace est trop vaste, très désordonné, mais j'en ferai mon affaire. J'y suis bien. Je m'amuse à découvrir, pêle-mêle sur des étagères, des jouets et des ustensiles de cuisine. Je me dis que je mettrai de l'ordre dans tout ce fatras. Ce sera pour moi une tâche amusante. Je prévois de garder les articles ménagers parce qu'ils sont utiles et indispensables à la bonne tenue de la maison. Quant aux

*jouets, j'en garderai quelques-uns et distribuerai le reste à des
enfants qui seront ravis. Je suis plutôt excitée à l'idée de déga-
ger la place tout en faisant des heureux. J'aménagerai un coin
qui sera le mien, une zone marquée «privée». Je suis enthousiaste, je ne m'en cache pas, quand un brouhaha dans le couloir, des pas et des voix, attirent mon attention.*

*Des personnes avec leurs bagages à la main libèrent
l'endroit. Je me retire dans un coin, pour voir sans être vue.
Puis je lève les yeux et j'aperçois, suspendu au plafond, un
homme qui n'est plus très jeune. Ses cheveux sont blancs, le
crâne est dégarni sur le dessus, il a les yeux bleus! Curieusement,
cet homme flotte au-dessus de moi, au ras du plafond comme
s'il allait s'envoler. En réalité, il glisse, suspendu par le haut du
dos à une sorte de support à coulisse comme on en voit chez le
teinturier. Le support en question suit la douce inclinaison du
plafond jusqu'à la sortie de l'immeuble. La porte qui s'ouvre
vers l'extérieur est immense et laisse pénétrer la lumière du
jour qui est d'un éclat tout à fait particulier. Comme la lumière
de Pâques, la lueur de la Résurrection. Je regarde donc le personnage en contre-plongée. Je reconnais à son petit doigt un
bijou que je connais bien: formée de plusieurs anneaux d'or
jaune et blanc entrelacés, c'est la bague que j'ai tant de fois
contemplée, au doigt de Lowen. Il porte un habit gris, c'est celui
de mon père, celui qu'il portait sur la dernière photo que j'ai de
lui. Curieusement, attachées aux jambes des pantalons, deux
chaussures dépareillées: une bottine de travail et un soulier de
ville élégant. L'homme glisse doucement, lentement et sans à-
coups, vers la sortie. Mais j'ai peur que la pente qui le mène
vers la lumière ne soit pas assez prononcée pour qu'il atteigne
son but. Je me hâte de suspendre derrière ce personnage
d'autres habits, autant de figures qui ont marqué mon existence, mais que je ne sens pas le besoin d'identifier. Cette enfilade de costumes brouille les pistes. C'est à la fois pour qu'on ne
sache pas que cet homme s'échappe de mon espace et pour favoriser sa sortie. Le poids des autres l'entraînant vers la porte,
c'est une petite poussée que je lui donne. Au moment d'atteindre la sortie, voilà que dans un bruit sourd, la botte de travail
tombe par terre, puis un peu plus loin, la chaussure de ville.
Sur le sol de ma nouvelle demeure, l'homme que je ne vois déjà
plus a laissé ses empreintes. Toujours dissimulée dans mon*

coin, je regarde la scène avec une paix qui m'étonne. Je regarde le sol et les chaussures. Tout est bien ainsi. Ce qui se passe ici doit arriver, c'est dans l'ordre des choses. Je me dis que je ne toucherai pas à ces reliques qui jonchent le sol. C'est le rappel du passage de cet homme chez moi. C'est aussi la preuve qu'il est maintenant sorti de mon espace.

À mon réveil, j'ai une sensation de fraîcheur incomparable. Je me sens légère et unifiée. De ma vie, je n'ai jamais tant ressenti que l'espace que j'occupe est le mien. Mon corps m'habite autant que je l'habite. C'est une sensation grisante. Que je bouge, marche, me lève, reste sur place ou me déplace, j'ai la sensation capiteuse d'être assise dans mon bassin. Je sens mon corps comme un «rectangle d'or»! Un édifice parfaitement équilibré. Mes épaules et ma nuque sont à ce point relâchées que j'en suis ébahie. Ma bosse aurait-elle fondu? Je me surprends à tâter la base de mon cou. Non, elle est toujours là. Je ris de me voir aussi naïve. Je connais une heure d'affranchissement qui ressemble, encore une fois, à un miracle.

Bien sûr, mon voyage tire à sa fin; il importe maintenant que je me fixe quelque part. Me départir du superflu, en conserver un peu pour le plaisir, garder l'«ordinaire» pour aménager un coin qui me convienne. Avec cet homme qui glisse hors de chez moi, s'envole le costume de mon père, un costume du dimanche. Mon père était un artisan et il m'impressionnait chaque fois qu'il s'«habillait». Il faisait beau brummel, il séduisait. Le bel émoi quand je le voyais nouer sa cravate, s'appliquer au visage un après-rasage on ne peut plus viril dont l'odeur se mêlait finement au parfum de son cigare «White Owl»! Quand il y avait du monde, dans son rôle d'homme du monde, il avait la honteuse manie de commencer toutes ses phrases par: *Eh bien, voici...* Une telle somptuosité détonnait avec ses mains noueuses de travailleur. Il portait, au revers de sa veste, un petit piano à queue doré. C'était discret, très chic! Il était (que les autres me pardonnent) le meilleur accordeur de pianos en ville! C'était un ouvrier qui exerçait son métier comme un artiste. Ce petit homme de père avait à mes yeux quelque chose de grand, quelque chose de brut et de raffiné, quelque chose qui stimulait ma fierté et mon futile espoir. Je n'y avais pas encore renoncé. Il avait les cheveux blancs, le crâne dégarni et les yeux pâles. Il ne portait pas de bague au doigt, à l'exception de son alliance. Il avait, lui aussi, l'index recourbé.

Le sens de ce rêve est évident. C'est un adieu tranquille. Avec l'absence de l'autre s'impose une plus grande présence à soi. C'est peut-être aussi, mais cela me fait encore trop mal d'y penser, la réalité du temps qui court, de l'âge et de l'inévitable...

Il y a tout cela chez cet homme au-dessus du monde qui sort du lieu où j'ai choisi de m'établir. Dans ce rêve, tout est accompli. Sans affolement mais sans étonnement, je me laisse quitter sans protester. Je vis un peu plus, encore.

XLIII

La Floride

Dernière étape prévue de mon safari: la Floride. Nous sommes en mai. La mer, encore une fois, la générosité des hibiscus et la chaleur des embruns. Anna m'a invitée à passer quelques jours là-bas avec elle avant la grande conférence internationale. Elle a loué la maison de ses amis. Je ne résiste pas, je viens. Je voyage maintenant avec légèreté. Je n'ai plus de mandat. J'ai laissé chez moi mon magnétophone.

Ce long week-end me ravit. La villa que nous occupons tient du rêve. Une terrasse ombragée donne sur la plage, des centaines d'oiseaux, des rosiers fleuris et des magnolias de toute beauté; déjeuners et dîners sur la terrasse, on s'endort au rythme des vagues. Le temps est doux comme en Grèce en septembre. Nos beaux enfants, nos hommes, frissons et tortures en détail n'épuisent pas nos confidences; nous nous reconnaissons toutes deux un appétit amoureux gourmand et passionné. Nos états d'âme à peine échafaudés, ils déboulent aussitôt. Il faut bien en rire un peu. Nous nous racontons jusqu'aux petites heures du matin. Grande trouée dans le Metaxa, encore le Metaxa, *juste un petit peu pour mieux dormir!* L'amitié d'Anna, comme une mangue chaude fraîchement cueillie!

Vient le temps de quitter ce paradis pour notre lieu de travail. Des amis de partout nous attendent à l'hôtel où commence demain le congrès bisannuel de l'Institut International. J'y ferai une communication dans trois jours. Travail oblige!

Les autoroutes qui sillonnent Miami ont tôt fait de nous ramener à la réalité, enfin à une autre réalité. L'hôtel où nous allons n'a rien du refuge dans lequel nous nous prélassions comme deux siamoises,

Anna et moi. Dans cet immense building, grandes salles à manger, grands salons, grands couloirs, etc., je perds ma sœur grecque. Mais la chambre est belle. La mer, quinze étages plus bas, se déroule avec rage. Je ne retrouve Anna qu'à l'occasion, au hasard d'un changement d'ateliers.

Al est ici, bien sûr. Deux centaines de participants, parmi lesquels certains se considèrent ni plus ni moins comme ses enfants, filles et garçons, d'autres comme ses amis, d'autres qui viennent régler leurs comptes, le sollicitent de toutes parts; il est écartelé, assiégé, on se l'arrache. Je le frôle de loin, je cherche ma place dans ce déferlement. Je ne sais pas si je souffre de la distance, trop occupée, moi aussi, à retrouver mes amis, mes comparses de Grèce, de France, des Caraïbes. J'ai le très fort sentiment d'appartenir à une famille internationale; c'est bon, l'universalité!

La conférence se déroule rondement. Je découvre avec émotion la sensibilité et la compétence de collègues que je ne connaissais pas. L'expérience de mes pairs m'inspire toujours. L'atelier dont je suis responsable me procure du plaisir, je me sens accueillie et appréciée. Bon sentiment... À la réception de l'hôtel, une surprise m'attend. Un immense bouquet de roses rouges porte une carte à mon nom. Une splendeur, ce bouquet! Il est dix-sept heures quinze, l'heure à laquelle tous, sans exception, font escale à leur chambre. J'attends une éternité l'ascenseur, des fleurs plein les bras, comme un trophée. L'Institut au grand complet saura que quelque part, dans le pays voisin, mon mari n'a pas oublié mon anniversaire.

Le soir même, je me laisse entraîner par Al, une collègue et deux autres femmes dans une boîte cubaine reconnue pour l'authenticité de sa musique. Al adore la musique latino-américaine. Il peut danser jusqu'aux petites heures sans ressentir aucune fatigue. Quarante minutes de taxi durant lesquelles je me demande ce qui m'a prise de leur emboîter le pas. Je suis, ma foi, plutôt fatiguée. J'aurais bien pu m'abstenir de cette frivolité. Autant en profiter pour apprécier cette culture latine que je ne connais pas. Je n'en mourrai pas. Et puis, c'est ma fête.

La musique, des hommes aux yeux de velours qui reluquent cette table de quatre femmes et un homme... des approches pas du tout subtiles, un gros monsieur trop entreprenant qui nous fait toutes rigoler (il se croit irrésistible, Dieu du ciel!)... la gaieté finit par m'emporter. Tout compte fait, je suis ravie d'être là, en amicale compagnie, finalement amusée. Je rigole, la soirée est légère. Notre petit groupe bouge, les unes se laissent tenter par une rumba, les autres par une lambada ou quelque autre rythme en *a*.

Et comme on doit s'y attendre quand on sort à quatre femmes pour un homme, il arrive que l'une ou l'autre reste sans cavalier. Cette fois, c'est mon tour. Gardienne de la table et des sacs à main, sentinelle dépitée qui masque son aigreur sous un sourire de pacotille. Vieux réflexe, cruelle réminiscence d'une adolescence passée sous le signe de l'acné.

Al tournoie sur la piste depuis un bon moment en changeant sur place de partenaire. Tour à tour, mes camarades se sont vu offrir un bras basané qui a dans le sang le rythme des mers du sud. Moi, je suis restée là, sans offre, sans demande non plus. Je regarde les couples, je suis seule, seule à être seule à cette grande table désertée... et je suis bien! Je ne me sens pas abandonnée, premier étonnement! Je jouis de cette quiétude comme un oiseau dans son nid, en toute sécurité. C'est un sentiment de plénitude, je devrais dire de séparation bienveillante. Je les regarde tous évoluer sur la piste, je regarde cet homme aux cheveux blancs qui m'a tant et tant «travaillée» cette année, dont j'ai cru pendant un moment ne plus pouvoir me passer. Je le vois de loin, de plus en plus loin et je me sens libre du besoin, libre de la nécessité, libre de la faveur. Deuxième étonnement! Si j'osais dire tout haut le fond de mon sentiment, je dirais que je me sens NOBLE en ce moment, seule à ma table. Noble parce que seule, noble et me suffisant à moi-même, noble et me sentant pleine. Et je voudrais que dure encore et encore cette goutte d'éternité qui me prend par surprise.

Le temps du meringue, de la samba, du cha-cha-cha, me paraît trop court. J'aurais voulu ronronner plus longtemps, profiter pleinement de cette dignité nouvelle. Une à une, les autres reviennent s'attabler, tremper leurs lèvres dans la margarita qui tiédit. Al s'installe à côté de moi, dans ce bouquet de femmes au cœur duquel il jubile. Moi, je reste en moi, dans une sérénité qui m'était inconnue en pareille circonstance. Il m'arrive de croiser son regard sans rien dire de ma si belle et si bonne paix. Nous rentrons à l'hôtel et je cultive, tout le long de cette interminable course, l'étonnement ravi de ma précieuse découverte. Je me sens libre, comme une montgolfière qui a rompu ses amarres et dont plus rien ne freine l'envol. Ma chambre, enfin! Ma solitude et le bruit des vagues. Les roses de mon mari sont enivrantes. Sur la mer, des navires au loin, très loin, ont jeté l'ancre. Une pleine lune magistrale se répand dans l'immensité.

Puis, au-delà de la ligne de fond, c'est la nuit infinie. Je dors comme une taupe, malgré cette folle qui s'étire sur l'eau. D'ordinaire, la pleine lune me tient éveillée. Bercée par la mer qui grossit et se déroule à l'infini, je suis heureuse.

Durant les deux jours qui restent, mon bien-être se prélasse. Au hasard des présentations, des ateliers et repas, je croise Al. Nous avons peu de contacts. Je suis tout aussi occupée que lui. Je ne sais pas qui des deux laisse aller l'autre. De toute évidence, nous n'avons guère besoin l'un de l'autre. C'est bien ainsi.

C'est déjà la fin, la fête, la musique et la nuit étoilée qui rivalise de beauté avec une mer toujours aussi houleuse. Je reviens bientôt à la maison. Mon safari est pour de bon terminé. Je trouve, grâce aux amis, au champagne et aux roses de mon mari, la gaieté dont j'ai besoin pour mettre un terme à mon voyage. Ils ne savent pas qu'ils célèbrent mon beau risque. Ils croient célébrer avec moi mon anniversaire: le hasard a voulu que cette semaine-là précisément, je quitte ma quarantaine.

Il me reste encore quelques heures. Quand on vient du nord, on ne résiste pas à la mer. J'ai rendez-vous avec Al sur la plage. Je le vois passer avec d'autres, je le laisse s'éloigner. Plus tard, le temps viendra; je sais qu'il ne m'oublie pas. Il n'y a plus d'urgence pour moi, plus de nécessité. Plus tard, en effet, il vient vers moi pour causer, s'excuse d'être en retard au rendez-vous, de ne pas m'avoir vue. Il n'a rien perdu de sa sollicitude. Il est dix-sept heures, le soleil moins brûlant se fait complice. La plage est presque déserte et le temps est bon.

Notre vieille complicité est sortie indemne de la cohue. C'est un beau moment. C'est le dernier moment. En regardant les mouettes, je lui raconte où j'en suis. Je lui dis que c'est la fin pour moi, qu'il ne me reste plus que mes pages blanches, mon année à raconter, ma compréhension nouvelle du monde, de lui, de moi. Comme si toutes les images avaient été saisies. Ne me reste plus qu'à tremper le précieux papier dans le bac du révélateur. Et puis attendre, attendre qu'émergent les visages, les atmosphères, les contradictions, les humeurs graves autant que les effluves de beauté.

Maintenant, je laisse courir, et les risques et les moments de grâce. Le regard perdu au-delà de l'horizon qui rosit, on dirait que je n'ai plus rien à faire que respirer. Oui, je respire bien, légèrement, tout simplement, comme si rien au monde n'était plus important pour moi en ce moment. Je regarde en souriant mon chapeau que j'ai déposé sur mon ventre et qui se soulève au gré de mon souffle. Ma vie tranquille qui bat, d'une riche tranquillité, d'une pleine tranquillité. La même tranquillité qui m'a comblée, seule à ma table, seule à être seule.

Il n'y a plus que nous deux sur la plage maintenant. De ma plénitude, je parle un peu, oh! juste un peu, par pudeur. Je n'ose pas, j'ai des scrupules à lui dire que je peux dorénavant me passer de lui. Que ce sentiment nouveau de me suffire à moi-même m'apporte une grande paix, une grande joie. Peut-être a-t-il entendu ma pudeur ou deviné ma retenue, peut-être a-t-il compris à demi-mot ce que je viens d'écrire, je ne sais pas à quoi il réagit: il sursaute. Il s'avance sur le bout de sa chaise et se penche vers moi. Il regarde ma bouche qui libère les mots, un à un, comme des gouttes de pluie. Je l'ai toujours vu faire ça dans les grands moments. Il s'approche, tend l'oreille un peu plus et ne quitte pas l'autre des yeux.

Dans ces occasions-là, il bouge les lèvres avec celui qui parle, comme s'il répétait pour lui-même ce qui est dit. Il fait «oui, oui» de la tête. Encouragée par l'intensité de son écoute, je m'ouvre un peu plus. C'est une invitation. Après une brève hésitation, une vieille réserve qui ne suffit pas à me faire taire, j'ose enfin lui parler de... ma noblesse. Je lui dis que, seule à ma table, loin de lui et des autres, j'ai connu une plénitude qui frôlait la béatitude. Une sorte de liberté, de légèreté qui, c'est étrange, ressemblait à de la passion. La passion d'être soi-même, seulement soi-même, mais tout soi-même. Peut-être était-ce tout simplement de la joie. De la vraie joie, la grande, la pure, la pleine. Tous ces mots-là tombent d'eux-mêmes de ma bouche un par un, comme s'ils devaient humecter cette plage trop sèche. Je viens de lui dire que je me suis détachée de lui.

On aurait dit qu'il attendait cela. Depuis un moment, il sourit. Je n'ai plus rien à dire, terminé. De ces choses-là, on parle un peu, pas trop, juste ce qu'il faut pour sentir que l'autre saisit. Il me prend le bras et serre fort pour me dire qu'il sait de quoi je parle. Alors, il s'adosse et regarde au loin. «Tu es guérie me dit-il, cette noblesse-là, c'est la guérison.» Cela n'a rien de triomphal. Je crois en effet que je suis guérie de lui. Encore trop tôt pour dire la blessure qu'il emporte avec lui. Mais il est vrai que je me sens guérie d'une certaine douleur, d'une plainte, d'un manque que je ne ressens plus depuis... depuis mon grand débarquement chez lui.

Attention! Ce n'est pas une victoire, c'est seulement l'amorce d'un changement. C'est la mouvance en eau claire, pas l'arrivée.

L'apaisement d'une certaine fébrilité qui n'a plus sa raison d'être. Et c'est tout calme, ce qui se passe, en cette fin d'après-midi, en cette fin de safari. Je sais que cette paix ne durera pas toute ma vie. Mais je sais, à quel point je sais! qu'une telle plénitude se produira de nouveau, le temps venu. Je crois que j'en serai toujours aussi étonnée. J'espère en être toujours aussi étonnée.

La mer à nos pieds continue à se déballer. Elle recommence à chaque vague. Elle charrie chaque fois son lot de débris, en ravale quelques-uns et en étale de nouveaux. Jamais lasse de recommencer, elle se déroule sur la plage, y dépose parfois un trésor, une algue langoureuse, un beau coquillage.

Une dizaine de grandes vagues s'encouragent l'une l'autre à se dépasser. Elles naissent au large, s'enflent, se font écho, se nourrissent d'elles-mêmes, et l'ampleur de l'une annonce la majesté de l'autre. Elles se chevauchent l'une l'autre sans honte ni crainte de se briser. C'est le plus beau crescendo du monde. Dans un roulement qui paraît annoncer l'apocalypse, elle se laisse choir, la mer. Puis, courageuse, elle recommence. Elle maintient ainsi son équilibre. J'aime sentir qu'elle et moi, on a quelque chose en commun.

Dans un silence qui nous est maintenant familier, côte à côte, Al et moi, nous regardons sans les voir les rouleaux qui se superposent. Ils sont au cœur de nous. Les cailloux de la grève roulent les uns sur les autres sans s'agripper. Ils sont emportés par l'onde et font un bruit de perles. Ils s'empilent et s'acharnent à ériger un barrage que la prochaine marée emportera avec elle. Accalmie. On dirait que la mer est guérie, elle aussi. Elle ronronne comme une femme qui a connu de grandes contractions. Maintenant, elle récupère. Elle sait que les prochaines poussées se préparent, au creux de son ventre. Elle apprécie le temps qui passe, le parfum des varechs et le sursis qui lui est accordé. Elle respire. Elle sait que pour mettre au monde, la prochaine vague doit venir des profondeurs, s'annoncer, s'enfler en elle, se fendre, puis se taire.

Épilogue

Des mois ont passé. J'ai repris mon travail, mes horaires, mes consultations et mes cours. Lorsque je suis rentrée à Montréal, je croyais le voyage terminé. Mission accomplie! J'avais franchi toutes les étapes. La première version de mon manuscrit reposait sur ma table de travail. J'avais même eu l'insouciance de déclarer mon livre terminé. Pour le laisser décanter dans un environnement précieux, j'ai acheté une boîte splendide, une œuvre d'art, un coffre à bijoux. J'étais dans un état de parfaite tranquillité, de ces tranquillités lourdes, humides et opaques qui précèdent et annoncent d'un air sournois le déclenchement d'un orage imminent. Je me prélassais dans une dormance qui m'autorisait à ne douter de rien.

J'ai en effet laissé dormir le texte, je me suis reposée sans voir que cette histoire travaillait toute seule à l'intérieur de moi. Les sédiments se déposaient en mon âme. Je n'étais plus la même. De nouveaux plis composaient dorénavant mon paysage psychique. Je le savais, je le sentais, mais je n'aurais pas pu définir au juste la nature de ce changement. Cela touchait ma vision de la maturité, une nouvelle façon de percevoir mon rôle de psychothérapeute, une mise en perspective des grands traumatismes et desdites banalités, bref, cela touchait ma vision de la vie.

Alors, j'ai eu besoin de savoir ce qui s'était passé. Ce qu'il me restait de mon voyage, une fois le monde parcouru. Contemplative et candide, j'ai donc rouvert le précieux coffret.

Petit voyage à rebours dans ma mémoire encore fraîche, la Grèce, la Bretagne, Sainte-Lucie... Des échappées dans mon enfance, des flaques d'eau encore fraîche dans les traces de mes premiers pas avec Lowen.

J'étais calme, assise dans mon fauteuil, lorsqu'un doute, un soupçon, a suspendu mon geste entre deux pages. Je lisais l'épisode du petit dessin dans le chapitre intitulé «Où es-tu, mon âme?» Il n'y a pas si longtemps que je l'avais écrit et j'avais ressenti le besoin de lire ce chapitre-là en particulier. Maintenant j'avais la désagréable impression d'avoir déjà raconté tout ça ailleurs. Machinalement, je me suis mise à feuilleter le manuscrit. Une autre fois, j'avais raconté l'anecdote du petit dessin… et un peu plus loin, une autre fois, puis encore une autre. Bref, quatre fois j'avais raconté l'histoire du bonhomme sans être le moins du monde consciente de la redite. Stupeur! J'étais prise en flagrant délit de confusion mentale, symptôme peu insignifiant pour moi dont la mère est morte de la maladie d'Alzheimer. Je suis restée un long moment sans bouger, tout interdite. J'aurais écrit cette histoire quatre fois de quatre manières différentes sans jamais m'en rendre compte? Je n'arrivais pas à y croire.

Pour en finir avec ce malaise, j'ai pris un risque. Depuis le début, j'avais gardé pour moi tous mes textes sans jamais en partager une ligne avec mes proches. Mais cette fois-ci, pour réconcilier l'inconciliable, il me fallait un témoin, un point de repère. Quand il me vit surgir dans la salle commune, Michel remarqua immédiatement mon trouble. J'étais pâle, tendue, je n'ai pas voulu expliquer. Je lui ai seulement demandé s'il avait deux minutes, par hasard… C'est toujours comme ça quand on demande une demi-heure. D'un air faussement détaché, j'ai remis le chapitre entre les mains de mon mari comme s'il s'agissait d'une banalité, des petites annonces. Surpris mais curieux, Michel s'est calé dans un fauteuil.

Il était dans la salle de séjour, la tête penchée sur le papier. Allez savoir pourquoi, je me suis mise à astiquer le comptoir de la cuisine comme si ma vie en dépendait. Ma main tremblait, je m'agrippais à mon torchon. Compulsivement, je frottais. J'avais terriblement peur de la réaction de mon mari. Je sentais qu'il allait découvrir une portion de ma nature qui *devait* rester cachée. Je croyais courir au-devant d'une condamnation, du jugement dernier. J'avais honte de mes mots, honte de mes images, honte de moi. Ce n'était pas tant l'histoire elle-même qui m'humiliait, mais bien ce qu'elle dévoilait de mon attachement pour Lowen. De plus, dans ce chapitre où ce geste d'enfant était pour ainsi dire actualisé, je mettais au jour mon archaïque besoin de dépendance, de reconnaissance, d'approbation. Les retombées que ma petite histoire familiale avaient eues sur ma relation avec Lowen devenaient de plus en plus évidentes. J'étais comme une mendiante qui quête sa nourriture affective. Moi, la femme autonome, la professionnelle de la psychothérapie, je me livrais, déchue.

Michel n'en finissait plus de lire. Enfin, je l'ai vu tourner la dernière feuille. Il restait là sans dire un mot. Il était, de toute évidence, ému.

— Je sais si peu de chose de toi, jamais je n'aurais cru que la honte était aussi présente dans ta vie.

Et son regard affectueux ne me condamnait pas. J'ai lâché ma guenille et lui ai répondu:

— Précisément, j'ai honte d'avoir honte.

Puis le jour est venu où je me suis sentie prête à présenter mon livre à Lowen. Je ne pouvais plus continuer sans son approbation. J'avais hâte de lui confier mon «petit». C'était un cadeau, une partie de mon âme que je lui offrais. Et pour que rien n'en diminue la portée, j'étais prête à prendre toutes les mesures nécessaires, jusqu'à la démesure. Je décidai de faire traduire mon texte, un investissement considérable, quand on y pense, malgré le dévouement d'un ami bilingue à la voix particulièrement envoûtante. Ce serait une lecture parlée, un livre sur cassette! Quoique je le sache capable de lire le français, je voulais qu'Al puisse se laisser porter par l'histoire sans avoir à faire l'effort du déchiffrage. Il y en avait pour quatorze heures d'écoute!

Il recevait les cassettes au fur et à mesure qu'elles étaient terminées. Il fallut résoudre certaines difficultés d'enregistrement et compter avec une extinction de voix, dont la moitié des Québécois furent victimes, cet hiver-là. Mais je ne lâchais pas. Ma détermination à lui rendre ce texte accessible tenait de l'acharnement: c'était un geste fou.

Je terminai la lettre qui accompagnait l'envoi des premières cassettes par cette phrase: «Pour réanimer ce bras tendu, pour libérer un cœur rétréci qui n'a plus honte de son pouls, mon cher Al, voici donc mon dessin du bonhomme.»

Deux mois après l'envoi des premières cassettes, je me rendis aux nouvelles. Sur son bureau, mes cahiers, mes cassettes, moins les dernières que je lui apportais par la même occasion: «Sainte-Lucie et après». Restée seule trop longtemps avec mon ouvrage, j'avais besoin de l'entendre. Déjà, en lui téléphonant pour prendre rendez-vous, le ton de sa voix m'avait fait craindre le pire. Je ne voulais pas y croire. Le pire, c'était sa déception. En me donnant la main, il a évité mon regard. J'étais fixée.

Eh bien oui, le pire se produisit. Nous avons échangé un peu. J'ai compris que, de son point de vue, je n'avais pas bien saisi sa nature, son esprit. J'ai compris que ce qui me paraissait grandiose lui paraissait, à lui, anecdotique. Je pouvais en conclure que j'avais aplati son art, que ce n'est pas moi, pas cette fois du moins, qui donnerais à l'analyse bioénergétique ses lettres de noblesse.

Nous avons encore osé quelques mots. J'ai seulement dit:
— Je ne sais pas ce que tout cela me fait.

J'étais celle qui avance une jambe, puis l'autre, qui ramasse son sac et ses cahiers sans dire qu'elle a le cœur crevé parce qu'elle préfère ne pas savoir encore, sans dire qu'elle ne s'en remettra pas, parce qu'elle n'ose pas encore y penser. J'ai voulu l'embrasser en partant, il était raide et froid, il s'exécutait. Je tenais mes cahiers dans les bras, comme une mère qui retourne chez elle avec un enfant handicapé, SON petit. Sur son bureau, il y avait la dernière cassette que je lui apportais, qui n'allait rien changer au reste.

J'avais donc commis, encore une fois, un geste condamnable!

C'est alors que j'ai compris toute l'énormité de cette aventure avec Lowen. J'ai compris pourquoi je m'étais obstinée à écrire et réécrire l'histoire du bonhomme. Je ne savais pas, avant ce jour, que si mes tropismes m'avaient poussée à remettre en scène un épisode critique de mon enfance, c'était pour retrouver l'instant précis où mon cœur était resté figé sur place dans l'espoir de le ressusciter. On rembobine le film jusqu'à cette image gelée: l'enfant est agenouillée par terre devant sa feuille de papier; elle tient à la main un crayon rouge. Elle a six ans. Bien sûr, aujourd'hui, je ne fais plus de petits dessins. J'écris un livre. Mais c'est la même chose. Je lui écris un livre. Je *lui* confie mon intérieur. Et comme si cela n'était pas assez gros, dans un ultime effort de réparation, je lui offre l'œuvre, désespérément suspendue à sa réaction. Miséricorde!

Quant à lui, Al n'était pas sans savoir quelle déchirure il venait de rouvrir en moi. Cet épisode de mes six ans dans lequel nous avions marché ensemble toute l'année s'était terminé à peu près de la même façon. J'avais attendu, espéré une autre fin. La grande illusion! Mais aujourd'hui, je me demande: que pouvait-il faire d'autre? Me dire qu'il aimait le texte pour me ménager? Lowen m'aurait-il épargnée en bout de ligne? Je le remercie de n'y avoir jamais songé. Je ne veux pas de cette bonté-là.

On ne répare jamais une expérience passée. Mais en s'appuyant sur elle et en consommant son deuil, on se bâtit, on se possède.

Pendant les deux ou trois jours qui ont suivi ma déconvenue, je suis devenue somnambule. Triste à mourir, incrédule, désemparée de ma propre vie. Les tâches domestiques étaient mon seul recours. Je regardais la télé sans savoir qui s'agitait sur l'écran. Après la suffocation puis la douleur crue, je me suis laissée flotter sur une vallée de larmes.

J'ai été tentée d'opter pour l'*à quoi bon*. Oublier tout ça, ne jamais publier, ne jamais subir l'affront du jugement des autres, ne jamais surprendre le sourire satisfait de ceux qui savaient que j'allais vers l'impossible. Garder le silence, me taire et faire celle qui n'a rien vu, rien senti, rien risqué. Je connais. J'ai déjà fait.

Une fois l'incrédulité passée, contrairement à ce que j'avais fait quand j'avais six ans, cette fois j'ai mis le poing sur la table. J'ai crié, j'ai gueulé. Al Lowen n'avait rien compris à mon projet. Il n'avait cherché dans mon texte que les phrases qui auraient confirmé sa pensée, donné du poids à son œuvre et à son existence. J'étais certaine qu'il n'avait pas pu saisir le sens de mon travail, qu'il l'avait lu, plutôt écouté avec l'oreille d'un sourd. Curieusement, je n'étais pas hors de moi. J'étais hors de la honte. Plutôt que de me contenir, de me ratatiner, j'explosais, je défonçais mes dimensions. J'étais parfaitement résolue à défendre mon petit. C'était une question de farouche maternité.

Je savais pourtant que je ne remettrais pas le manuscrit à un éditeur sans avoir obtenu l'accord de Lowen. Dès le premier jour, je m'étais promis de respecter son avis à ce sujet. Mais s'il se trouvait qu'il n'y fasse pas opposition, il était clair maintenant que je m'engagerais à fond. D'abord, pour moi. Après avoir pris le parti de laisser parler mon âme, aussi *immature* qu'elle soit, aussi *anecdotique* que sa parole paraisse, je ne veux plus rebrousser chemin, opter pour le silence. Puis par fidélité, pour ne pas renier le plaisir, le grand plaisir que j'ai eu à vivre, à raconter et à écrire cette histoire. Moi, je sais que ce que j'écris sur Al Lowen est l'essentiel de ce que j'ai vu. Et je persiste à croire que c'est le plus beau.

Avant même que j'aie pu expédier la lettre qui disait mon retournement, Al m'écrivait pour s'excuser de n'avoir pas compris le sens de mon ouvrage. Après avoir écouté les derniers chapitres, il reconnaissait avoir eu des attentes qui le concernaient et qui ne rencontraient pas mes objectifs. «Ce livre ne porte pas sur l'analyse bioénergétique ni sur moi. C'est l'histoire de TON "safari" et de TA croissance. Je crois qu'il devait réellement en être ainsi et je retire mes critiques. Je te fais mes excuses pour toute détresse que j'ai pu te causer... with my deepest affection, Al», m'écrivit-il.

J'étais contente de recevoir cette lettre maintenant, après avoir eu le temps de vivre ma colère. Bien sûr, son aveu nous réconciliait. L'essentiel de cette réconciliation était déjà à l'intérieur de moi, pour moi. J'avais pris l'engagement d'exister sans devoir éblouir cet homme que j'aime tant.

Eh bien oui, j'ai voulu combler Al Lowen, comme j'avais voulu combler mon père en lui offrant mon cœur sur un papier. Bien sûr, toute une vie ne dépend pas d'une anecdote d'enfance. Mais on a tort de penser que l'anecdotique ne vaut pas le détour. On raconte souvent en thérapie de ces choses que l'on dit dérisoires. Il y a des enfantillages qui sont le symptôme d'un agencement beaucoup plus profond. On peut bien prétendre transcender ces bagatelles, c'est à cela qu'on s'use. Cet instant de stupéfaction que j'avais connu si jeune, le seul indice encore accessible à ma mémoire, allait influencer toutes mes relations amoureuses. Pour ne plus avoir à revivre de telles humiliations, la petite fille que j'étais, dans sa belle innocence, a formé le projet d'arriver à combler l'homme. C'était situer à l'extérieur de moi le principe de ma vie amoureuse. Deviner le geste qui envoûte l'autre, bannir celui qui déplaît pour demeurer l'Incomparable, l'Unique, la Divine, j'ai cru que je finirais par y arriver. C'était au prix de grands silences et de sourires trompeurs. Ce mécanisme était d'autant plus raffiné qu'il m'obligeait à présenter l'image d'une femme indépendante. Les hommes que j'aimais n'auraient su que faire d'une femme soumise. C'était le nec plus ultra en matière de dévouement. Depuis des années, je connais par cœur cette mécanique qui me pousse à donner le «plus» quand le «juste» suffirait.

Je savais pourtant qu'aimer l'autre, le respecter et me faire respecter, c'est prendre le risque de me montrer telle que je suis, splendide ou mesquine, étonnante ou décevante, si telle est ma vérité. Jamais je n'avais risqué aussi gros. C'est ce qui fait la différence entre savoir et changer.

Lowen est un homme de vérité crue. Sa réaction m'obligeait à une plus grande fidélité à moi-même, à personne d'autre, même pas à lui auquel je tenais tant. Non, je n'ai pas comblé Al Lowen. Mais j'ai fait ce que j'avais à faire, ce que je devais faire au risque de lui déplaire, au risque de le perdre. *Être libre, n'est-ce pas aussi accepter de décevoir ceux que l'on aime le plus?*

Je me prends parfois à imaginer ce que j'aurais perdu si Al avait été séduit d'emblée par mon livre. Je lui aurais fait plaisir, je me serais suspendue à lui un peu plus, forte d'une reconnaissance qui me serait venue, une fois de plus, de l'extérieur. Au lieu de quoi, sa déception m'a obligée à me contenter de moi, et de moi seule, à me différencier de lui et à me passer du *nihil obstat* de Dieu, de la bénédiction du Père. De cela aussi, je lui suis reconnaissante.

«Tu as écrit ton histoire, m'a dit Lowen, tu as fait quelque chose d'important pour toi. Moi, j'attendais autre chose, mais tu as choisi une voie différente. Tu as suivi TA voie. Il n'y a que cela d'important. Alors, va de l'avant.» Jamais depuis ce temps, je n'ai senti que ma relation avec Al s'était affaiblie, bien au contraire. Je me suis sentie infiniment respectée, comme une personne unique, différente de lui.

L'audace de vivre

Ce que j'ai appris à travers ma longue démarche avec Lowen, c'est que vivre réclame de l'audace. J'ai essayé pendant longtemps de «construire» ma vie. Il le faut bien quand on est jeune. Je ne renie pas mes efforts pour comprendre et assimiler certains systèmes de pensée. Mais je sais maintenant que comprendre et analyser ne suffisent pas. C'est le grand risque qui ouvre au changement.

Après avoir fait le bilan de mes connaissances en psychologie, j'ai eu l'ambition d'être *celle qui devrait pouvoir* construire son équilibre. Cette volonté de me construire se manifestait à coups de volonté, de bonnes résolutions et d'efforts de contrôle inimaginables. Aujourd'hui, j'ai perdu cette ambition. Je me contente de vivre cet équilibre, aussi précaire, aussi vacillant soit-il par moments. Je m'en porte beaucoup mieux, ce qui ne signifie pas que la vie est facile, sans angoisse. Mais il arrive que l'angoisse, par le spasme qu'elle imprime à l'abdomen, soit une invitation à la vie. Une inspiration de plus, un anneau de tension qui cède, encore un autre, et voilà que s'enracine dans la chair le changement. Me livrer à ma vraie nature, laisser vivre mon organisme sans chercher à en camoufler les mailles qui fuient, cela réclame de moi, je l'avoue, beaucoup plus de courage.

L'audace de vivre, c'est oser me révéler telle que je suis; oser m'attacher, me rebeller, me laisser déconcerter. Oser avouer le plus petit de moi, le plus grand aussi, le moins glorieux et le plus vrai. Perdre la face, bien sûr, mais garder ma dignité. Si ma voix est perchée quand je crie, si les traits de mon visage n'ont rien d'élégant quand je pleure, tant pis!

L'audace de vivre c'est risquer de crier ma colère, risquer de tout perdre, risquer d'aimer et de souffrir, risquer d'être l'intime, l'intègre, risquer d'être moi-même. Jouer quitte ou double: me faire aimer telle que je suis ou pas du tout. Sans avoir honte de mes boutons, de mes tics et de mes travers. C'est quand je me regarde avec compassion, quand j'accepte de n'avoir pas pu faire mieux jusqu'à présent que je respire le mieux. L'infiniment triste est de ne plus croire au changement. C'est de dire: *Je suis comme cela, ce n'est pas aujourd'hui que je vais changer.* Elle est là, la mort de soi.

Figure 1:
exercice d'ouverture
de la respiration avec
appui arrière sur le
tabouret; posture qui
favorise l'étirement
des muscles abdo-
minaux permettant
ainsi une respiration
profonde.

Figure 2:
exercice fondamen-
tal d'enracinement et
de vibration, dit «arc
inversé», qui favorise
l'augmentation de la
charge énergétique.

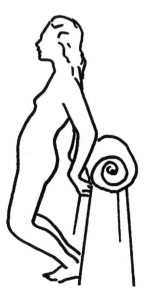

Figure 3:
posture qui favorise
la charge du bassin et
qui invite à la chute si
l'on consent à laisser
circuler librement les
mouvements involon-
taires de la région
pelvienne.

Ouvrages du
Dr Alexander Lowen

La date qui apparaît entre parenthèses correspond à la première parution en anglais.

(1958) *Lecture et langage du corps*, Éditions Saint-Yves, Québec, 1977.

(1965) *Le bonheur sexuel (Amour et orgasme)*, France Amérique, Montréal, 1985.

(1967) *Le corps bafoué*, Tchou, Paris, 1976.

(1970) *Le plaisir*, Éditions du Jour-Tchou, Montréal-Paris, 1977.

(1972) *La dépression nerveuse et le corps*, Éditions du Jour-Tchou, Montréal-Paris, 1977.

(1975) *La bioénergie*, Éditions du Jour-Tchou, Montréal-Paris, 1976.

(1977) En collaboration avec Leslie Lowen: *Pratique de la bio-énergie*, Presses Sélect, Montréal, 1978.

(1980) *La peur de vivre*, Epi, Hommes et Groupes, Paris, 1983.

(1984) *Gagner à en mourir: une civilisation narcissique*, Hommes et Groupes éditeurs, Paris, 1987.

(1988) *Le cœur passionnément: symbolique et physiologie de l'amour*, Tchou, Paris, 1989.

(1990) *La spiritualité du corps*. Éditions Dangles, Paris, 1993.

Les sociétés francophones d'analyse bioénergétique

La Société Française d'Analyse Bioénergétique (SFABE): 47, rue d'Alsace — 75010, Paris, France.

* *L'Institut d'Analyse Bioénergétique France Sud*: 12, rue des Entrecasteaux — 13100 Aix en Provence, France.

* *La Société Belge d'Analyse Bioénergétique* (SOBAB): 356 A, rue Angeland, 1180 Bruxelles, Belgique.

* *La Société Québécoise d'Analyse Bioénergétique* (SOQAB): 6445, des Perdrix, Laval, Québec, Canada, H7L 4E1.

* *La Société Suisse d'Analyse Bioénergétique*: 4, rue Albert Schnyder — 2800 Delémont, Suisse.

Toutes les sociétés d'Analyse bioénergétique sont affiliées à l'Institut International qui établit les règles de formation des thérapeutes, de déontologie et de diffusion (par des publications, séminaires et conférences) de l'analyse bioénergétique. Cet institut est dirigé par le Dr Alexander Lowen qui en est aussi le fondateur.

International Institute for Bioenergetic Analysis (IIBA): 144, East 36th Street — New York, NY 10016 - USA.

TABLE

Avant-propos   9
Prologue   13

I   Mes bagages bourrés d'angoisse   31

Le départ
II   Entre ciel et terre   35
III   Sur les chapeaux de roues.   41
IV   On fait ce qu'on peut, monsieur!   45

La Grèce
V   J'ai peur qu'il m'oublie   51
VI   Le safari   55
VII   L'Acropole.   57
VIII   Mon peu de foi   61
IX   La leçon de piano   65
X   Montrez-moi votre joie.   69
XI   Le premier massage.   73
XII   Anna est occupée.   75
XIII   Prudence et son harmonica.   77
XIV   Le piano mécanique.   83
XV   La bosse de bison.   87
XVI   Mathilde et son petit dessin   91
XVII   Maudit téléphone!   99
XVIII   La hache de ma mère.   103
XIX   La bonne piste   113
XX   David et Goliath   117

XXI   La colère, pas la rage 121

XXII   Anna, Al et moi. 125

XXIII   Le respir amoureux d'un dieu 131

XXIV   Infinie douceur des femmes 135

La Bretagne

XXV   La petite maison sur le Golfe. 141

XXVI   Marianne et sa sexualité 145

XXVII   Bernard en silicone 151

XXVIII   Raphaël, l'homme du monde. 157

XXIX   Tiens-toi debout, bon Dieu!. 163

XXX   Le voilà, l'homme! 165

Pawling, New York

XXXI   Je n'en peux plus! 169

XXXII   I'm sorry!. 177

XXXIII   Les poches d'air 183

Sainte-Lucie

XXXIV   À hue et à dia 189

XXXV   La main de mon père 193

XXXVI   Où es-tu, mon âme? 199

XXXVII   Quand l'extase fait place au doute 207

XXXVIII   Le «big bang» 211

XXXIX   L'insurrection contre les femmes 215

Et après

XL   La rupture des eaux. 223

XLI   Le grand débarquement 231

XLII   L'homme qui porte le costume de mon père . . . 237

XLIII   La Floride 243

Épilogue 249

Ouvrages du Dr Alexander Lowen 259

Ouvrages parus aux
Éditions de l'Homme

Affaires et vie pratique

* **1001 prénoms, leur origine, leur signification,** Jeanne Grisé-Allard
  100 stratégies pour doubler vos ventes, Robert L. Riker
* **Acheter et vendre sa maison ou son condominium,** Lucille Brisebois
* **Acheter une franchise,** Pierre Levasseur
* **Les assemblées délibérantes,** Francine Girard
* **La bourse,** Mark C. Brown
* **Le chasse-insectes dans la maison,** Odile Michaud
* **Le chasse-insectes pour jardins,** Odile Michaud
* **Le chasse-taches,** Jack Cassimatis
* **Choix de carrières — Après le collégial professionnel,** Guy Milot
* **Choix de carrières — Après le secondaire V,** Guy Milot
* **Choix de carrières — Après l'université,** Guy Milot
* **Comment cultiver un jardin potager,** Jean-Claude Trait
  Comment rédiger son curriculum vitæ, Julie Brazeau
* **Comprendre le marketing,** Pierre Levasseur
  La couture de A à Z, Rita Simard
  Des pierres à faire rêver, Lucie Larose
* **Des souhaits à la carte,** Clément Fontaine
* **Devenir exportateur,** Pierre Levasseur
* **L'entretien de votre maison,** Consumer Reports Books
* **L'étiquette des affaires,** Elena Jankovic
* **Faire son testament soi-même,** Me Gérald Poirier et Martine Nadeau Lescault
* **Les finances,** Laurie H. Hutzler
* **Gérer ses ressources humaines,** Pierre Levasseur
  La graphologie, Claude Santoy
* **Le guide de l'auto 95,** J. Duval, D. Duquet et M. Lachapelle
* **Le guide des bars de Montréal 93,** Lili Gulliver
* **Guide des fleurs pour les jardins du Québec,** Benoit Prieur
* **Le guide des plantes d'intérieur,** Coen Gelein
* **Guide des plantes pour la maison,** Benoit Prieur
* **Guide du jardinage et de l'aménagement paysager au Québec,** Benoit Prieur
* **Le guide du vin 95,** Michel Phaneuf
* **Guide gourmand 1995 - les bons restaurants de Montréal,** Josée Blanchette
  Guide pratique des vins de France, Jacques Orhon
  Guide pratique des vins d'Italie, Jacques Orhon
* **J'aime les azalées,** Josée Deschênes
* **J'aime les bulbes d'été,** Sylvie Regimbal
  J'aime les cactées, Claude Lamarche
* **J'aime les conifères,** Jacques Lafrenière
* **J'aime les petits fruits rouges,** Victor Berti
  J'aime les rosiers, René Pronovost
* **J'aime les tomates,** Victor Berti
* **J'aime les violettes africaines,** Robert Davidson
  J'apprends l'anglais..., Gino Silicani et Jeanne Grisé-Allard
  Le jardin d'herbes, John Prenis
* **Lancer son entreprise,** Pierre Levasseur
* **Le leadership,** James J. Cribbin
* **La loi et vos droits,** Me Paul-Émile Marchand
* **Le meeting,** Gary Holland
* **Mieux comprendre sa vie de travail,** Claude Poirier et Nicole Gravel
* **Mon automobile,** Gouvernement du Québec et Collège Marie-Victorin
* **Nouveaux profils de carrière,** Claire Landry
  L'orthographe en un clin d'œil, Jacques Laurin
* **Ouvrir et gérer un commerce de détail,** C. D. Roberge et A. Charbonneau
* **Le patron,** Cheryl Reimold

* **La planification fiscale étape par étape,** Diane Blais et Michel Lanteigne
* **Prévoir les belles années de la retraite,** Michael Gordon
  Le rapport Popcorn, Faith Popcorn
  Les relations publiques, Richard Doin et Daniel Lamarre
* **Les secrets d'une succession sans chicane,** Justin Dugal
  La taxidermie moderne, Jean Labrie
* **Les techniques de jardinage,** Paul Pouliot
  Techniques de vente par téléphone, James D. Porterfield
* **Tests d'aptitude pour mieux choisir sa carrière,** Linda et Barry Gale
* **Tout ce que vous devez savoir sur le condominium,** Robert Dubois
  Une carrière sur mesure, Denise Lemyre-Desautels
  L'univers de l'astronomie, Robert Tocquet
  La vente, Tom Hopkins

Cuisine et nutrition

  Les aliments et leurs vertus, Jean Carper
  Les aliments qui guérissent, Jean Carper
  Le barbecue, Patrice Dard
* **Bien manger sans se serrer la ceinture,** Marie Breton
* **Biscuits et muffins,** Marg Ruttan
  Bon appétit!, Mia et Klaus
  Bonne table et bon cœur, Anne Lindsay
* **Bons gras, mauvais gras,** Louise Lambert-Lagacé et Michelle Laflamme
* **Cocktails de fruits non alcoolisés,** Lorraine Whiteside
  Combler ses besoins en calcium, Denyse Hunter
  Comment nourrir son enfant, Louise Lambert-Lagacé
* **Le compte-calories,** Micheline Brault-Dubuc et Liliane Caron-Lahaie
* **Le compte-cholestérol,** M. Brault-Dubuc et L. Caron-Lahaie
  La congélation de A à Z, Joan Hood
  Les conserves, Sœur Berthe
* **Crème glacée et sorbets,** Yves Lebuis et Gilbert Pauzé
  La cuisine au wok, Charmaine Solomon
* **La cuisine chinoise traditionnelle,** Jean Chen
  La cuisine des champs, Anne Gardon
* **La cuisine joyeuse de sœur Angèle,** Sœur Angèle
* **Cuisiner avec le four à convection,** Jehane Benoit
  Le défi alimentaire de la femme, Louise Lambert-Lagacé
* **Du moût ou du raisin? Faites vous-même votre vin,** Claudio Bartolozzi
* **Faire son pain soi-même,** Janice Murray Gill
* **Faire son vin soi-même,** André Beaucage
  Harmonisez vins et mets, Jacques Orhon
* **Le livre du café,** Julien Letellier
  Mangez mieux, vivez mieux!, Bruno Comby
* **Menus et recettes du défi alimentaire de la femme,** Louise Lambert-Lagacé
  Micro-ondes plus, Marie-Paul Marchand
* **Les muffins,** Angela Clubb
* **La nouvelle boîte à lunch,** Louise Desaulniers et Louise Lambert-Lagacé
  La nouvelle cuisine micro-ondes, Marie-Paul Marchand et Nicole Grenier
  La nouvelle cuisine micro-ondes II, Marie-Paul Marchand et Nicole Grenier
* **Papa, j'ai faim!,** Solange Micar
* **Les pâtes,** Julien Letellier
* **La pâtisserie,** Maurice-Marie Bellot
  Réfléchissez, mangez et maigrissez!, Dr Dean Ornish
  La sage bouffe de 2 à 6 ans, Louise Lambert-Lagacé
  Les tisanes qui font merveille, Dr Leonhard Hochenegg et Anita Höhne
  Une cuisine sage, Louise Lambert-Lagacé
* **Votre régime contre l'acné,** Alan Moyle
* **Votre régime contre la colite,** Joan Lay
* **Votre régime contre la cystite,** Ralph McCutcheon
* **Votre régime contre l'arthrite,** Helen MacFarlane
* **Votre régime contre la sclérose en plaque,** Rita Greer
* **Votre régime contre l'asthme et le rhume des foins,** R. Newman Turner
* **Votre régime contre le diabète,** Martin Budd

* Votre régime contre le psoriasis, Harry Clements
* Votre régime pour contrôler le cholestérol, R. Newman Turner
* Les yogourts glacés, Mable et Gar Hoffman

Plein air, sports, loisirs

* 30 ans de photos de hockey, Denis Brodeur
* L'ABC du bridge, Frank Stewart et Randall Baron
* Almanach chasse et pêche 93, Alain Demers
* Apprenez à patiner, Gaston Marcotte
  L'arc et la chasse, Greg Guardo
* Les armes de chasse, Charles Petit-Martinon
  L'art du pliage du papier, Robert Harbin
  La basse sans professeur, Laurence Canty
  La batterie sans professeur, James Blades et Johnny Dean
  Le bridge, Viviane Beaulieu
  Carte et boussole, Björn Kjellström
  Le chant sans professeur, Graham Hewitt
* Charlevoix, Mia et Klaus
  La clarinette sans professeur, John Robert Brown
  Le clavier électronique sans professeur, Roger Evans
  Le golf après 50 ans, Jacques Barrette et Dr Pierre Lacoste
* Les clés du scrabble, Pierre-André Sigal et Michel Raineri
* Comment vivre dans la nature, Bill Rivière et l'équipe de L. L. Bean
  Le conditionnement physique, Richard Chevalier, Serge Laferrière et Yves Bergeron
* Construire des cabanes d'oiseaux, André Dion
  Corrigez vos défauts au golf, Yves Bergeron
  Culture hydroponique, Richard E. Nicholls
* Le curling, Ed Lukowich
* De la hanche aux doigts de pieds — Guide santé pour l'athlète, M. J. Schneider et M. D. Sussman
  Le dictionnaire des bruits, Jean-Claude Trait et Yvon Dulude
* Les éphémères du pêcheur québécois, Yvon Dulude
* Exceller au baseball, Dick Walker
* Exceller au football, James Allen
* Exceller au softball, Dick Walker
* Exceller au tennis, Charles Bracken
* Exceller en natation, Gene Dabney
  La flûte à bec sans professeur, Alain Bergeron
  La flûte traversière sans professeur, Howard Harrison
  Le golf au féminin, Yves Bergeron et André Maltais
  Le grand livre des sports, Le groupe Diagram
  Les grands du hockey, Denis Brodeur
  Le guide complet du judo, Louis Arpin
  Le guide complet du self-defense, Louis Arpin
* Le guide de la chasse, Jean Pagé
* Le guide de l'alpinisme, Massimo Cappon
* Le guide de la pêche au Québec, Jean Pagé
* Le guide des auberges et relais de campagne du Québec, François Trépanier
* Guide des jeux scouts, Association des Scouts du Canada
  Le guide de survie de l'armée américaine, Collectif
* Guide de survie en forêt canadienne, Jean-Georges Desheneaux
  Guide d'orientation avec carte et boussole, Paul Jacob
  La guitare, Peter Collins
  La guitare électrique sans professeur, Robert Rioux
  La guitare sans professeur, Roger Evans
* Les Îles-de-la-Madeleine, Mia et Klaus
* J'apprends à nager, Régent la Coursière
* Le Jardin botanique, Mia et Klaus
* Je me débrouille à la chasse, Gilles Richard
* Je me débrouille à la pêche, Serge Vincent
* Jeux pour rire et s'amuser en société, Claudette Contant
  Jouons au scrabble, Philippe Guérin
  Le karaté Koshiki, Collectif
  Le karaté Kyokushin, André Gilbert

Le livre des patiences, Maria Bezanovska et Paul Kitchevats
* Manon Rhéaume, Chantal Gilbert
Manuel de pilotage, Transport Canada
Le manuel du monteur de mouches, Mike Dawes
Le marathon pour tous, Pierre Anctil, Daniel Bégin et Patrick Montuoro
* Mario Lemieux, Lawrence Martin
La médecine sportive, Dr Gabe Mirkin et Marshall Hoffman
* La musculation pour tous, Serge Laferrière
* La nature en hiver, Donald W. Stokes
* Nos oiseaux en péril, André Dion
* Les papillons du Québec, Christian Veilleux et Bernard Prévost
* Partons en camping!, Archie Satterfield et Eddie Bauer
* Les passes au hockey, Claude Chapleau, Pierre Frigon et Gaston Marcotte
Le piano jazz sans professeur, Bob Kail
Le piano sans professeur, Roger Evans
La planche à voile, Gérald Maillefer
La plongée sous-marine, Richard Charron
* Les Québécois à Lillehammer, Bernard Brault et Michel Marois
* Racquetball, Jean Corbeil
* Racquetball plus, Jean Corbeil
* Rivières et lacs canotables du Québec, Fédération québécoise du canot-camping
S'améliorer au tennis, Richard Chevalier
* Le saumon, Jean-Paul Dubé
Le saxophone sans professeur, John Robert Brown
* Le scrabble, Daniel Gallez
* Les secrets du baseball, Jacques Doucet et Claude Raymond
Les secrets du blackjack, Yvan Courchesne
La découverte de l'Amérique, Timothy Jacobson
Le solfège sans professeur, Roger Evans
* Sylvie Fréchette, Lilianne Lacroix
La technique du ski alpin, Stu Campbell et Max Lundberg
Techniques du billard, Robert Pouliot
* Le tennis, Denis Roch
* Le tissage, Germaine Galerneau et Jeanne Grisé-Allard
Tous les secrets du golf selon Arnold Palmer, Arnold Palmer
La trompette sans professeur, Digby Fairweather
* Les vacances en famille: comment s'en sortir vivant, Erma Bombeck
Le violon sans professeur, Max Jaffa
* Le vitrail, Claude Bettinger
Voir plus clair aux échecs, Henri Tranquille et Louis Morin
Le volley-ball, Fédération de volley-ball

Psychologie, vie affective, vie professionnelle, sexualité

20 minutes de répit, Ernest Lawrence Rossi et David Nimmons
* Adieu Québec, André Bureau
À dix kilos du bonheur, Danielle Bourque
L'adultère est un péché qu'on pardonne, Bonnie Eaker Weil et Ruth Winter
* Aider mon patron à m'aider, Eugène Houde
Aimer et se le dire, Jacques Salomé et Sylvie Galland
À la découverte de mon corps — Guide pour les adolescentes, Lynda Madaras
À la découverte de mon corps — Guide pour les adolescents, Lynda Madaras
L'amour comme solution, Susan Jeffers
* L'amour, de l'exigence à la préférence, Lucien Auger
Les années clés de mon enfant, Frank et Theresa Caplan
Apprendre à dire non, Marcelle Lamarche et Pol Danheux
* Apprendre à lire et à écrire au primaire, René Bélanger
Apprivoiser l'ennemi intérieur, Dr George R. Bach et Laura Torbet
L'approche émotivo-rationnelle, Albert Ellis et Robert A. Harper
L'art de l'allaitement maternel, Ligue internationale La Leche
L'art de parler en public, Ed Woblmuth
L'art d'être parents, Dr Benjamin Spock
L'autodéveloppement, Jean Garneau et Michelle Larivey
* Avoir un enfant après 35 ans, Isabelle Robert

Balance en amour, Linda Goodman
Bélier en amour, Linda Goodman
Bientôt maman, Janet Whalley, Penny Simkin et Ann Keppler
* **Le bonheur au travail,** Alan Carson et Robert Dunlop
Cancer en amour, Linda Goodman
Capricorne en amour, Linda Goodman
* **Ces hommes qui méprisent les femmes... et les femmes qui les aiment,** Dr Susan Forward et Joan Torres
Ces hommes qui ne peuvent être fidèles, Carol Botwin
Ces visages qui en disent long, Jeanne-Élise Alazard
Changer en douceur, Alain Rochon
Changer ensemble — Les étapes du couple, Susan M. Campbell
Chère solitude, Jeffrey Kottler
Le cœur en écharpe, Stephen Gullo et Connie Church
Comment aider mon enfant à ne pas décrocher, Lucien Auger
Comment communiquer avec votre adolescent, E. Weinhaus et K. Friedman
Comment déborder d'énergie, Jean-Paul Simard
Comment faire l'amour sans danger, Diane Richardson
Comment garder son homme, Alexandra Penney
* **Comment parler en public,** S. Barrat et C. H. Godefroy
Comment s'amuser à séduire l'autre, Lili Gulliver
Le complexe de Casanova, Peter Trachtenberg
* **Comprendre et interpréter vos rêves,** Michel Devivier et Corinne Léonard
Découvrez votre quotient intellectuel, Victor Serebriakoff
Découvrir un sens à sa vie avec la logothérapie, Viktor E. Frankl
Le défi de vieillir, Hubert de Ravinel
* **De ma tête à mon cœur,** Micheline Lacasse
La deuxième année de mon enfant, Frank et Theresa Caplan
* **Dieu ne joue pas aux dés,** Henri Laborit
Les douze premiers mois de mon enfant, Frank Caplan
Dynamique des groupes, Jean-Marie Aubry
En attendant notre enfant, Yvette Pratte Marchessault
* **Les enfants de l'autre,** Erna Paris
Les enfants de l'indifférence, Andrée Ruffo
* **L'enfant unique — Enfant équilibré, parents heureux,** Ellen Peck
* **L'esprit du grenier,** Henri Laborit
Êtes-vous faits l'un pour l'autre?, Ellen Lederman
* **L'étonnant nouveau-né,** Marshall H. Klaus et Phyllis H. Klaus
Être soi-même, Dorothy Corkille Briggs
* **Évoluer avec ses enfants,** Pierre-Paul Gagné
Exceller sous pression, Saul Miller
* **Exercices aquatiques pour les futures mamans,** Joanne Dussault et Claudia Demers
La femme indispensable, Ellen Sue Stern
Finies les phobies!, Dr Manuel D. Zane et Harry Milt
La force intérieure, J. Ensign Addington
Gémeaux en amour, Linda Goodman
* **Le grand manuel des cristaux,** Ursula Markham
La graphologie au service de votre vie intime et professionnelle, Claude Santoy
Guérir des autres, Albert Glaude
Le guide du succès, Tom Hopkins
L'histoire merveilleuse de la naissance, Jocelyne Robert
L'horoscope chinois 1995, Neil Somerville
Les initiales du bonheur, Ronald Royer
L'intuition, Philip Goldberg
* **J'aime,** Yves Saint-Arnaud
J'ai rendez-vous avec moi, Micheline Lacasse
Je crois en moi et je vais mieux!, Christ Zois et Patricia Fogarty
* **Le journal intime intensif,** Ira Progoff
Le langage du corps, Julius Fast
Lion en amour, Linda Goodman
Le mal des mots, Denise Thériault
Ma sexualité de 0 à 6 ans, Jocelyne Robert
Ma sexualité de 6 à 9 ans, Jocelyne Robert
Ma sexualité de 9 à 12 ans, Jocelyne Robert
La méditation transcendantale, Jack Forem

Le mensonge amoureux, Robert Blondin
* Mon enfant naîtra-t-il en bonne santé?, Jonathan Scher et Carol Dix
Parle-moi... j'ai des choses à te dire, Jacques Salomé
Parlez-leur d'amour, Jocelyne Robert
Parlez pour qu'on vous écoute, Michèle Brien
Pas de panique!, Dr R. Reid Wilson
* Penser heureux — La conquête du bonheur, image par image, Lucien Auger
Père manquant, fils manqué, Guy Corneau
Les peurs infantiles, Dr John Pearce
* Les plaisirs du stress, Dr Peter G. Hanson
Poissons en amour, Linda Goodman
Pourquoi l'autre et pas moi? — Le droit à la jalousie, Dr Louise Auger
Préparez votre enfant à l'école dès l'âge de 2 ans, Louise Doyon
* Prévenir et surmonter la déprime, Lucien Auger
Le principe de Peter, L. J. Peter et R. Hull
Psychologie de l'enfant de 0 à 10 ans, Françoise Cholette-Pérusse
* La puberté, Angela Hines
La puissance de la vie positive, Norman Vincent Peale
La puissance de l'intention, Richard J. Leider
La réponse est en moi, Micheline Lacasse
Rompre pour de bon!, Joyce L. Vedral
S'affirmer et communiquer, Jean-Marie Boisvert et Madeleine Beaudry
S'aider soi-même davantage, Lucien Auger
Sagittaire en amour, Linda Goodman
Scorpion en amour, Linda Goodman
Se comprendre soi-même par des tests, Collaboration
Se connaître soi-même, Gérard Artaud
Secrets d'alcôve, Iris et Steven Finz
Les secrets de la flexibilité, Priscilla Donovan et Jacquelyn Wonder
Les secrets de l'astrologie chinoise ou le parfait bonheur, André H. Lemoine
* Se guérir de la sottise, Lucien Auger
S'entraider, Jacques Limoges
* La sexualité du jeune adolescent, Dr Lionel Gendron
Si je m'écoutais je m'entendrais, Jacques Salomé et Sylvie Galland
* Superlady du sexe, Susan C. Bakos
Survivre au divorce, Dr Allan J. Adler et Christine Archambault
* Le syndrome de la fatigue chronique, Edmund Blair Bolles
Le syndrome de la corde au cou, Sonya Rhodes et Marlin S. Potash
Taureau en amour, Linda Goodman
Tics et problèmes de tension musculaire, Kieron O'Connor et Danielle Gareau
Tout se joue avant la maternelle, Masaru Ibuka
Transformer ses faiblesses en forces, Dr Harold Bloomfield
* Travailler devant un écran, Dr Helen Feeley
* Un monde insolite, Frank Edwards
* Un second souffle, Diane Hébert
Verseau en amour, Linda Goodman
* La vie antérieure, Henri Laborit
Vierge en amour, Linda Goodman
Vivre avec un cardiaque, Rhoda F. Levin
Vos enfants consomment-ils des drogues?, Steve Carper et Timothy Dimoff
Vouloir c'est pouvoir, Raymond Hull

Santé, beauté

Alzheimer — Le long crépuscule, Donna Cohen et Carl Eisdorfer
L'arthrite, Dr Michael Reed Gach
Bientôt maman, Penny Simkin, Janet Whalley et Ann Keppler
Le cancer du sein, Dr Carol Fabian et Andrea Warren
* Comment arrêter de fumer pour de bon, Kieron O'Connor, Robert Langlois et Yves Lamontagne
De belles jambes à tout âge, Dr Guylaine Lanctôt
Dormez comme un enfant, John Selby
Dos fort bon dos, David Imrie et Lu Barbuto
* Être belle pour la vie, Bronwen Meredith
* Le guide complet des cheveux, Philip Kingsley

L'hystérectomie, Suzanne Alix
L'impuissance, Dr Pierre Alarie et Dr Richard Villeneuve
Initiation au shiatsu, Yuki Rioux
* Maigrir: la fin de l'obsession, Susie Orbach
* Le manuel Johnson & Johnson des premiers soins, Dr Stephen Rosenberg
* Les maux de tête chroniques, Antonia Van Der Meer
Maux de tête et migraines, Dr Jacques P. Meloche et J. Dorion
Mince alors... finis les régimes!, Debra Waterhouse
* Mini-massages, Jack Hofer
Perdez du poids... pas le sourire, Dr Senninger
Perdre son ventre en 30 jours, Nancy Burstein
* Principe de la technique respiratoire, Julie Lefrançois
* Programme XBX de l'aviation royale du Canada, Collectif
Renforcez votre immunité, Bruno Comby
Le rhume des foins, Roger Newman Turner
Ronfleurs, réveillez-vous!, Jocelyne Delage et Jacques Piché
Savoir relaxer — Pour combattre le stress, Dr Edmund Jacobson
* Soignez vos pieds, Dr Glenn Copeland et Stan Solomon
Le supermassage minute, Gordon Inkeles
Vivre avec l'alcool, Louise Nadeau

 le jour,
éditeur

Ouvrages parus au Jour

Affaires, loisirs, vie pratique

* L'affrontement, Henri Lamoureux
* Les bains flottants, Michael Hutchison
* Le cœur de la baleine bleue, Jacques Poulin
* Conte pour buveurs attardés, Michel Tremblay
* La France à la québécoise, André Bergeron et Émile Roberge
* Le guide du répondeur bien branché, Robert Blondin et Lucie Dumoulin
* J'avais oublié que l'amour fût si beau, Évette Doré-Joyal
* Jean-Paul ou les hasards de la vie, Marcel Bellier
* Oslovik fait la bombe, Oslovik
* Questions réponses sur vos droits et recours, François Huot

Ésotérisme, santé, spiritualité

L'astrologie pratique, Wofgang Reinicke
Couper du bois, porter de l'eau — Comment donner une dimension spirituelle à la vie de tous les jours, Collectif
De l'autre côté du miroir, Johanne Hamel
Les enfants asthmatiques, Dr Guy Falardeau
Le grand livre de la cartomancie, Gerhard von Lentner
Grand livre des horoscopes chinois, Theodora Lau
Jeûner pour sa santé, Nicole Boudreau
* Pour en finir avec l'hystérectomie, Dr Vicki Hufnagel et Susan K. Golant
Pouvoir analyser ses rêves, Robert Bosnak
Le pouvoir de l'auto-hypnose, Stanley Fisher
Questions réponses sur la maladie d'Alzheimer, Dr Denis Gauvreau et Dr Marie Gendron
Questions réponses sur la ménopause, Ruth S. Jacobowitz
Renaître, Billy Graham
Sagesse amérindienne, Dhyani Ywahoo

Essais et documents

* **1759 La bataille du Canada,** Laurier L. LaPierre
* **L'accord,** Georges Mathews
* **L'administration et le développement coopératif,** Marcel Laflamme et André Roy
* **Les années Trudeau — La recherche d'une société juste,** T. S. Axworthy et P. E. Trudeau
* **Le Dragon d'eau,** R. F. Holland
* **Elle sera poète, elle aussi!** Liliane Blanc
* **Femmes et politique,** Yolande Cohen, Andrée Yanacopoulo et Nicole Brossard
* **Les femmes sont-elles allées trop loin?,** Francine Burnonville
* **Le français, langue du Québec,** Camille Laurin
* **Hans Selye ou la cathédrale du stress,** Andrée Yanacopoulo
* **Hiérarchie ethnique dans la grande entreprise,** Jean-Marie Rainville
* **L'histoire des femmes au Québec,** Le collectif Clio
* **Jacques Cartier - L'odyssée intime,** Georges Cartier
  Mémoires politiques, Pierre Elliott Trudeau
  Les mythes à travers les âges, Joseph Campbell

Psychologie, vie affective, vie professionnelle, sexualité

L'accompagnement au soir de la vie, Andrée Gauvin et Roger Régnier
Adieu, Dr Howard M. Halpern
Adieu la rancune, James L. Creighton
L'agressivité créatrice, Dr George R. Bach et Dr Herb Goldberg
Aimer, c'est choisir d'être heureux, Barry Neil Kaufman
Aimer son prochain comme soi-même, Joseph Murphy
L'amour lucide, Gay Hendricks et Kathlyn Hendricks
L'amour obsession, Dr Susan Foward
Apprendre à vivre et à aimer, Léo Buscaglia
Arrête! tu m'exaspères — Protéger son territoire, Dr George Bach et Ronald Deutsch
L'art d'engager la conversation et de se faire des amis, Don Gabor
L'art de vivre heureux, Josef Kirschner
Augmentez la puissance de votre cerveau, A. Winter et R. Winter
L'autosabotage, Michel Kuc
La beauté de Psyché, James Hillman
Bien vivre ensemble, Dr William Nagler et Anne Androff
Le bonheur, c'est un choix, Barry Neil Kaufman
Le burnout, Collectif
Célibataire et heureux!, Vera Peiffer
Ces hommes qui ne communiquent pas, Steven Naifeh et Gregory White Smith
C'est pas la faute des mère!, Paula J. Caplan
Ces vérités vont changer votre vie, Joseph Murphy
Comment acquérir assurance et audace, Jean Brun
* **Comment aimer vivre seul,** Lynn Shanan
Comment apprendre l'autodiscipline aux enfants, Thomas Gordon
Comment décrocher, Barbara Mackoff
Comment faire l'amour à la même personne pour le reste de votre vie, Dagmar O'Connor
Comment faire l'amour à une femme, Michael Morgenstern
Comment faire l'amour à un homme, Alexandra Penney
Comment faire l'amour ensemble, Alexandra Penney
Comment peut-on pardonner?, Robin Casarjian
Communication efficace, Linda Adams
Le courage de créer, Rollo May
Créez votre vie, Jean-François Decker
Le défi de l'amour, John Bradshaw
Dire oui à l'amour, Léo Buscaglia
Dominez les émotions qui vous détruisent, Dr Robert Langs
Dominez vos peurs, Vera Peiffer
La dynamique mentale, Christian H. Godefroy
Éloïse, poste restante, Loïse Lavallée
Les enfants dictateurs, Fred G. Gosman
Les enfants hyperactifs et lunatiques, Dr Guy Falardeau
L'éveil de votre puissance intérieure, Anthony Robins
* **Exit final — Pour une mort dans la dignité,** Derek Humphry
Faites la paix avec votre belle-famille, P. Bilofsky et F. Sacharow

Focusing au centre de soi, Dr Eugene T. Gendling
La famille, John Bradshaw
* La famille moderne et son avenir, Lyn Richards
La fille de son père, Linda Schierse Leonard
La Gestalt, Erving et Miriam Polster
Le grand voyage, Tom Harpur
L'héritage spirituel d'une enfance difficile, Josef Kirschner
L'homme sans masque, Herb Goldberg
L'influence de la couleur, Betty Wood
Je ne peux pas m'arrêter de pleurer, John D. Martin et Frank D. Ferris
Lâcher prise, Guy Finley
* Maîtriser son destin, Josef Kirschner
* Les manipulateurs, E. L. Shostrom et D. Montgomery
Messieurs, que seriez-vous sans nous?, C. Benard et E. Schlaffer
Mieux vivre avec nos adolescents, Richard Cloutier
Le miracle de votre esprit, Dr Joseph Murphy
Née pour se taire, Dana Crowley Jack
* Nos crimes imaginaires, Lewis Engel et Tom Ferguson
Nouvelles relations entre hommes et femmes, Herb Goldberg
Option vérité, Will Schutz
L'oracle de votre subconscient, Dr Joseph Murphy
Parents au pouvoir, John Rosemond
Parlez pour qu'on vous écoute, Michèle Brien
Paroles de jeunes, Barry Neil Kaufman
La passion de grandir, Muriel et John James
* La personnalité, Léo Buscaglia
Le pouvoir créateur de la colère, Harriet Goldhor Lerner
Le pouvoir de la motivation intérieure, Shad Helmstetter
La puissance de la pensée positive, Norman Vincent Peale
La puissance de votre subconscient, Dr Joseph Murphy
* Quand l'amour ne va plus, Ann Jones et Susan Schechter
Quand on peut on veut, Lynne Bernfield
* La rage au cœur, Martine Langelier
Rebelles, de mère en fille, Linda Schierse Leonard
Réfléchissez et devenez riche, Napoleon Hill
Retrouver l'enfant en soi, John Bradshaw
S'affirmer — Savoir prendre sa place, R. E. Alberti et M. L. Emmons
S'affranchir de la honte, John Bradshaw
La sagesse du cœur, Karen A. Signell
S'aimer ou le défi des relations humaines, Léo Buscaglia
S'aimer sans se fuir, Roy F. Baumeister
Savoir quand quitter, Jack Barranger
Secrets de famille, Harriet Webster
Les secrets de la communication, Richard Bandler et John Grinder
Se faire obéir des enfants sans frapper et sans crier, B. Unell et J. Wyckoff
Seuls ensemble, Dan Kiley
La sexualité des jeunes, Dr Guy Falardeau
Le succès par la pensée constructive, Napoleon Hill
La survie du couple, John Wright
Tous les hommes le font, Michel Dorais
Transformez vos faiblesses, Dr Harold Bloomfield
Triomphez de vous-même et des autres, Dr Joseph Murphy
* Trop peu de sexe... trop peu d'amour, Jonathan Kramer et Diane Dunaway
* Un homme au dessert, Sonya Friedman
* Uniques au monde!, Jeanette Biondi
Vivre à deux aujourd'hui, Collectif sous la direction de Roger Tessier
Vivre avec les imperfections de l'autre, Dr Louis H. Janda
Vivre avec passion, David Gershon et Gail Straub
Les voies de l'émerveillement, Guy Finley
Volez de vos propres ailes, Howard M. Halpern
Votre corps vous parle, écoutez-le, Henry G. Tietze
Vouloir vivre, Andrée Gauvin et Roger Régnier
Vous êtes vraiment trop bonne..., Claudia Bepko et Jo-Ann Krestan

---

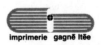

imprimerie gagné ltée

IMPRIMÉ AU CANADA